科学健身运动指南

陆阿明　朱小龙　主编

苏州大学出版社

图书在版编目(CIP)数据

科学健身运动指南/陆阿明，朱小龙主编. —苏州：苏州大学出版社，2008.12
ISBN 978-7-81137-177-2

Ⅰ.科… Ⅱ.①陆…②朱… Ⅲ.健身运动—指南 Ⅳ.G883-62

中国版本图书馆 CIP 数据核字(2008)第 194008 号

科学健身运动指南
陆阿明　朱小龙　主编
责任编辑　孙茂民

苏州大学出版社出版发行
(地址：苏州市干将东路 200 号　邮编：215021)
常熟高专印刷有限公司印装
(地址：常熟市元和路 98 号　邮编：215500)

开本 850mm×1 168mm　1/32　印张 8.625　字数 215 千
2008 年 12 月第 1 版　2008 年 12 月第 1 次印刷
ISBN 978-7-81137-177-2　定价：16.00 元

《科学健身运动指南》编委会

主　编：陆阿明　朱小龙

副主编：吴明方　顾建仁

编　委：陆阿明　朱小龙　吴明方
顾建仁　鲍　捷　罗　丽
陆勤芳　刘　兵

本书由苏州市体育科学学会、苏州大学体育学院、苏州市体育科学研究所联合组织专家、学者编写。

本书编写始终得到了苏州市体育局领导的关心和支持,苏州市体育局对本书出版进行了资助。

序一

注重发挥体育在构建和谐社会中的独特作用

体育是人类文化的重要组成部分。随着经济发展和社会进步,体育的地位越来越重要、作用越来越突出。体育运动的开展和体育精神的培育,对于促进人们身心健康和社会和谐发展具有不可替代的独特功能和作用。毛泽东同志曾经题词:"发展体育运动,增强人民体质。"发挥体育的本质功能,使其为人民健康、愉快和幸福服务,是体育的根本任务。

科学发展、共建和谐,是时代的主题;厚体安康、幸福快乐,是人民的追求。2006 年 5 月苏州市人民政府发布的《苏州市国民经济和社会发展第十一个五年规划纲要》指出,"十五"末苏州人口平均预期寿命已达到 78 岁。据江苏省统计局 2006 年 9 月统计调查报告,苏州市身体健康人口占总人口的比例为 94.9%,居江苏省 13 个省辖市首位。苏州是长江三角洲和环太湖流域的中心城市,提出并正在实施"四大行动计划"(增强自主创新能力行动计划、推进经济结构调整和转变增长方式行动计划、建设社会主义新农村行动计划、提高市民文明素质行动计划),在这一伟大进程中,体育必将发挥出更加活跃、更加积极、更加全面的作用。

健康不是一切,但一切从健康开始。衷心希望我市行政机关、事业单位、社会团体中的每位工作人员,身体力行,每人掌握一种健身方法，推动单位健身工作的全面开展；希望各级各类学校广泛开展“阳光体育运动”，每个学校抓好一个体育项目，每名学生参与一个体育项目，以此带动家庭体育锻炼的蓬勃开展，实现“小手拉大手，健康一起走”。

在首都北京熊熊燃烧了16天的奥林匹克圣火已经熄灭，被国际奥委会主席罗格先生誉为无与伦比的北京奥运会胜利闭幕。2008年9月29日，中共中央总书记、国家主席、中央军委主席胡锦涛在北京奥运会、残奥会总结表彰大会上讲话时要求：“要高度重视并充分发挥体育在促进人的全面发展、促进经济社会发展中的重要作用，实现竞技体育和群众体育协调发展，进一步推动我国由体育大国向体育强国迈进。”我们有理由深信，苏州人民和全国人民参与健身、科学健身的热情会持续高涨。

苏州市人民政府副市长

二〇〇八年十一月

序二

在奥运精神激励下 推进苏州群众体育新发展

北京奥运，无与伦比。在激烈的奥运会赛场上，苏州奥运健儿取得了2枚金牌、1枚银牌、1枚铜牌、1个第五名的历史最好成绩，并且每一项奥运成绩都有着非同寻常的意义。苏州实现了奥运会参赛人数、参赛项目、参赛成绩、为国家作贡献全面超历史的目标，为祖国赢得了荣誉，为家乡添了光彩。燃烧了16天的奥运圣火已经熄灭，北京奥运会给我们留下了宝贵的精神财富。苏州在备战奥运会过程中迸发出一种创新进取、科学求实、团结协作、锲而不舍的奥运精神，这是苏州城市精神“崇文、融合、创新、致远”在体育系统的真实写照、具体表现。

其实，苏州不仅竞技体育在奥运会上创造着辉煌，其他各项工作也走在全省乃至全国前列。在群众体育方面，城乡健身高潮此起彼伏，全民健身场所遍地开花，国民体质监测工作连年开展，体育科普工作不断推进，体育锻炼正成为越来越多人的生活组成部分。但是，应当看到，从健身人群上存在“两头热中间冷”的情况，即退休族老年人、上学族青少年“热”和上班族中年人“冷”。

体育是以人体为对象、运动为手段，造就身心健康、全面发展的人的一门学科。体育不仅仅是一种身体运动，更是一种教育手段、一种生活方式、一种精神载体，体育中蕴涵着深刻的和谐理念与和谐精神。希望全社会都能重视和发挥体育的功能和作用，使健身休闲成为一种生活方式，体育场馆成为一个地区标志，体育赛事成为对外宣传的一个窗口，体育精神成为建设和谐社会的一种精神动力。

奥运成绩喜人，发展形势逼人。全市体育工作者要按照胡锦涛总书记9月29日在北京奥运会、残奥会总结表彰大会上的讲话要求，牢固树立和深入实践科学发展观，弘扬奥运精神，以增强人民体质、提高全民族身体素质和生活质量为目标，抓重点、找亮点、重节点、攻难点，抢机遇、求创新、谋发展，与高的比、同强的赛，努力推动苏州群众体育求实创新发展，努力夺取苏州体育率先科学和谐发展的新成绩，让全市人民共享体育改革发展成果。要以中青年人群和机关干部为突破口，组织开展"千人百日万步走"活动，倡导每人掌握一种健身方法，不断扩大我市体育人口；加强"三边工程"建设，提高全民健身组织、场地和活动的水平；加强国民体质监测工作，提升体育科普宣传水平，提高市民科学健身意识，使全民健身更普及、百姓身心更健康、人民群众更快乐、社会发展更和谐。

《科学健身运动指南》的编印出版，是一件很有价值的喜事。全书分原理、方法、应用三大篇，对科学健身知识作了较为系统的介绍。在每篇主体内容之后，又简明扼要地列出了一些健身知识点，力求通俗易懂、深入浅出。本书既是一项体育科普成果，也是一项体育学术成果。

衷心希望市民朋友在忙碌的日子里放慢脚步，放松心情，在科学锻炼中享受健康，细品生活。

苏州市体育局局长
苏州市体育科学学会理事长
二〇〇八年十一月

目录

第一篇 健身运动的科学基础

第一章 健身运动与心血管系统功能
第一节 心血管系统的功能概述 ………………………… (3)
第二节 运动增强心血管系统功能的原理 ……………… (14)
第三节 增强心血管系统功能的运动 …………………… (18)
第二章 健身运动与呼吸系统功能
第一节 呼吸系统的功能概述 …………………………… (20)
第二节 运动增强呼吸系统功能的原理 ………………… (29)
第三节 增强呼吸系统功能的运动 ……………………… (31)
第三章 健身运动与运动系统功能
第一节 运动系统的功能概述 …………………………… (34)
第二节 运动增强运动系统功能的原理 ………………… (44)
第三节 增强运动系统功能的运动 ……………………… (46)
第四章 健身运动与神经系统功能
第一节 神经系统的功能概述 …………………………… (49)
第二节 运动增强神经系统功能的原理 ………………… (58)
第三节 增强神经系统功能的运动 ……………………… (59)
第五章 健身运动与消化系统功能
第一节 消化系统的功能概述 …………………………… (61)

第二节　运动增强消化系统功能的原理 ……………… (68)
第三节　增强消化系统功能的运动 ……………………… (69)
第六章　健身运动与心理健康
第一节　心理健康概述 ……………………………………… (71)
第二节　健身运动增进心理健康的原理 ………………… (77)
第三节　增强心理健康的运动 …………………………… (82)
第七章　健身运动效果评定
第一节　身体成分评定 …………………………………… (85)
第二节　心肺功能评定 …………………………………… (89)
第三节　肌肉力量和肌肉耐力评定 ……………………… (94)
第四节　柔韧性评定 ……………………………………… (97)
第五节　平衡能力评定 …………………………………… (100)
附：科学健身运动问答(一)——理论与应用 ………… (101)

第二篇　健身运动的类型与方法

第八章　健身运动类型
第一节　有氧运动 ………………………………………… (107)
第二节　无氧运动 ………………………………………… (112)
第三节　伸展运动 ………………………………………… (114)
第四节　力量性运动 ……………………………………… (119)
第九章　常用健身运动方法
第一节　走与跑 …………………………………………… (123)
第二节　水上运动 ………………………………………… (131)
第三节　球类运动 ………………………………………… (135)
第四节　健美操和体育舞蹈 ……………………………… (142)
第五节　常用健身器械 …………………………………… (149)
第六节　传统体育健身方法 ……………………………… (153)

第十章 健身运动处方
第一节 提高心肺功能的运动处方 ……………………（164）
第二节 加强肌肉力量的运动处方 ……………………（168）
第三节 改善和保持体型的运动处方 …………………（170）
第四节 保持关节灵活性和柔韧性的运动处方 ………（172）
第五节 休闲养性调节心情的运动处方 ………………（174）
第六节 健身运动的营养与损伤预防 …………………（175）
附：科学健身运动问答(二)——选择与方法 …………（180）

第三篇 常见慢性疾病患者的健身运动方法

第十一章 糖尿病患者的健身运动
第一节 运动在糖尿病患者康复中的作用 ……………（187）
第二节 糖尿病患者适宜的健身运动方法 ……………（189）
第三节 糖尿病患者的运动卫生要求 …………………（202）
第十二章 高血压患者的健身运动
第一节 运动在高血压患者康复中的作用 ……………（204）
第二节 高血压患者适宜的健身运动方法 ……………（206）
第三节 高血压患者运动的卫生要求 …………………（213）
第十三章 肥胖患者的健身运动
第一节 运动对肥胖患者康复的作用 …………………（215）
第二节 肥胖患者适宜的健身运动方法 ………………（217）
第三节 肥胖患者运动的卫生要求 ……………………（224）
第十四章 冠心病患者的健身运动
第一节 运动对冠心病患者康复的作用 ………………（225）
第二节 冠心病患者适宜的健身运动方法 ……………（226）
第三节 冠心病患者运动的卫生要求 …………………（231）

第十五章　慢性腰腿痛患者的健身运动
第一节　运动对慢性腰腿痛患者康复的作用 ……… (234)
第二节　慢性腰腿痛患者适宜的健身运动方法 …… (235)
第三节　慢性腰腿痛患者运动的卫生要求 ………… (242)
第十六章　原发性骨质疏松症患者的健身运动
第一节　运动对骨质疏松症患者康复的作用 ……… (243)
第二节　骨质疏松症患者适宜的健身运动方法 …… (244)
第三节　骨质疏松症患者运动的卫生要求 ………… (251)
附：科学健身运动问答(三)——运动与保健 ……… (253)

体育科技工作者的社会责任(代后记) ……………………… (256)

第一篇

健身运动的科学基础

第一章　健身运动与心血管系统功能

心血管系统由心脏、血管和血液共同构成，担负着将人体吸入的氧气和摄取的营养物质输送到全身各部位的功能，同时也是人体代谢废物排出体外的运输管道，因此心血管系统是人体内的“运输”系统，其功能强弱是生命活动盛衰的重要标志。健身运动不仅在氧气和营养物质的需求上，也在二氧化碳和代谢产物的排出上需要心血管系统高效地运转，因而人类的健身运动能有效提高心血管系统的功能。

第一节　心血管系统的功能概述

一、心脏的构造与功能概述

（一）心脏的基本构造

心脏位于胸腔内，大小相当于本人的拳头，是以心肌组织为主的中空器官，由中隔分为互不相通的左、右两半。后上部为左、右心房，中间为房中隔，前下部为左、右心室，两者以室中隔分开，同侧的心房与心室经瓣膜相通，左、右两侧不直接相通。主动脉与左心室相通，肺动脉与右心室相通，肺静脉与左心房相通，上、下腔静脉则与右心房相通（图 1-1）。

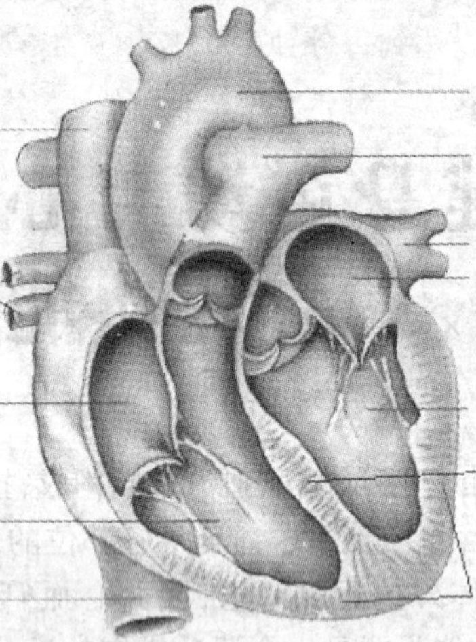

图 1-1 心脏构造示意图

心脏壁由内向外可分为心内膜、心肌层和心外膜 3 层。其中心肌层主要由心肌细胞组成，心房肌层较薄，心室肌层厚，尤以左心室的最厚。心肌纤维间有少许结缔组织和丰富的血管、神经和淋巴管。有些心肌细胞比较特殊，已经失去收缩能力，但有自动节律性兴奋的能力，这些细胞构成了心脏的传导系统。

心脏传导系统的功能是引起心脏自动节律性兴奋产生冲动，并将冲动传导到整个心脏，以协调心房和心室按一定的节律进行收缩。传导系统包括窦房结、房室结、房室束等，其中窦房结的节律性最高(每分钟 100 次以上)，正常心脏兴奋和搏动的起点是窦房结，因此医学上所言的“窦性心律”即是以窦房结为节律的心脏跳动规律。人体心脏的收缩还受到神经和激素的控制和影响。安静状态下心脏受迷走神经控制，由于迷走神经能使心脏收缩减慢、减弱，因此成年人安静时的心跳次数要小于窦房结的节律，正常值为每分钟 75 次。相反，人体在运动或兴奋时，则心脏受交感神经控制(同时还有肾上腺激素的分泌),则心跳次数往往会大于窦房结的节律,最高可以达到每分钟200多次。

(二) 心脏的收缩与舒张

心脏的收缩过程首先是心房收缩,然后是心室收缩,心房和心室舒张,表现为一个心动周期。心动周期持续的时间与每分钟的心跳频率(称为心率)有关。成年人心率平均为每分钟75次,每个心动周期持续0.8秒。一个心动周期中,两侧心房首先收缩,持续0.1秒,继而心房舒张,持续0.7秒,当心房收缩时,心室处于舒张期。心房进入舒张期后不久,心室开始收缩,持续0.3秒,随后进入舒张期,占时0.5秒。心室舒张的前0.4秒期间,心房也处于舒张期,这一时期称为全心舒张期(图1-2)。可见,一次心动周期中,心房和心室各自按一定的时程进行舒张与收缩相交替的活动,而心房和心室两者的活动又依一定的次序先后进行,左、右两侧心房或两侧心室的活动则几乎是同步的。另外,无论心房或心室,收缩期均短于舒张期。如果心率增快,心动周期持续时间缩短,收缩期和舒张期均相应缩短,但舒张期缩短的比例较大;因此,心率增快时,心肌工作的时间相对延长,休息时间相对缩短,这对心脏的持久活动是不利的。

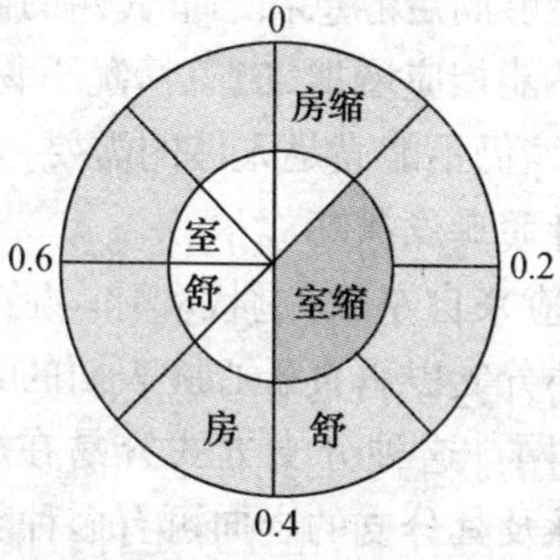

图1-2　心动周期中心室和心房的收缩和舒张时间

(三) 心脏的泵血功能

心脏的收缩和舒张是血液循环的动力，其工作机制类似于“水泵”，因此心脏的功能通常称为泵功能。左、右心室收缩分别将血液送入主动脉和肺动脉，开始了体循环和肺循环，然后由上、下腔静脉和肺静脉分别回流至右心房和左心房。心脏泵功能的强弱，通常用心输出量等指标来衡量。所谓心输出量是指左心室(或右心室)每分钟射出的血液量，等于心率与搏出量(一次心跳一侧心室射出的血液量)的乘积。心输出量与机体新陈代谢水平相适应，可因性别、年龄及其他生理情况而不同。如健康成年男性静息状态下，心脏平均每分钟跳动 75 次，搏出量约为 70 毫升(60～80 毫升)，心输出量为 5 升左右。女性比同体重男性的心输出量约低 10%，青年时期心输出量高于老年时期。心输出量在剧烈运动时可高达 25～35 升，麻醉情况下则可降低到 2.5 升。心脏每分钟能射出的最大血量，称最大输出量，它反映心脏的健康程度。在平时，心输出量不是最大的，但能够在需要时成倍地增长，表明健康人心脏泵血功能有一定的贮备力量。心输出量随机体代谢需要而增加的能力，称为泵功能贮备，或心力贮备。健康人有相当大的心力贮备，而某些心脏疾患的患者，静息时心输出量与健康人没明显差别，尚能够满足静息状态下代谢的需要，但在代谢活动增强时，输出量却不能相应增加，应急情况下易导致心力衰竭(这时心脏最大能力收缩仍不能满足人体的需要)。

(四) 心脏自身的血液循环

心肌的血液供应来自左、右冠状动脉。冠状动脉的主干行走于心脏的表面，其小分支以垂直于心脏表面的方向穿入心肌，并在心内膜下层分支成网。这种分支方式容易在心肌收缩时受到压迫。左、右冠状动脉及其分支的走向可有多种变异。在多数人中，左冠状动脉主要供应左心室的前部，右冠状动脉主要供应左心室的后部和右心室。左冠状动脉的血液流经毛细血管和静脉后，主要经由冠状窦回流入右心房，而右冠动脉的血液则主要经较细的心前静脉直接回流入右心室，另外还有一小部分通过心最小静脉直接流入左、右心房和心室腔内。

心肌的毛细血管网分布极为丰富。毛细血管数和心肌纤维数的比例为1∶1。在心肌横截面上，每平方毫米面积内约有2 500～3 000根毛细血管。因此心肌和血液之间的物质交换可以很快地进行。冠状动脉之间有侧支互相吻合。正常心脏的冠脉侧较细小，血流量很少。因此当冠状动脉突然阻塞时，不易很快建立侧支循环，常可导致心肌梗塞。但如果冠状动脉阻塞（图1-3）是缓慢形成的，则侧支可逐渐扩张，并可建立新的侧支循环，起代偿作用。

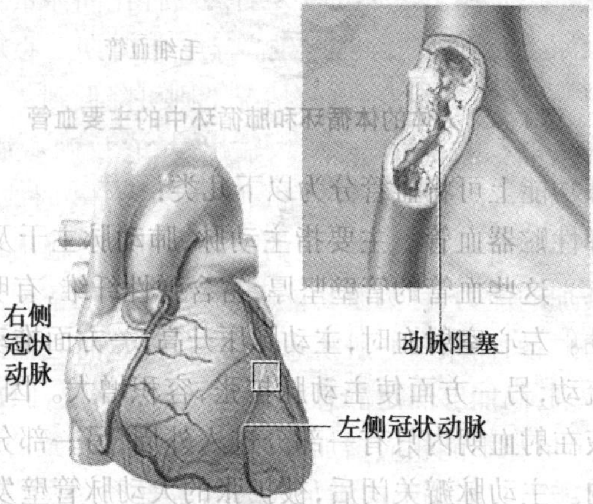

图1-3　冠状动脉及其阻塞

二、血管的结构与功能概述

（一）血管的分类与功能

不论体循环或肺循环，由心室射出的血液都流经由动脉、毛细血管和静脉相互串联构成的血管系统，再返回心房（图1-4）。在体循环，供应各器官的血管相互间又呈并联关系。

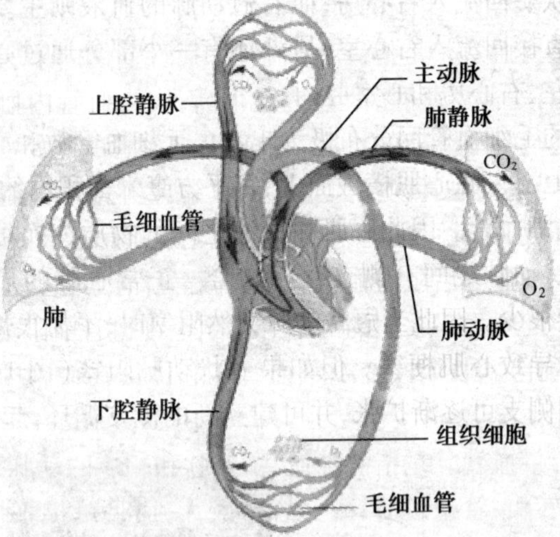

图 1-4　人体的体循环和肺循环中的主要血管

从生理功能上可将血管分为以下几类：

(1) 弹性贮器血管。主要指主动脉、肺动脉主干及其发出的最大的分支。这些血管的管壁坚厚，富含弹性纤维，有明显的可扩张性和弹性。左心室射血时，主动脉压升高，一方面推动动脉内的血液向前流动，另一方面使主动脉扩张，容积增大。因此，左心室射出的血液在射血期内只有一部分进入外周，另一部分则被贮存在大动脉内。主动脉瓣关闭后，被扩张的大动脉管壁发生弹性回缩，将在射血期多容纳的那部分血液继续向外周方向推动。大动脉的这种功能称为弹性贮器作用。

(2) 分配血管。从弹性贮器血管以后到分支为小动脉前的动脉管道，其功能是将血液输送至各器官组织，故称为分配血管。

(3) 毛细血管前阻力血管。小动脉和微动脉的管径小，对血流的阻力大，称为毛细血管前阻力血管。微动脉的管壁富含平滑肌，后者的舒缩活动可使血管口径发生明显变化，从而改变对血流的阻力和所在器官、组织的血流量。

(4) 交换血管。是指真毛细血管，其管壁仅由单层内皮细胞构成，外面有一薄层基膜，故通透性很高，成为血管内血液和血管外组织液进行物质交换的场所。在真毛细血管的起始部常有平滑肌环绕，称为毛细血管前括肌。它的收缩或舒张可控制毛细血管的关闭或开放，因此可决定某一时间内毛细血管开放的数量。

(5) 毛细血管后阻力血管。是指微静脉，因其管径小，对血流也产生一定的阻力。它们的舒缩可影响毛细血管前阻力和毛细血管后阻力的比值，从而改变毛细血管压和体液在血管内和组织间隙内的分配情况。

(6) 容量血管。是指静脉血管，静脉和相应的动脉比较，数量较多，口径较粗，管壁较薄，故其容量较大，而且可扩张性较大，即较小的压力变化就可使容积发生较大的变化。在安静状态下，循环血量的60% ~70%容纳在静脉中。静脉的口径发生较小变化时，静脉内容纳的血量就可发生很大的变化，而压力的变化较小。因此，静脉在血管系统中起着血液贮存库的作用，称为容量血管。

(7) 短路血管。是指一些血管床中小动脉和静脉之间的直接联系。它们可使小动脉内的血液不经过毛细血管而直接流入小静脉。在手指、足趾、耳廓等处的皮肤中有许多短路血管存在，它们在功能上与体温调节有关。

(二) 血流阻力与影响因素

血液在血管内流动时所遇到的阻力，称为血流阻力。血流阻力与血管的长度和血液的黏滞度成正比，与血管半径的4次方成反比。由于血管的长度变化很小，因此血流阻力主要由血管口径和血液黏滞度决定。对于一个器官来说，如果血液黏滞度不变，则器官的血流量主要取决于该器官的阻力血管的口径。阻力血管口径增大时，血流阻力降低，血流量就增多；反之，当阻力血管口径缩小时，器官血流量就减少。机体对循环功能的调节，就是通过控制各器官阻力血管的口径来调节各器官之间的血流分配的。

血液黏滞度是决定血流阻力的另一因素。一般人体血液的黏滞度为水的黏滞度的4~5倍。血液黏滞度的高低与血液中红细胞比容、血管口径和温度等有关。其中红细胞比容是主要因素，所谓红细胞比容是指红细胞在全血中所占的百分比，与红细胞的数量和血液中水的比例有关。如清晨起床，由于睡眠状态下水分的丢失没有得到补充，因此血液黏滞度增高。另外人体的体表温度比深部温度低，故血液流经体表部分时黏滞度会升高，如果将手指浸在冰水中，局部血液的黏滞度可增加2倍，这就是冬天冻伤的基本原因。

(三) 动脉血压及其影响因素

血压是指血管内的血液对于血管壁的侧压力。血压的形成，首先是由于心血管系统内有血液充盈。形成血压的另一个基本因素是心脏射血。心室肌收缩时所释放的能量可分为两部分，一部分用于推动血液流动，实现血液的功能；另一部分形成对血管壁的侧压，并使血管壁扩张，这部分是势能。在心舒期，大动脉发生弹性回缩，又将一部分势能转变为推动血液的动能，使血液在血管中继续向前流动。由于心脏射血是间断性的，因此在心动周期中动脉血压发生周期性的变化。另外，由于血液从大动脉流向心房的过程中不断消耗能量，故血压逐渐降低。在机体处于安静状态时，体循环中毛细血管前阻力血管部分血压降落的幅度最大。

循环系统足够的血液充盈和心脏射血是形成血压的基本因素。在动脉系统，影响动脉血压的另一个因素是外周阻力。外周阻力主要是指小动脉和微动脉对血流的阻力。假如不存在外周阻力，心室射出的血液将全部流至外周，即心室收缩释放的能量可全部表现为血流的动能，因而对血管壁的侧压不会增加。心室收缩时，主动脉压急剧升高，在收缩期的中期达到最高值。这时的动脉血压值称为收缩压(俗称高压)。心室舒张时，主动脉压下降，在心舒末期动脉血压的最低值称为舒张压（俗称低压）。收缩压和舒张压的差值称为脉搏压（简称脉压）。一般所说的血压是指上臂肱动脉的血压。我国健康青年人在安静状态时的收缩压为13.3～16.0千帕（100～120毫米汞柱），舒张压为8.0～10.6千帕（60～80毫米汞柱），脉搏压为4.0～5.3千帕（30～40毫米汞柱）。如果安静时血压持续超过21.3/12.6千帕（160/95毫米汞柱）者为高血压；在18.6/12.0～21.3/12.6千帕（140/90～160/95毫米汞柱）之间为临界高血压；血压持续低于12.0/6.6千帕（90/50毫米汞柱）者为低血压。

动脉血压的测量需要用专门的血压计，一般测量的是肱动脉的血压（图1-5）。

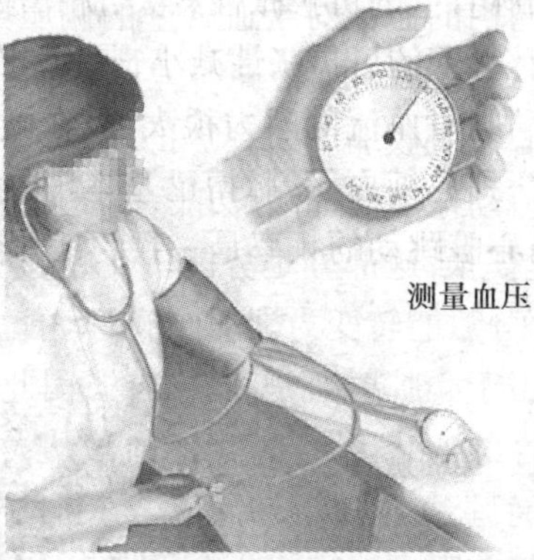

图1-5　动脉血压的测量

动脉血压除存在个体差异外，还有性别和年龄的差异。一般说来，女性在更年期前动脉血压比同龄男性的低，更年期后动脉血压升高。男性和女性的动脉血压都随年龄的增长而逐渐升高，收缩压的升高比舒张压的升高更为显著。凡是能影响心输出量和外周阻力的各种因素，都能影响动脉血压。包括心脏每搏输出量、心率、外周阻力、主动脉和大动脉的弹性和循环系统血容量。例如，人体在激动时，由于输出量、心率快速增加，血压会升高；反之人体失血时循环系统的血容量降低则血压会下降，当失血超过一定数量时，会因血压过低而导致昏迷，甚至死亡。在各种不同的生理情况下，各种影响动脉血压的因素可同时发生改变。因此，在某种生理情况下动脉血压的变化，往往是各种因素相互作用的综合结果。

（四）动脉脉搏

在每个心动周期中，动脉内的压力发生着周期性的波动。这种周期性的压力变化可引起动脉血管发生搏动，称为动脉脉搏。用手指可摸到身体浅表部位的动脉搏动（图 1-6）。动脉脉搏可以沿着动脉管壁向外周血管传播，其传播的速度远较血流的速度为快。一般说来，动脉管壁的可扩张性愈大，脉搏波的传播速度就愈慢。老年人主动脉管壁的可扩张性减小，脉搏波的传播速度增加。由于小动脉和微动脉对血流的阻力很大，故在微动脉段以后脉搏波动即大大减弱。到毛细血管，脉搏已基本消失。人体在正常情况下，动脉脉搏与心脏跳动的频率是一致的，因此通常采用测量脉搏反映心跳的频率。

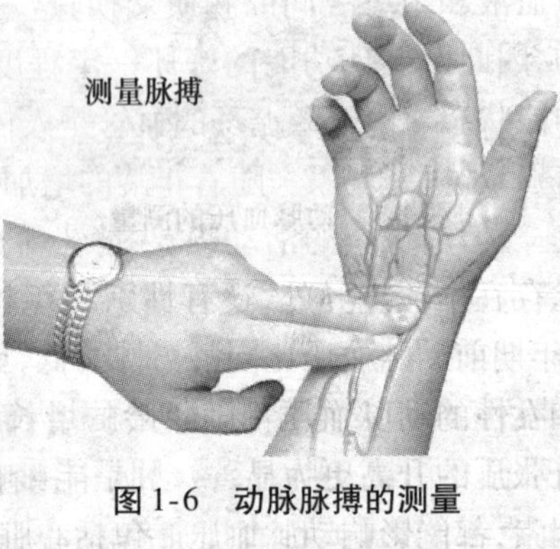

图 1-6　动脉脉搏的测量

（五）静脉回心血量

静脉在功能上不仅仅是作为血液回流入心脏的通道，由于整个静脉系统的容量很大，而且静脉容易被扩张，又能够收缩，因此静脉起着血液贮存库的作用。静脉的收缩或舒张可有效地调节回心血量和心输出量，使循环机能能够适应机体在各种生理状态时的需要。

单位时间内的静脉回心血量取决于外周静脉压和中心静脉压的差，以及静脉对血流的阻力。凡能影响外周静脉压、中心静脉压以及静脉阻力的因素，都能影响静脉回心血量。如体循环平均充盈压、心脏收缩力量、体位改变、骨骼肌的挤压作用，以及呼吸运动等。一些体质较弱的人，从卧位到站位时，会感觉突然地头昏眼花，就是因为体位的改变，人体不能马上做出调整，大量血液停留在下肢，心脏泵血数量减少，导致头部缺血造成的。因此，对于体质较弱的人，从卧位到站位最好在中间有一个短暂的坐位，让身体做出一些调整后再过渡到站位。

（六）微循环

微循环是指微动脉和微静脉之间的血液循环。血液循环最根本的功能是进行血液和组织之间的物质交换，这一功能就是在微循环部分实现的，因此微循环功能的好坏一定程度上决定人体器官的物质代谢功能状态。由于微循环的血管是人体中最为细小的血管，因此最容易出现堵塞现象。随着年龄的增加，这种堵塞是不可避免的，提倡适当增加机体的活动，减少静坐等，目的是通过血液循环的加快，一定程度上能减少这种堵塞，这与“流水不污”的原理是一样的。

由于人体各器官、组织的结构和功能不同，因而微循环的结构也不同。典型的微循环由微动脉、后微动脉、毛细血管前括约肌、真毛细血管、通血毛细血管（或称直捷通路）、动－静脉吻合支和微静脉等部分组成。

第二节 运动增强心血管系统功能的原理

一、心血管系统对运动的反应

（一）肌肉运动时心输出量的变化

人体运动是通过骨骼肌的收缩与舒张实现的，骨骼肌的收缩和舒张均需要能量，因此血液循环系统需要提高心输出量以增加血液供应，从而满足肌肉组织对氧气和营养物质的需求，同时运走代谢产物，否则肌肉运动就不能持久。

运动时，由于交感神经活动加强，迷走神经活动减弱，同时肾上腺髓质分泌肾上腺素和去甲肾上腺素增多，使心率加快，心肌收缩能力加强，搏出量增加。运动时，由于肌肉的节律性舒缩和呼吸运动加强，回心血量大大增加，使搏出量进一步增加，从而导致心输出量大幅度增加。运动中动用心率贮备是心输出量的主要途径，健康人体充分动员心率贮备可使心输出量增加1.5～2.0倍，而动员搏出量贮备可使心输出量增加一倍左右，因此一般人剧烈运动时的心输出量约为安静时的4倍左右（安静时为5升，剧烈运动时约20升）。

（二）肌肉运动时血流量的重新分配

运动时心输出量增加，但增加的心输出量并不是平均分配给全身各个器官的。通过体内的调节机制，各器官的血流量将进行重新分配。其结果是使心脏和进行运动的肌肉的血流量明显增加，不参与运动的骨骼肌及内脏的血流量减少（图1-7）。运动开始时，皮肤血流也减少，但以后由于肌肉产热增加，体温升高，通过体温调节机制，使皮肤血管舒张，血流增加，以增加皮肤散热。

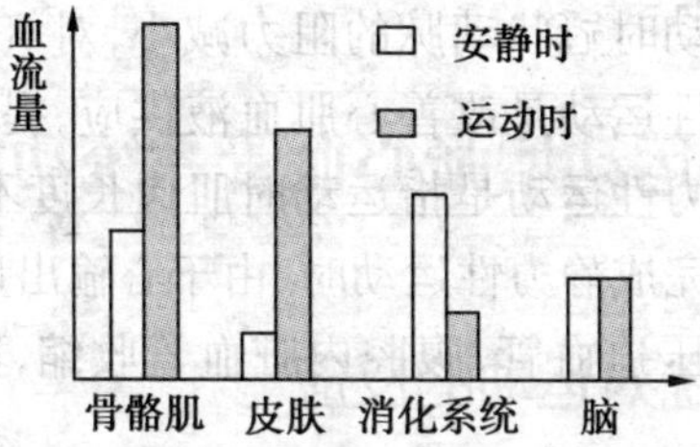

图 1-7　运动时血液在各个器官流量的重新分配

运动时各器官血流量的重新分配具有十分重要的生理意义，即通过减少对不参与活动的器官的血流分配，保证有较多的血流分配给运动的肌肉。由于阻力血管舒张，肌肉中开放的毛细血管数目增加，使血液和肌肉组织之间进行气体交换的面积增大，气体扩散的距离缩短，从而满足肌肉活动时增加的氧气需要。血流量重新分配的生理意义还在于维持一定的动脉血压。如果没有不活动器官的缩血管效应，仅有运动肌肉的舒血管效应，总外周阻力就会减小，动脉血压也就要降低。或者说，必须使心输出量大大增加，才能使动脉血压维持在原先的水平。

（三）肌肉运动时动脉血压的变化

肌肉运动时动脉血压的变化是人体内多种因素改变的结果。主要取决于运动时心输出量和外周阻力两者之间的变化关系。如果心输出量的增加和外周阻力的降低两者的比例恰当，则动脉血压变化不大。否则动脉血压就会升高或降低。运动时血压的升高或降低与肌肉活动的性质关系密切。一般来说，动力性运动收缩压升高，舒张压变化不大或略有下降。而静力性运动动脉血压升高，且以舒张压的升高更为显著。

所谓动力性运动是指肌肉活动时长度有变化的运动，即主要关节在运动中不断变化的运动，如跑步、游泳等。人体在完成动力性运动时，心率加快、血液回流增加，因而心输出量增加，运动肌肉的血管舒张，腹腔内脏的血管收缩，总的外周阻力不变，甚至略有下降。动力性运动时冠状动脉的阻力减小,对氧的摄取增加。一定强度下的动力性运动是改善心肌血液供应,提高心肌功能的有效措施。所谓静力性运动是指运动时肌肉长度不变的运动,如蹲马步等。人体在完成静力性运动时,由于心输出量增加较少,而肌肉的持续收缩则压迫血管,腹腔内脏血管收缩,因而使外周阻力增大。

二、心血管系统对运动的适应

(一) 运动性心脏肥大

运动可导致心脏体积的增大,运动性心脏增大的主要标志是心腔扩大,心室增厚。研究发现经过 8 ~ 20 周耐力训练的动物心脏重量明显增加。不同类型训练负荷引起心脏形态结构的变化是不同的,经常性的耐力运动常有明显的心腔扩大,心室壁增厚,其心室腔内半径与心室壁厚度之比维持在正常范围,而经常性的力量运动心脏肥大主要表现在心室壁增厚。心室腔扩大包括左、右心室的同时扩大和左心室的扩大,心肌肥厚包括心肌纤维肥大、增生及结缔组织增生。

运动导致心脏肥大,而多数心脏疾病也伴随心脏肥大,这两类心脏肥大的特征及程度有所区别,心肌收缩力亦有根本差异,对运动负荷的反应也全然不同。运动性心脏肥大远小于病理性心脏肥大,这是一种对称的,适度的肥大,其质量一般不超过 500 克(图 1-8 左)。

(二) 安静时心率降低

经常运动的人安静时的心率较低,有些耐力运动员安静时心率可降低至 40 ~ 60 次(在医学上这种现象称为窦性心动过缓)。一般认为是长期运动引起交感神经张力下降和迷走神经张力提高的结果,另一种观点认为是交感神经和迷走神经对窦房结的控制关系发生了变化。一般交感神经和迷走神经对窦房结作用的比例

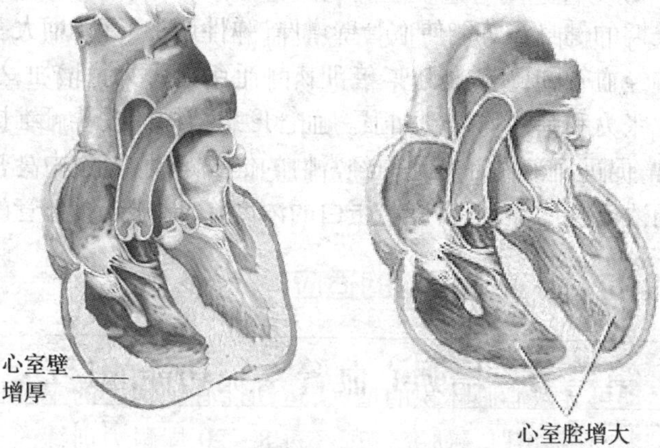

图 1-8　运动性心肌增厚和病理性心室增大

为 25∶50,经过训练可使这种比例关系改变为 15∶45,即运动使迷走神经和交感神经的张力都有所下降,且交感神经的张力下降更为明显,从而使心率降低。安静时心率降低可以降低心肌耗氧量,改善心肌血液供应,使心肌的功能储备提高,并对运动性心脏肥大的发展有积极意义。

(三) 心脏功能改善

长期运动引起心功能改善,包括心肌收缩和放松机制的改善。安静时,经常运动的人心脏功能与不运动的人相比无显著差异或略高,心脏收缩功能的改善在运动中表现的更为明显。经常运动的人与不运动的人在完成相同运动时,心血管的功能表现为动员快、反应小、恢复快的特点。即在运动开始后,能迅速动员心血管功能,以适应运动活动的需要;同时表现为心跳的加快等不太明显,且在运动停止后很快能恢复到安静水平。而平时不运动的人,稍有点运动就气喘、心跳加快且较长时间才能恢复,这是心脏功能较弱的表现。

（四）血管弹性增加

长期的健身锻炼能使血管壁增厚，弹性增加，管径增大。运动能使神经血管的调节功能改善，肌肉中毛细血管大量增加，小动脉血管的张力和弹性均得到加强。血管形态结构的改善可维护血压的正常，促进血液循环畅通。经常性的健身运动，血液中高密度脂蛋白的浓度会增加，低密度脂蛋白的浓度降低，能延缓血管的硬化速度。

第三节　增强心血管系统功能的运动

一、增强心血管功能的运动原则

心脏作为血液循环的动力器官，其功能强弱主要看单位时间供给器官组织血液（流）量的最大能力。因此健身运动中应遵照“心搏峰”及“最佳心率范围”理论来控制运动时的心率，以达到增强心脏功能的效果。根据“心搏峰”理论，运动时的心率可控制在每分钟 110 ~ 120 次（体能强者可达 120 ~ 130 次），此强度运动时心肌收缩最强，搏出量可达到峰值。长期作用将刺激心肌纤维增粗，收缩能力增强，搏出量增大。根据“最佳心率范围”理论，运动时心率应控制在每分钟 150 ~ 160 次，即达到最佳心率范围中、上限。此时心脏处于高心率、高搏出量的双高状态，可以有效地提高心脏承受高强度运动的能力，全面地增强心脏的泵血能力。因此，要提高心脏功能，运动时的心率要超过每分钟 120 次，但不要高于每分钟 160 次。开始健身运动时，可以更低一些，待适应后再按照要求完成各种运动练习。

血管作为血液运输的管道，其功能改善主要表现在增加血管的弹性和微循环的功能。长期坚持全身性的运动，保证足够的运动时间(每次运动不少于30分钟),减少静坐时间、注意饮食习惯等是保持血管弹性和微循环通畅的要领。

二、增强心血管功能的运动方法

(一)持续运动锻炼法

采用强度较低、持续时间较长且不间歇地进行的运动锻炼方法。选择的运动项目可以是快走、慢跑、游泳、自行车、体育舞蹈、健身操等。运动的持续时间应在5分钟以上,最好达到20~30分钟。

(二)间歇运动锻炼法

采用在两次运动之间有适当的间歇,并在间歇期进行强度较低的运动锻炼方法。选择的运动项目或锻炼内容可以是快走、跑步、游泳、自行车等。

由于间歇运动锻炼方法对运动的距离、强度及每次练习间歇时间有一定的规定,往往不等身体功能完全恢复就开始下一次运动,因此对机体功能要求较高,能使心血管系统得到明显的锻炼,特别是心脏工作能力得到显著提高。

第二章 健身运动与呼吸系统功能

呼吸系统由呼吸道和肺共同构成，担负着机体与外界环境之间进行气体交换的功能。人体在进行新陈代谢过程中要不断摄取和消耗氧气，产生和排出二氧化碳，呼吸系统是氧运输系统的重要组成部分，是机体维持新陈代谢及其他功能活动所必需的基本生理基础。健身运动能对呼吸系统的构造和功能产生良好的影响，提高机体对氧的摄入和利用的能力，进一步适应和满足运动对呼吸系统的要求。

第一节　呼吸系统的功能概述

一、呼吸道的构造与功能概述

呼吸道是气体进出肺的通道，由鼻、咽、喉、气管和主支气管组成。从鼻腔到气管，可将其分为上呼吸道与下呼吸道两部分（图2-1）。

（一）上呼吸道

上呼吸道包括鼻、咽、喉。

鼻是呼吸道的起始部位，同时也是嗅觉器官，是高度分化的感受化学刺激的器官，具有感受各种气味刺激、湿润、加温、过滤空气

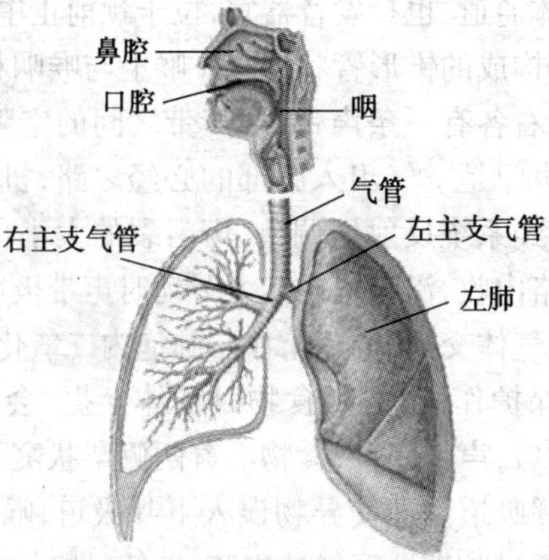

图 2-1　人体呼吸道概况

等功能。鼻由外鼻、鼻腔、鼻旁窦三部分组成。外鼻位于面部的中央，自上而下分别为鼻根、鼻背和鼻尖，鼻尖的两侧为鼻翼，鼻翼在平静呼吸时，无显著活动，而呼吸困难的人，鼻翼可出现明显的扇动。鼻腔内面覆以黏膜和皮肤，可分为前后两个部分，前部称为鼻前庭，后部称为固有鼻腔。鼻前庭与外界相通，内有鼻毛，能过滤吸入的空气，可有效地减少尘埃等有害物质的吸入。固有鼻腔是鼻腔的主要部分，与咽相连，腔内嗅区黏膜含有嗅细胞，能感受嗅觉刺激，呼吸区黏膜内则含有丰富的血管和黏液腺，对吸入的空气有加温、湿润、净化的作用，当鼻腔遇到有害气体或异物刺激时，往往出现打喷嚏、流鼻涕等反应，这是人体自身的一种保护性反射动作，能避免和减少有害物的吸入。

咽是呼吸系统和消化系统的共同通道，由黏膜和咽肌组成。咽上连鼻腔，下连喉，分别与鼻腔、口腔和喉腔相通，因此咽自上而下可分为鼻咽、口咽和喉咽三个部分。咽具有呼吸和吞咽的功能，同时也是发音共振器官，对发音有辅助的作用，另外，咽具有丰富的淋巴组织，由扁桃体等组成咽淋巴环，可防御细菌对咽部的侵袭。

喉既是气体通道，也是发音器官，位于颈前正中部，由软骨、韧带、喉肌及黏膜构成的锥形管状器官。喉上与喉咽相通，下与气管相连，喉腔内左右各有一条声带，两声带之间的空隙称为声门裂，在正常情况下声门是空气出入肺部的必经之路，机体对气体的需要量，受中枢神经系统反射性调节，声门裂的大小也随之改变，安静呼吸时声带略内收，深吸气或体力劳动时声带极度外展，声门扩大，增加了肺内气体交换，调节了血与肺泡内二氧化碳浓度。喉对下呼吸道具有保护作用，吞咽食物时喉体上提，会厌会向后下倾斜，盖住了喉上口，声带闭合，食物沿着两侧梨状窝下行进入食道，而不会误入下呼吸道。即使异物误入下呼吸道，喉的咳嗽反射能将误入的异物通过防御性反射性剧咳，迫使异物排出。

（二）下呼吸道

下呼吸道包括气管和主支气管。

气管和支气管都是以软骨、肌肉、结缔组织和黏膜构成的，软骨为“C”字形的软骨环，缺口向后，各软骨环以韧带连接起来，环后方缺口处由平滑肌和致密结缔组织连接，保持了持续张开状态，管腔衬以黏膜，表面覆盖纤毛上皮，黏膜分泌的黏液可粘附吸入空气中的灰尘、细菌，纤毛规则地不断向喉口摆动将粘附有灰尘和细菌的黏液排出，以净化吸入的气体。气管位于食管的前方，上起自环状软骨，下至第四、第五胸椎之间的平面（相当于胸骨角平面）可分为左、右主支气管。左主支气管细长，走向较水平，而右主支气管粗短，走向较垂直，因此，气管异物容易落入右主支气管。气管和主支气管不仅是空气的通道，同时还能调节空气温度、湿度，起到过滤等功能。

二、肺的构造与功能概述

肺是呼吸系统最重要的器官，肺主要由主支气管在肺内的各级分支和肺泡构成。

（一）肺的位置

肺位于胸腔内，分居于纵隔的两侧，膈的上方，左右各一。

（二）肺的形态

肺的形态近似圆锥形，上部肺尖钝圆，下部肺底向上凹陷。肺有三个面：外侧面、肋面、膈面。肺的外侧面广阔圆凸，肺的膈面贴近纵隔和脊柱，膈面中央凹陷处称为肺门，有主支气管、肺动脉、肺静脉、淋巴管和神经等出入。肺的前缘锐薄，右肺前缘接近垂直，左肺前缘下部有一明显缺口形成一弧形凹陷，称心切迹。右肺因膈下有肝向上隆起，左肺因心脏偏向左侧，因此右肺形状宽而短，左肺形状窄而长。左肺分为两叶，右肺分为三叶。

（三）肺的解剖结构

主支气管进入肺后分出肺叶支气管，肺叶支气管入肺叶后继续分出肺段支气管，以后反复分支，越分越细，形似树枝，称为支气管树，因此肺是以支气管反复分支形成的支气管树为基础的。左、右支气管在肺门分成第二级支气管，第二级支气管及其分支构成肺叶，每支第二级支气管又分出第三级支气管，每支第三级支气管及其分支构成肺段，支气管在肺内反复分支可达 23～25 级，最后形成肺泡。当分支直径在 0.35～0.5 毫米时，被称为终末细支气管，而终末细支气管以上的结构则是肺的导气部分，具有输送气体的功能。终末细支气管分支为呼吸性细支气管，然后分支为肺泡小囊，连通肺泡后的结构总称为肺的呼吸部分，具有气体交换的功能。

肺泡之间的间质内含有丰富的毛细血管网，是血液和肺泡内气体进行气体交换的场所。肺的支气管经反复分支后的细支气管，其末端膨大成囊，囊的四周有很多突出的小囊泡，即为肺泡。肺泡是肺部气体交换的主要部位，是肺的功能单位。氧气从肺泡向血液弥散，要依次经过肺泡内表面的液膜、肺泡上皮细胞膜、肺泡上皮与肺毛细血管内皮之间的间质、毛细血管的内皮细胞膜等四层膜，这四层膜合称为呼吸膜，而这些结构称为气血屏障。

(四) 呼吸过程

机体与外界环境之间进行气体交换时，要经历三个相互联系的环节：外界环境与血液在肺部实现气体交换，气体在血液中进行运输，血液与组织细胞间进行气体交换。

1. 呼吸运动与肺通气

呼吸肌（主要是胸壁的肋间外肌和膈肌）收缩和舒张引起的胸廓扩大与缩小，称为呼吸运动。外界环境与肺进行气体交换的过程称为肺通气，呼吸道是肺通气的通道，而肺泡则是肺通气的场所，呼吸运动引起的胸廓运动是肺通气的动力。呼吸肌收缩时，肺随着胸廓的扩大而扩大，肺容积也随之增大使肺内压低于大气压，外界的空气就随着呼吸道进入肺部，这即是吸气的过程。吸气后，胸廓不再扩张，肺内压与大气压平衡后，气体不进入肺部，随后吸气肌舒张，胸廓在重力和腹部压力的作用下缩小，肺容积也随着减少，使肺内压高于大气压，于是气体经呼吸道出肺，这即是呼气过程。在正常情况下，不论是吸气还是呼气，胸膜腔内的压力总是低于大气压的，肺部一直处于扩张状态，具有回缩力，维持正常呼吸。

安静状态下，呼吸运动平稳而均匀。吸气是主动的，是由膈肌和肋间外肌的收缩引起的；呼气则是被动的运动，此时呼气肌并不收缩，只是吸气肌舒张（图 2-2）。用力吸气时，其他的辅助吸气肌，如胸锁乳突肌、胸大肌等也参与收缩，以加强吸气动作；用力呼气时，除呼气肌（肋间内肌）收缩外，腹壁肌也参加收缩，以加强呼吸动作。生活中咳嗽和打喷嚏都是用力呼气的形式，因此有人会在反复咳嗽和喷嚏后产生腹肌和肋间肌肉的疼痛。

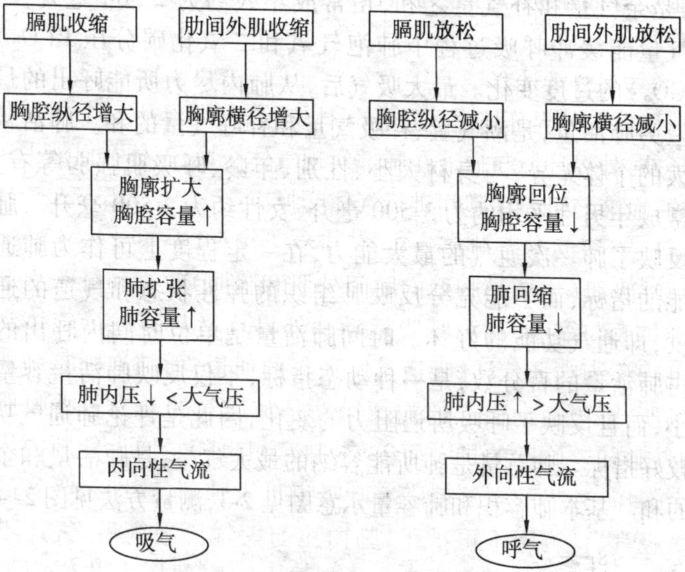

图 2-2　安静状态下的呼吸过程

2. 肺容积和肺容量

呼吸时,吸入和呼出的气量称为潮气量,平静呼吸时,正常成年人潮气量约为 400 ~600 毫升。在平静吸气末,再尽力吸气吸入的气量为补吸气量,正常成年人约为 150 ~200 毫升。在平静呼气末,尽力呼出所能呼出的气量为补呼气量,正常成年人约为 900 ~1 200 毫升。最大呼气末,肺内余留的气体量为余气量,正常成人约为 1 000 ~1 500 毫升。肺容积就是由这四个量组成的,是其中两项或两项以上的联合气量。

从平静呼气末作最大吸气时所能吸入的气量为深吸气量,是补吸气量与潮气量的和,是衡量最大通气能力的重要标志,胸廓、胸膜、肺组织和呼吸肌等的病变,可使深吸气量减少而降低最大通气潜力。平静呼气末尚存留于肺内的气量为功能余气量，是余气量和补气量之和，正常成年人约为 2 500 毫升，功能余气量能缓冲呼吸过程中肺泡气氧和二氧化碳分压 P(O_2)和 P(CO_2)的过度变化。最大吸气后，从肺内尽力所能呼出的最大气量为肺活量，是潮气量、补吸气量和补呼气量的和。肺活量有较大的个体差异，与身材大小、性别、年龄、呼吸肌强弱等有关。正常成年男性平均约为 3 500 毫升，女性约为 2 500 毫升。肺活量反映了肺一次通气的最大能力，在一定程度上可作为肺通气功能的指标，而不能充分反映肺组织的弹性状态和气道的通畅程度，即通气功能的好坏。时间肺活量是单位时间内呼出的气量占肺活量的百分数，是一种动态指标，不仅反映肺活量容量的大小，而且反映了呼吸所遇阻力的变化，因此是评论肺通气功能的较好指标。肺总量是肺所能容纳的最大气量，是肺活量和余气量的和。基本肺容积和肺容量示意图见 2-3，测量方法见图 2-4。

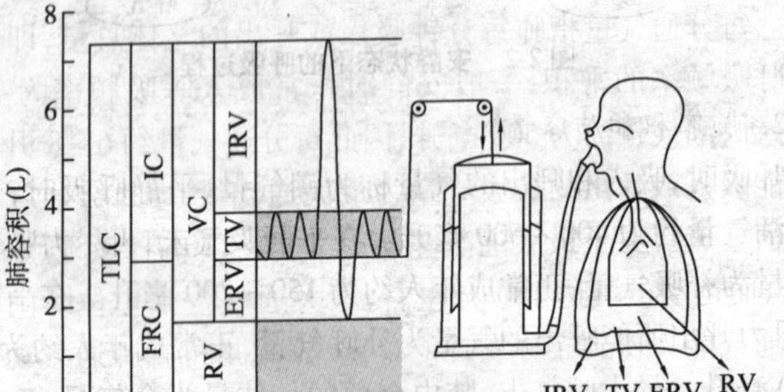

（TV：潮气量；IRV：补吸气量；ERV：补呼气量；RV：余气量；IC：深吸气量；FRC：功能余气量；VC:肺活量；TLC：肺总量）

图 2-3　基本肺容积和肺容量

图 2-4　肺通气功能的测量

3. 肺通气量

肺通气量是单位时间内出入肺的气体量，反映肺的通气功能。肺通气量可分为每分通气量、最大通气量、无效腔气量和肺泡通气量等。每分通气量指肺每分钟吸入或呼出的气体总量，即为潮气量与呼吸频率的乘积，一般安静时正常成人呼吸频率为 12～18 次/分钟，潮气量约为 500 毫升，因此每分通气量约 6～8 升。每分钟所能吸入或呼出的最大气量为最大通气量，即每分通气量的最大数值。成年男子最大通气量可达 100～110 升，女子可达 70～80 升，而运动员可达 180 升左右，最大通气量是单位时间内肺的全部通气能力得到充分发挥的反映，因此是检查肺通气功能的一个重要指标。

肺中的气体交换在肺泡中进行，而每次吸入的新鲜空气不可能全部进入肺泡，其中一部分滞留在呼吸性细支气管前的呼吸道内，这段空间称为解剖无效腔，存在于无效腔里的气体量称为无效腔气量，因此进入肺泡的气体量才是有效的通气量，即肺泡通气量。每分肺泡通气量 =（潮气量 − 无效腔气量）× 呼吸频率。健康人吸入的气体中有三分之二可达肺泡，其余三分之一留在无效腔中。由于无效腔的存在,浅而快的呼吸不如深而慢的呼吸有效。尤其人体在运动时,由于肺通气量的增加,适当深而慢的呼吸不仅提高了肺通气的效率,还能够有效防止呼吸肌的疲劳。

4. 气体的交换

气体交换包括肺泡与血液之间,以及血液与组织细胞之间氧气和二氧化碳的交换。前者称为肺换气,后者称组织换气,两种换气都通过扩散方式来实现。气体分压是指总压力与该气体的容积百分比的乘积,而气体交换的动力则是分压差。肺泡、血液、组织内的氧气和二氧化碳的分压是不同的,存在着分压差,使气体从分压高处向分压低处扩散。气体分子扩散速度快,气体交换也快,一般二氧化碳扩散速度是氧气的两倍。肺换气要穿过呼吸膜,因此呼吸膜的通透性和面积影响气体交换的速率。通气/血流比值是指每分钟肺泡通气量和每分钟肺血流量之间的比值,只有在适宜的通气/血流比值时才能实现适宜的肺换气。如果通气/血流比值增大就意味着通气过剩,血流相对不足,部分肺泡气体未能与血液气体充分交换,致使肺泡无效腔增大。反之,通气/血流比值下降,则意味着通气不足,血流相对过多,混合静脉血中的气体不能得到充分更新。由此可见,无论通气/血流比值增大或减小,都会妨碍有效的气体交换,导致机体缺氧和二氧化碳潴留。氧扩散容量是指呼吸膜两侧的氧分压差为0.13千帕时每分钟可扩散的氧量,氧扩散容量大说明肺换气效率高,而氧扩散容量随年龄、性别、体位、功能活动水平等的改变有所不同。

第二节　运动增强呼吸系统功能的原理

一、呼吸系统对运动的反应

（一）运动时通气功能的变化

1. 运动时呼吸频率的变化

运动可使安静时的呼吸深度增加，呼吸频率下降。运动时，在相同肺通气量情况下，经常运动的人呼吸频率相对要低，没有运动习惯的人在运动中往往会出现呼吸节律不规则的情况，如果进行长时间剧烈运动还可能引起呼吸紊乱，降低运动能力。

2. 运动时呼吸肌耗氧量的变化

运动时呼吸肌的能耗量和耗氧量增加。在相同的肺通气量情况下，经常运动的人呼吸肌消耗的氧气比无运动习惯的人少，而到达活动肌肉的氧量却较多，对进行长时间运动有利。

3. 运动时肺通气量的变化

在进行时间较长而强度较低的运动时，每分通气量增加的幅度较少。表现为运动开始后的快速增长、稍后的慢速增长和稳定。运动开始之前，每分通气量条件反射性增加，而运动停止每分通气量出现快速减少，随后慢速减少，最后恢复到静息时水平。一般没有运动习惯的人能承受的运动强度及运动时能达到的每分通气量的上限比经常运动的人低。在从事最大运动时，每分通气量持续地增加，运动员的最大通气量可达 180 升，而一般人则约为 120 升。

4. 运动时氧通气当量的变化

氧通气当量是评价呼吸效率的重要指标，是每分通气量和每分吸氧量的比值，比值小，说明氧的摄取效率高。运动时，在相同吸氧量情况下，经常运动的人氧通气量比较少，吸氧量比较大，呼吸效率相对无运动习惯的人高得多。

（二）运动时换气功能的变化

运动时换气功能的变化主要是通过氧气的扩散和交换来实现的。肺换气的具体变化为：人体各器官组织代谢的加强，使流向肺部的静脉血中氧气分压比安静时低，从而导致呼吸膜两侧的氧气分压差增大，氧气在肺部的扩散速率即增大；血液中儿茶酚胺含量增多，导致呼吸细支气管扩张，使通气肺泡的数量增多；肺泡毛细血管前括约肌扩张，开放的肺毛细血管增多，从而使呼吸膜的表面积增大；右心室泵血量的增加使肺血流量增多，使得通气血流比值维持在 0.84 左右。没有运动习惯的人，20 岁以后，肺换气功能将日趋降低，而经常参加健身运动的人，肺换气功能降低的自然趋势将推迟。

组织换气的具体变化为：由于活动的肌肉组织需利用较多的氧气来氧化能量物质（糖、脂肪）重新合成三磷酸腺苷（ATP，一种能够直接水解释放能量的物质），所以活动的肌肉组织耗氧量增加，组织的氧气分压迅速下降，使组织和血液间的氧气分压差增大，因此氧气在肌肉组织部位的扩散速率增大；活动组织毛细血管开放数量增多，增大了组织血流量，增大了气体交换的面积。运动时组织的这些变化，促使肌肉的氧利用率得到提高，肌肉的代谢率较安静时增高了 100 倍。

二、呼吸系统对运动的适应

（一）提高呼吸肌的功能

在进行健身运动时，随着呼吸运动的加强，呼吸变得主动和有力，有关的呼吸肌功能随之增强，胸廓的活动范围扩大，久而久之，就使这些肌肉发达有力，胸围增大，从而能更好地进行呼吸运动，改善呼吸功能。

（二）增大肺活量，提高呼吸效率

经常参加健身运动的人，肌肉活动时需氧量增大，呼吸运动增强，平时不参与工作的肺泡也扩张，肺的气体容量增加，肺活量增大，提高了呼吸系统的功能。

肺活量的增大可使呼吸运动加深，提高呼吸深度，相应地使呼吸频率降低。这样，大大节省了用于呼吸肌工作的能量消耗，又减少了剩余容量（肺功能中未被利用的部分），每次呼吸，可使更多的空气进入肺泡，提高了氧气从肺进入血液中的能力和排出二氧化碳的能力。

第三节　增强呼吸系统功能的运动

一、增强呼吸系统功能的运动原则

呼吸系统的功能表现在肺的通气功能和肺的换气功能上，增强呼吸系统功能的运动主要是提高机体的通气和换气能力。因此，运动的基本原则一是通过主动的呼吸运动，提高呼吸肌的力量和耐力，二是形成良好的运动呼吸习惯，注意呼吸和运动动作的配合，提高呼吸的效率。

二、增强呼吸系统功能的运动方法

（一）深呼吸运动

一般人每分钟呼吸16～18次，深呼吸要求每分钟在10次以下。呼吸频率降低后，耗氧量和耗能量大大减少，血液中的氧浓度升高，黏度下降，血流加快。深呼吸频率降低后，进入人体的氧气相对减少，使人体处于自我控制的低氧环境中，能激活人体的多种调节功能，促使毛细血管大量开放，能有效地疏通气血。一般人习惯胸式呼吸,使占全肺约60%的中下部肺泡长期处在废用状态,如果吸气时用深呼吸,而使中下部肺泡得到开发利用,不但能吸入更多的氧气,还会通过腹壁前后运动,腹肌的上下运动,而使腹内的胃、胰、肝、胆、脾、肾等器官得到运动。因此,科学的深呼吸法是让空气慢慢进入肺和腹部,使气体在肺和腹部的组织中彻底交换,使副交感神经兴奋性增强。

(二) 呼吸操

目前常用的呼吸操有卧式、坐式和立式三种。卧式呼吸操是最基本的一种,其基本的做法为:仰卧,两手握拳在肘关节处屈伸4~10次,平静深呼吸4~10次,两臂交替向前方伸出,自然呼吸4~10次,两腿交替在膝关节处屈伸4~10次,两腿屈膝、双臂上举外展深吸气,两臂放回体侧时呼气,做4~10次。缩唇呼吸,口唇呈吹口哨状用力呼气,做4~10次,腹部呼吸,两腿屈膝,一手放在胸部,一手放在腹部,吸气时腹壁隆起,呼气时腹壁收缩,做4~10次。做呼吸操锻炼时应注意开始锻炼时要慢,循序渐进,逐渐加快。先从卧位以后再取坐位、立位。一般每天锻炼2~3次,每次8~15分钟,一次锻炼时间不要过长,以免因连续深呼吸或换气过度而引起头晕、眼花、胸闷等症状。锻炼时要自然放松,不要屏气,要注意用鼻吸气,用嘴呼气。呼气时间要比吸气时间长,吸气和呼气时间比为1∶2或1∶3,当有呼吸道感染或合并心力衰竭时暂不宜锻炼。

(三) 耐力性运动

耐力性运动可引起肺部结构和呼吸系统功能的变化,可以使呼吸肌耐力增加,使膈肌和其他呼吸肌都能进行更长时间的工作。呼吸肌耐力的增加减少了运动时喘不过气的感觉,消除了运动时有时候发生的“胁部疼痛”。耐力运动可选择最为常见的跑步,另外还有步行、骑自行车和游泳等,只要是有大肌肉群参与的慢节奏的运动都可以作为耐力运动项目进行健身。一般在选择锻炼方式时，首先应选择自己喜欢的运动，只有从事喜欢的运动，才容易坚持下去，其次要考虑到可行性和安全性。只选择单一的锻炼方式，比较枯燥无味且容易受伤，建议采用综合性的锻炼方式，建议的运动强度范围为50%~85%最大摄氧量或70%~90%最大心率(每分钟最大心率≈220－年龄)，每周可进行3~4次的锻炼使呼吸系统功能在适应的同时得到进一步的提高。

第三章 健身运动与运动系统功能

运动系统是人类工作、劳动和运动的主要结构基础。运动系统由骨、关节和骨骼肌组成。骨通过关节相互连接起来,而骨骼肌则附着在骨上,牵动骨骼进行收缩,使人体产生各种运动及维持各种姿势。反之,健身运动对人体运动系统也能产生良好的影响。

第一节 运动系统的功能概述

一、骨的构造与功能概述

骨是以骨组织为主体构成的器官,具有一定的形态和功能,除了运动时作为杠杆以外,骨主要功能是构成人体的支架,同时保护脑和心肺等重要器官。骨坚韧而有弹性,有丰富的血管和神经分布,表面覆盖骨膜,内有骨髓,骨髓具有造血功能,能不断进行新陈代谢,因此骨具有修复、再生和改建的能力。一般情况下,正常成年人有 206 块骨,按其所在部位的不同可将其分为颅骨、躯干骨和四肢骨几大类(图 3-1)。

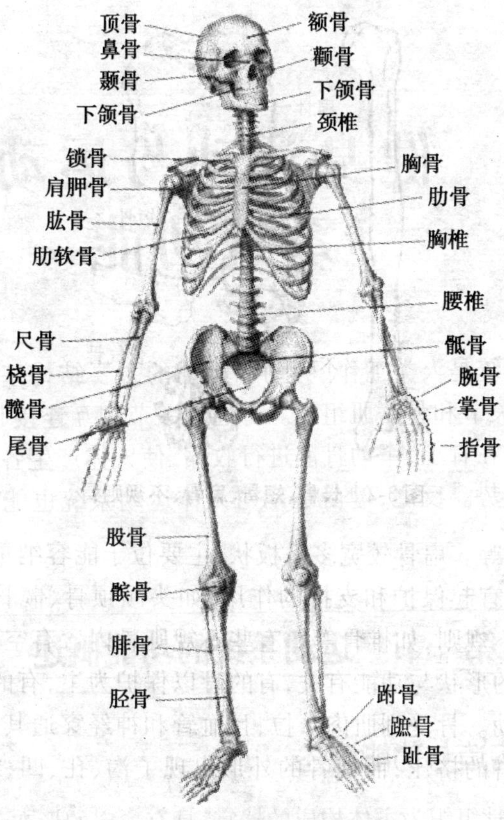

图 3-1　人体骨骼示意图

（一）骨的形态

骨的形态各异，可分为长骨、短骨、扁骨和不规则骨四类（图 3-2）。

长骨呈圆柱形或三棱柱形的中空管状，主要分布在四肢，如肱骨、股骨等。长骨中部细长的部分称为骨干，内有骨髓。两端膨大的部分称骺，在肢体运动中起杠杆作用。短骨呈立方形，一般多位于连结较紧密，且有一定灵活性，运动较复杂的部位，如

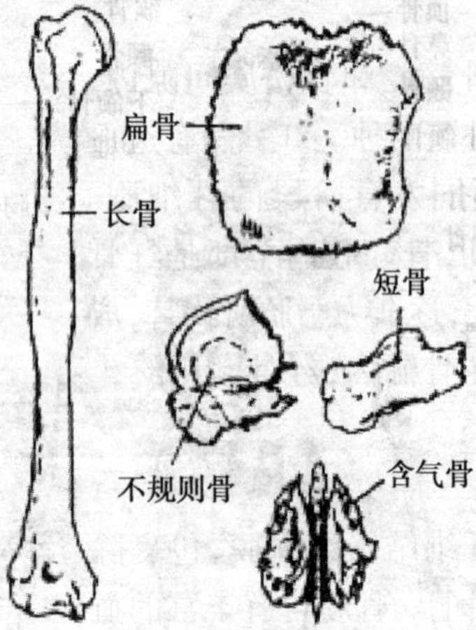

图 3-2　长骨、短骨、扁骨、不规则骨

腕骨、跗骨等。扁骨较宽多呈板状，主要位于能容纳重要器官的腔壁，对器官起保护和支持的作用，如头颅顶骨、髋骨等。不规则骨形状不规则，如椎骨等。有些不规则骨内含有空腔，称为含气骨。骨的形状与功能有关，有的骨以保护为主，有的骨则便于支撑和运动。骨受到肌肉牵拉，且血管和神经穿通其中，另外受到部分器官的挤压，而使骨的外形出现了沟、孔、凹、窝、突起等结构特点。

（二）骨的结构

活体的骨由骨质、骨膜、骨髓、神经、血管等组成（图 3-3）。

1. 骨质

骨质是骨的主要成分，可分为骨密质和骨松质两种形式。骨密质坚硬、抗压、抗扭曲力强，构成长骨骨干和其他类型骨及骺的外层。骨松质由许多片状和针状的骨小梁交织排列而成，呈蜂窝状。骨松质分布于骨骺或短骨内部，骨小梁的排列与骨所承受力的方向是一致的，同样具有抗压、抗扭曲作用。

2. 骨髓

骨髓充填于骨髓腔和骨松质间隙内，分为红骨髓和黄骨髓两种。红骨髓有造血功能，内含大量不同发育阶段的红细胞。在胎儿和幼儿时期，骨髓腔内全部是红骨髓。随着年龄增大，逐渐为脂肪所代替，成为黄骨髓。然而在骨骺内，红骨髓则终生存在。

3. 骨膜

骨膜是一层纤维结缔组织膜，包裹除关节面以外的骨面上。骨膜含有丰富的血管、神经和成骨细胞，对骨有营养、生长和新生等作用。如果剥离骨膜，骨就易于坏死并不能修复。

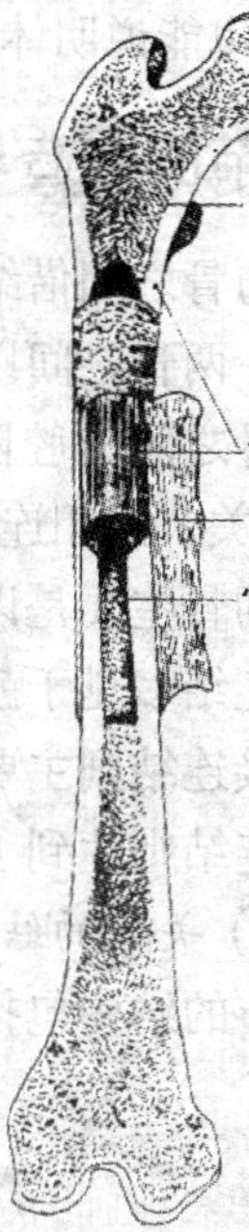

图 3-3　骨的结构组成

（三）骨的理化特性

成年人的骨中含有有机质与无机质，有机质与无机质的结合，使骨变得既坚硬又有弹性。有机质主要是骨胶原纤维和黏多糖蛋白，而无机质主要是磷酸钙、碳酸钙等。幼儿的骨有机质相对多些，因此比较柔韧，易变形，而老年人的骨无机质相对较多些，骨的脆性较大，容易骨折。此外，当机体内外环境发生变化时，骨理化性质也可发生一定的改变。

（四）骨的生长

骨的生长包括骨的增粗和增长。骨膜深层的成骨细胞不断造骨，骨的横径不断增粗，而骨内膜的破骨细胞破坏和吸收既成的骨质，骨髓腔随之扩大。骨的增长主要是骺软骨不断增生和骨化，使骨不断增长。在人体生长发育过程中，不同部位的软骨出现骨化中心点或骺软骨骨化愈合的生理年龄，称之为骨龄，能表明身体成熟程度，也能说明体格的预后大小，是选择运动员很好的依据。

二、关节的构造与功能概述

骨与骨之间借结缔组织、软骨组织或骨组织相连称为关节或骨连结。两骨之间以少量结缔组织直接相连的称为纤维连结，相连结的骨之间无腔隙。而两骨之间若以间接方式相连的简称关节，是借关节囊相连结的，连接处有腔隙，具有较大的活动性，因此人体中的骨主要是以关节相连结的，全身约有200个关节。人体的直接连结多见于颅骨、椎骨之间，有利于保护脑、脊髓和支持体重。间接连结则主要在四肢骨之间，以适应机体活动的灵敏性，手部的骨连结则达到了高度分化的程度。

（一）关节的结构

关节的结构包括基本结构和辅助结构（图3-4）。

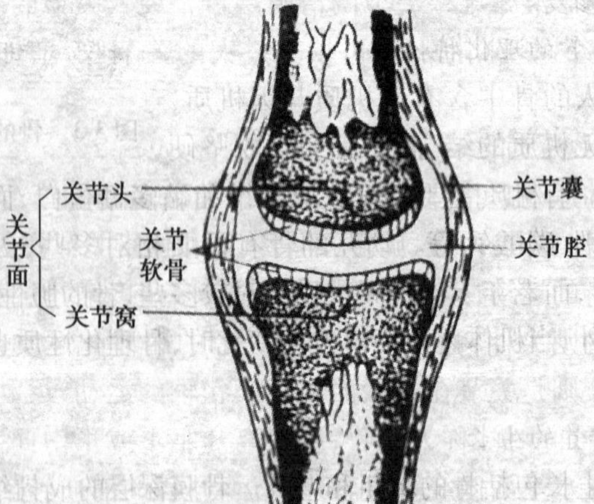

图3-4 关节的基本构造

关节基本结构包括关节面和关节软骨、关节囊和关节腔。关节面是指关节两骨的对应面，一般为一凸一凹，分别称为关节头和关节窝，其表面覆盖一层透明的、光滑的、有弹性的关节软骨，可减少摩擦和起缓冲的作用。关节囊是结缔组织的膜性囊，附在关节面周围。可分为内外两层，外层为纤维层，由致密结缔组织构成，与骨膜相续，具有加强关节的稳固性功能。内层为滑膜层，薄而光滑，具有润滑和营养关节软骨的作用。关节腔是关节囊滑膜层与关节软骨之间所围成的密闭的腔隙，含有少量滑液，有润滑的作用，关节腔内呈负压状态，能维持关节的稳固。

关节的辅助结构包括韧带、关节盘和关节唇、滑膜襞、滑膜囊等。韧带由致密结缔组织构成，分为囊内韧带和囊外韧带，具有连结、加强关节和限制关节过度运动的功能。关节盘是指位于两骨关节面之间的纤维软骨，如膝关节的半月板，关节盘使两关节面更为适应，增加关节稳固性和运动的多样性。关节唇是附于关节窝周缘的纤维软骨环，有加深关节窝，增大关节面，增加关节稳固性的作用。滑膜襞是某些关节的滑膜层折叠突入关节腔而形成，滑膜呈囊状膨出形成滑膜囊，可填充过大的关节腔，增加关节的稳固性。

（二）关节的运动

关节的运动是指运动环节绕某一关节运动轴产生的各种运动，包括屈伸、外展内收、旋转、环转。屈和伸指关节在矢状面内绕冠状轴进行的运动，运动时两骨互相靠拢，角度缩小的称屈，反之角度加大的则为伸，而膝关节和足关节的屈伸的运动是相反的。内收和外展则是关节在冠状面内绕矢状轴的运动，运动时骨向躯干或向正中面靠拢，称为内收，反之离开躯干或正中面者称外展。旋转是骨在水平面内绕垂直轴进行运动，骨的前面转向内侧的称旋内，反之转向外侧的称旋外。

三、骨骼肌的构造与功能概述

肌肉绝大多数附着于骨骼，因而被称为骨骼肌。骨骼肌收缩时产生力量牵引骨骼绕关节运动轴转动，从而引起了人体的各种运动或人体保持某种姿势，骨骼肌是运动系统中的动力。骨骼肌在人体中分布极为广泛，全身肌肉约有600余块，且呈对称分布，成年人骨骼肌占人体体重的40%（女性约35%），不同年龄、性别个体的骨骼肌占人体体重的比例不同。一般四肢肌肉占全身肌肉总重量的80%，其中下肢肌占50%，上肢肌占30%。人体的主要骨骼肌见图3-5。

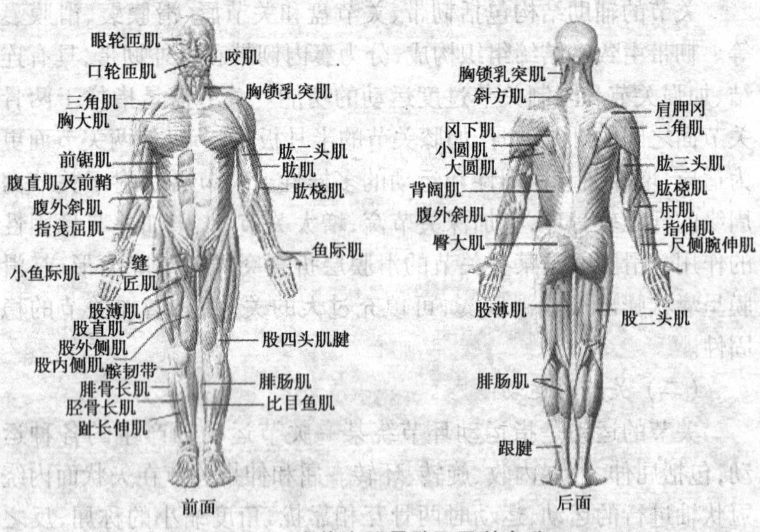

图3-5　人体主要骨骼肌及其名称

（一）骨骼肌的形态与分类

根据骨骼肌的外形，可分为长肌、短肌、扁肌和轮匝肌（图3-6）。长肌呈梭形，主要分布在四肢，收缩时显著缩短而引起肢体的大幅度运动，有的长肌有两个以上的起始头，被称为二头肌、三头肌和四头肌。短肌外形短小，多见于躯干的深层，收缩时引起的运动幅度虽不大，但持久性强。扁肌收缩时除运动躯干外，还能对内脏起保护和支持作用。轮匝肌多呈环形，位于孔、裂的周围，收缩时使孔裂闭合。

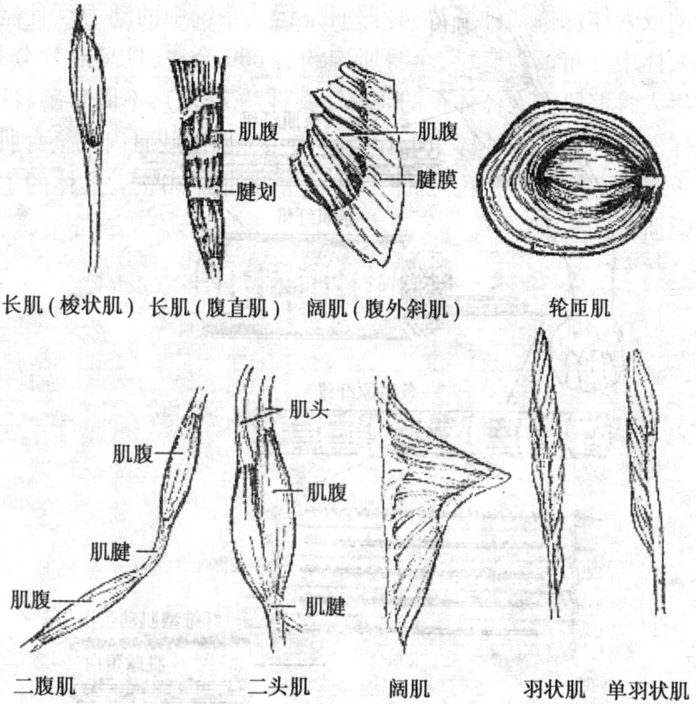

图 3-6　骨骼肌的形态与分类

（二）骨骼肌的结构

骨骼肌的基本构造见图 3-7。

1. 骨骼肌的基本结构

骨骼肌以骨骼肌纤维为基础，由肌腹和肌腱两部分构成。肌腹是肌肉中部较膨大的部分，主要由肌纤维组成，色红、柔软而有收缩能力。肌腱是由排列紧密的粗大的胶原纤维束构成，色白、强韧而无收缩能力，肌腱位于肌腹的两端，但能承受很大拉伸负荷，肌腹以肌腱附着于骨面。一般情况下，即使肌纤维在最大收缩时，其抗张力强度也不及肌腱。

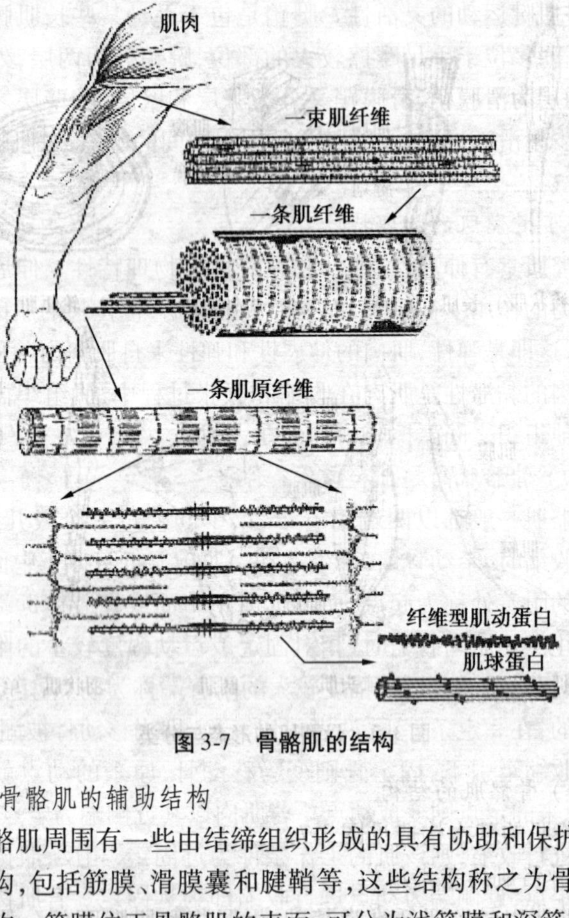

图 3-7　骨骼肌的结构

2. 骨骼肌的辅助结构

骨骼肌周围有一些由结缔组织形成的具有协助和保护肌肉活动的结构，包括筋膜、滑膜囊和腱鞘等，这些结构称之为骨骼肌的辅助结构。筋膜位于骨骼肌的表面，可分为浅筋膜和深筋膜，浅筋膜有维持体温和保护深部结构的作用，而深筋膜包被每块肌肉，并深入到各肌层之间，能在骨骼肌收缩时使各肌肉和各肌群之间起缓冲作用免受摩擦，另外深筋膜还可成为肌肉的附加支撑点，从而有利于增强肌肉收缩时的力量。滑膜囊为一密闭的结缔组织囊腔，内有少量滑液，多位于肌腱与骨面之间，可减少两者之间的摩擦，促进肌腱运动的灵活性。腱鞘是包于手足某些长肌腱周围的双层套管，多位于手足摩擦较大的部位，腱鞘分为两层，外层为纤维鞘，内层为滑膜鞘，滑膜鞘又分为脏层和壁层，脏壁层之间的裂隙中有少量滑液，可减少肌腱与外周组织间的摩擦，对肌腱起保护作用。

（三）骨骼肌的物理特性

骨骼肌具有伸展性、弹性和黏滞性等物理特性。伸展性是肌肉在外力的作用下被拉长，而当外力解除后，被拉长的肌肉又能恢复原状，这即是弹性，肌肉的伸展性和弹性来自肌肉内各种组织结构。肌肉的黏滞性是肌肉在收缩和舒张过程中，肌组织内部及肌肉与其他组织之间摩擦阻力的外在表现。

（四）骨骼肌的起止和工作条件

骨骼肌一般都以两端附着于骨，中间跨过一个或几个关节。当肌肉收缩时，牵动骨骼，产生运动。肌肉靠近身体正中面或在肢体近端的附着处称为起点，而将远离正中面或在肢体远端的附着处称为止点。肌肉收缩时，相对固定或运动幅度较小的附着端称为定点，相对运动或运动幅度较大的附着端称为动点，定点和动点是相对的，在一定条件下，两者可以互换，即当移动骨被固定时，在肌肉的收缩牵引下，固定骨则变为移动骨，原来的动点就变成定点，而原来的定点则变成动点。若肌肉以其近侧端为定点，远侧端为动点进行收缩，则该肌的工作条件为近固定，相反，肌肉以其远侧端为定点，近侧端为动点进行收缩即为远固定。若肌肉以其上端为定点、下端为动点进行收缩，则该肌的工作条件为上固定，相反肌肉以其下端为定点、上端为动点进行收缩，其工作条件为下固定。肌肉收缩时，若两端都有明显运动，而无相对不动端，这样的工作条件称为无固定。

第二节　运动增强运动系统功能的原理

一、运动对骨骼结构及功能的影响

在健身运动中，骨骼承受一定负荷刺激，使骺软骨细胞增殖，使骨增长，同时长期而规律的健身运动使血液循环加快，加强了新陈代谢，改善了骨的营养供给，使骨的结构与功能发生了变化，促进了骨的生长发育。主要表现在骨密质增厚，管状骨增粗，骨小梁受到肌肉的牵拉和外力的作用，排列更加符合力学规律，进一步加强了骨的坚固性。另外，规律的运动，使韧带在骨骼上的附着部位、结节、粗隆和其他突起，变得更粗糙明显，有利于肌肉、韧带更牢固地附着在上面。运动对骨骼的一系列变化都促进了骨功能的良好发展，使骨骼能承受更大的外力作用，提高骨的抗弯、抗断、耐压和抗扭转等机械性能。经常在阳光充足的户外进行健身运动不仅使骨变粗增长，还能吸收紫外线的照射，有助于人体对钙的吸收，可预防老年人的骨质疏松，促进儿童少年的骨骼发育，经常运动的青少年一般情况下比同年龄的青少年，身高平均高出4～7厘米。

然而，如果进行剧烈的运动，则运动后需要休息，骨长时间地承受固定不变的压力，会导致骨的萎缩，只有间歇压力才有助于骨的生长。另外，超大负荷的运动会引起骺软骨过早愈合，骨化过程过早完成，影响了骨的增长，因此，健身运动要注意运动项目的多样化和规律性，才能对骨骼结构功能产生良好的影响。

二、运动可以增强关节的灵活性和稳定性

经常进行科学的、规律的健身运动，能增强关节的牢固性，提

高关节承受载荷的能力，使关节更加灵活，适应大幅度运动的需要，因为体育锻炼中的许多动作都需要关节具有很大的活动幅度才能完成。体育锻炼可以增厚关节面的骨密质，增强承受负荷的力学性能，增厚关节软骨，提高关节的缓冲能力，加强关节周围肌肉的力量以及提高关节周围韧带、肌肉的伸展性能，提高抗拉伸能力，加强关节的稳定性。健身运动中的拉伸等练习，可使关节囊、韧带、关节周围的肌肉等软组织在力的作用下被伸展，增大关节的灵活性，因此，体育锻炼要既重视关节的稳固性，也要重视关节的灵活性，使这一对矛盾体在最大程度上得到统一。

三、运动对肌肉结构和形态的影响

骨骼肌是人体运动的动力器官，运动可以使肌肉力量增加，也可使肌肉弹性增加，有效地避免人体在日常活动和体育锻炼过程中由于肌肉的剧烈收缩而造成各种运动损伤。

（一）运动改变骨骼肌形态

1. 肌肉体积增加

一般人的骨骼肌重量约占体重的40%，而专项运动员尤其是举重等力量性项目运动员的肌肉体积明显大于一般人，可高达45%~50%，肌肉体积增大主要是由于肌纤维的增粗和肌纤维数量的增多，主要表现在肢体围度的增加。因此，体育锻炼和运动训练可以使肌肉体积增大，体育锻炼对肌肉体积的影响非常明显，一般进行力量训练就可以使肌肉体积增大。

2. 肌肉的结缔组织增厚

健身运动使肌肉收缩反复牵引结缔组织，肌腱和肌膜中的细胞增殖，使肌膜增厚，增强肌肉的抗断能力。

3. 肌纤维类型的影响

力量性运动可使快缩肌增粗明显；速度性运动可使肌纤维增粗，但不明显，其中快缩肌纤维增粗比慢缩肌纤维增粗明显；耐力性运动也可使肌纤维增粗，主要表现在慢缩肌纤维上，使慢缩肌纤维中线粒体数量增加，体积增大。

（二）运动优化骨骼肌结构

1. 肌肉中毛细血管数量增多

运动使肌肉中毛细血管数量增多，毛细血管的口径增大，而且还大量开放“备用”的毛细血管，血流量增大，使肌肉血液供应良好，新陈代谢旺盛。一般静力负荷练习增多的数量比动力负荷多，而剧烈的运动使肌肉中毛细血管开放的数量是安静时的二三十倍，有效地提高肌肉工作能力，有利于肌肉进行剧烈持久的工作。

2. 肌细胞内化学成分的改变

在运动过程中，机体内产生一系列的生化反应，肌肉中的水分、脂肪减少，蛋白质以及肌糖原等物质增多。肌肉能得到更多、更充分的营养物质的供应，从而使肌纤维变粗，肌肉体积增大。肌球蛋白和肌动蛋白的增多可使肌肉收缩力增强，肌糖原的增多可使肌肉内能源储备增加，保证更长时间更高功率的肌肉工作，肌红蛋白的增多可使肌肉中贮氧能力提高，延缓运动性疲劳。

第三节　增强运动系统功能的运动

一、增强骨骼功能的运动

适宜的运动可刺激骨骼增长、增粗，并能延缓骨骼的退化。散步、远足、跳舞、爬楼梯、慢跑、网球、排球、足球被视为有利健康骨骼的最佳运动项目。对于女性来说，尤其是步行和慢跑是非常不错的选择。每周可保持3次左右的运动频率，但要避免运动过量。另外，进行负重运动，可以增加骨峰值和减少及延缓骨量丢失。如果在儿童和青少年时期就坚持进行有规律负重运动，就可以在

25～30岁获得更高的峰值骨量，使得骨骼粗壮、骨密度升高，因此对骨骼健康效果最佳的运动是适量的负重运动。

二、增强骨骼肌功能的运动

骨骼肌的功能主要表现在人体完成各项运动或日常生活活动所需要的力量和力量耐力上。这些能力的发展主要采用力量练习方法来实现。健身运动的力量练习方法主要有等长练习和等张练习两种。

等长肌肉力量练习，也称为静力性力量练习。应用这种方法时，可以使肌肉在原来静止长度上做紧张练习，也可以在缩短一定程度上时做紧张用力。其优点是肌肉能够承受的负荷重量较大；缺点是发展的肌肉力量有明显的“关节角度效应”，且容易产生枯燥无味的感觉。

等张肌肉力量练习，也称为动力性力量练习，包括向心和离心练习两种形式。应用这种练习发展的肌肉能力主要取决于克服负荷重量的大小，一般较轻的重量主要发展肌肉耐力，而较重的重量主要发展的是力量和肌肉的体积。可利用器械、杠铃或克服自身体重（如俯卧撑）进行力量锻炼，发展肌肉力量练习的运动分为三个阶段进行：开始阶段、慢速增长阶段和保持阶段。在开始阶段应根据自己的力量水平的基础状况，作适当调整，应避免过大负荷的练习，否则会增加肌肉和关节损伤的危险性。可采用较轻的重量（最高重复次数为12～15次的负荷），如果原来选定的重量能轻松自如地重复12次，则可以增加重量，反之，则说明该重量过大。开始阶段可持续1～3周，等到肌肉已经适应就可以继续增加重量，以能重复举起6～8次为准，逐渐进入慢速的增长阶段，每周3次，每次3组，每组6～8次。

三、增强关节功能的运动

关节功能的体现是关节活动的灵活性和关节运动的幅度。因此,凡是能增进这两个方面能力的运动均能增强关节活动的功能。关节的灵活性主要通过适度增加身体各关节活动来实现。步行和跑步是需要承受一定的体重,且参与活动的关节较多,因此对于人体骨骼和关节功能的改善具有积极的作用。尤其对于老年人,长期的步行有助于减缓和预防骨质疏松,延缓退行性骨关节病的发生。另外,目前比较流行的锻炼关节的运动还有瑜伽,瑜伽是通过对身体各个部位的刺激、疏通,加速身体血液循环,达到疏活筋骨、增强力量、增加肌肉弹性的目的,因此能使小关节到大关节都得到充分的锻炼。关节活动的幅度则主要通过各种柔韧练习来实现。

第四章　健身运动与神经系统功能

人体各组织、器官、系统的功能都直接或间接处于神经系统的调节控制之下，不是各自孤立地进行的，神经系统是机体内起主导作用的调节系统，神经系统由中枢神经系统和周围神经系统两部分组成。人体是一个复杂的机体，各组织、器官、系统之间互相联系、互相制约，且内、外环境的变化时刻影响着体内的各种功能，只有迅速而完善地进行调节，才能使机体适应内、外环境的变化。适宜的运动能改善神经系统的调节作用，使机体更好地适应。

第一节　神经系统的功能概述

一、神经系统的组成概述

神经系统由中枢神经系统和周围神经系统组成（图 4-1）。中枢神经系统由位于颅腔内的脑和椎管中的脊髓组成，周围神经系统是指中枢神经系统以外的神经系统总称。神经系统是机体内起主导作用的系统，内、外环境的各种信息，由感受器接受后，通过周围神经传递到脑和脊髓的各级中枢进行整合，再经周围神经控制和调节机体各系统器官的活动，以维持机体与内、外界环境的相对平衡。

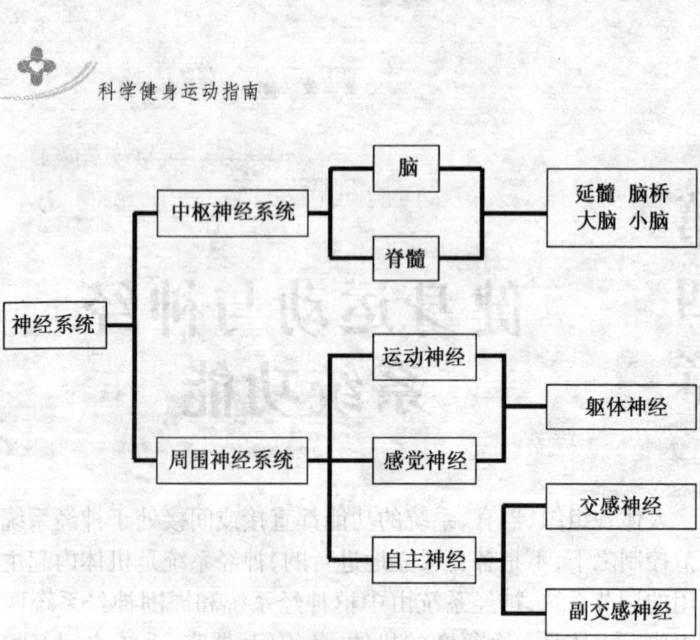

图 4-1　神经系统结构组成

（一）中枢神经系统

中枢神经系统包括脑和脊髓，脑和脊髓位于人体的中轴位，包绕脑的头颅骨和包绕脊髓的脊椎骨，质地很硬，可以使脑和脊髓得到很好的保护。中枢神经系统能接受全身各处的传入信息，经过整合加工后成为协调的运动性传出，或者储存在中枢神经系统内成为学习、记忆的神经基础。人类的意识、心理、思维活动都是中枢神经系统的功能。

人类的脑最发达，脑是神经系统中最复杂的部分。脑可分为端脑、间脑、中脑、脑桥、延髓和小脑，其中中脑、脑桥和延髓合称为脑干（图 4-2）。端脑是脑的最高级部位，由左、右两个大脑半球组成，两半球间有横行的神经纤维相联系。

（1）大脑半球的表层是一层灰质，称为大脑皮质，是人体各种活动的高级中枢，是思维的器官，主导机体内一切活动过程，并调节机体与周围环境的平衡。大脑深层的白质为髓质，由神经纤维所组成。在半球底部的白质中藏有基底核，由神经细胞集中而成。

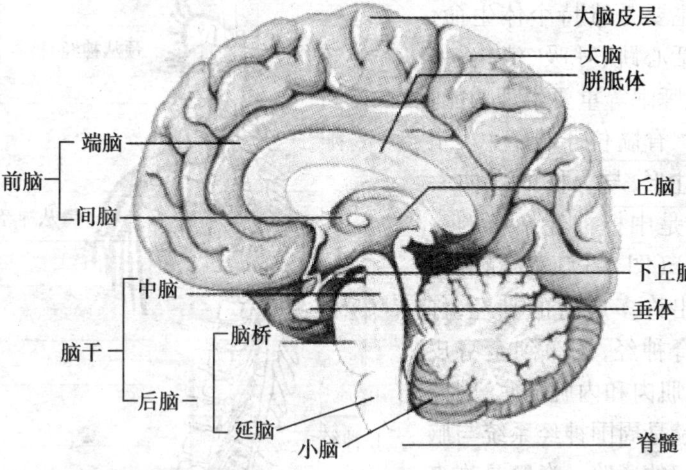

图 4-2　脑的正中剖面

(2) 间脑位于脑干和端脑之间,间脑的主要部分是丘脑,丘脑是间脑中最大的卵圆形灰质核团。丘脑是产生意识的核心器官,丘脑中先天遗传有一种十分特殊的结构称为丘觉,丘觉自身蕴含意思并能发放意思,当丘觉发放意思时也就产生了意识。

(3) 小脑位于大脑的后下方,分为中间的蚓部和两侧膨大的小脑半球,表层的灰质即小脑皮层,被许多横行的沟分成许多小叶。小脑主要的功能是协调骨胳肌的运动,是运动调节中枢,能维持和调节肌肉的紧张,保持身体的平衡。

(4) 脑干是脊髓和间脑之间的部分,由延髓、脑桥、中脑三部分组成。脑干的延髓部分下连脊髓,呈不规则的柱状形,脑干的背侧与小脑之间有一空腔,为脊髓中央管的延伸,称第四脑室。脑干由灰质和白质构成,脑干的灰质仅延髓下半部与脊髓相似,其他部位不形成连续的细胞柱,而是由功能相同的神经细胞集合成团块或短柱形神经核。脑干中有许多重要神经中枢,如心血管运动中枢、呼吸中枢、吞咽中枢,以及视、听和平衡等反射中枢,脑干的功能主要是维持个体生命，包括心跳、呼吸、消化、体温、睡眠等重要生理功能。

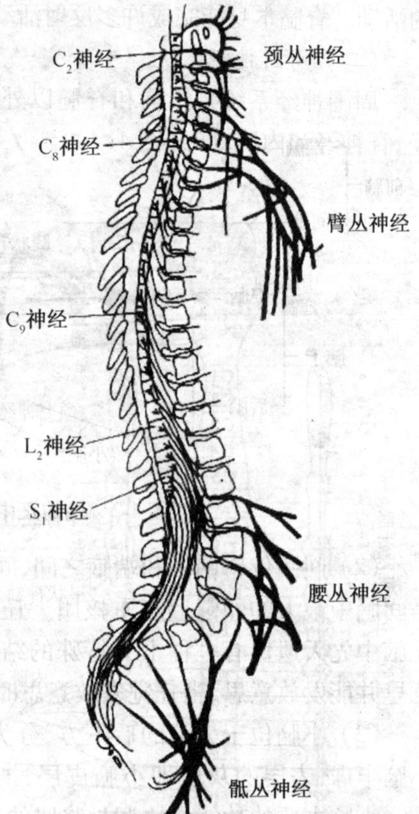

图 4-3　脊髓的侧面与脊神经

脊髓位于椎管内，呈圆柱形，与脊柱的弯曲一致，是中枢神经系统的一部分（图 4-3）。脊髓两旁发出许多成对的神经，称为脊神经，分布到全身皮肤、肌肉和内脏器官，因此脊髓是周围神经系统与脑之间的通路。脊髓是许多简单反射活动的低级中枢。脊髓的上端与延髓相连，下端平齐第一腰椎下缘，长约 40～45 厘米，脊髓的全长粗细不等，可分为 31 节：8 个颈节、12 个胸节、5 个腰节、5 个骶节和 1 个尾节，另外有两个膨大部，上部称颈膨大，下部称腰膨大，膨大的形成与四肢的发展有关。脊髓的活动受脑的控制，将来自四肢和躯干的各种感觉冲动，通过脊髓的上行纤维束，传达到脑，进行高级综合分析，脑的活动通过脊髓的下行纤维束，包括执行传导随意运动的皮质脊髓束以及调整锥体系统的活动并调整肌张力、协调肌肉活动、维持姿势和习惯性动作，使动作协调、准确、免除震动和不必要附带动作的锥体外系统，通过锥体系统和锥体外系统，调整脊髓神经元的活动。脊髓本身能完成许多反射活动,但也受脑活动的控制。

(二) 周围神经系统

周围神经系统是指脑和脊髓以外的所有神经结构,包括脑神经、脊神经和内脏神经(图4-4)。

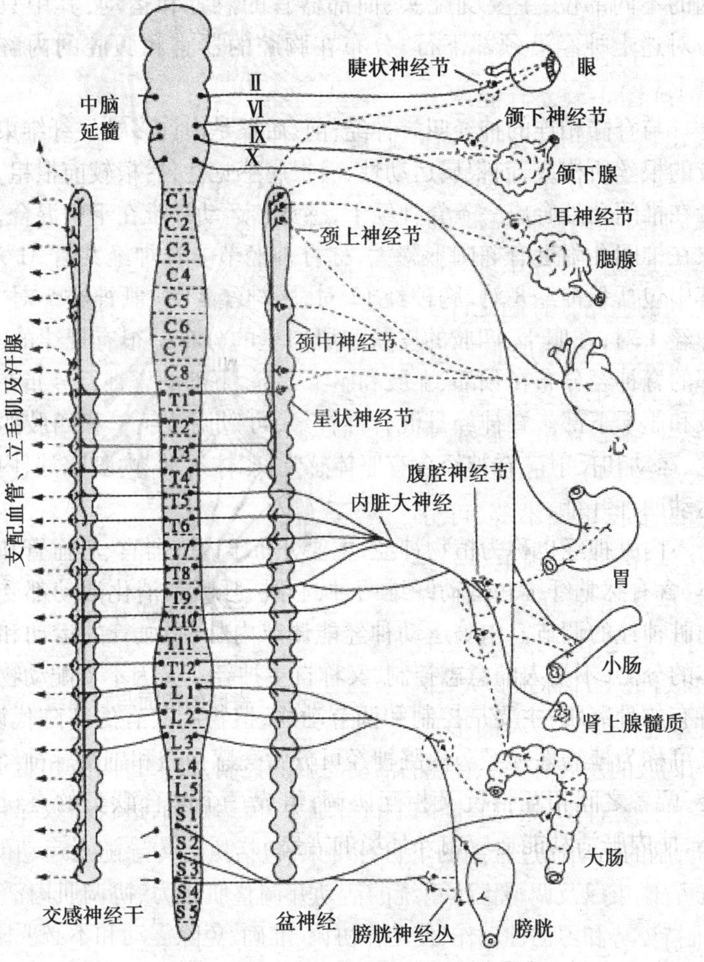

图4-4 外周神经系统及其支配的器官

与脑相连的神经叫脑神经，共有12对，分别为嗅神经、视神经、动眼神经、滑车神经、三叉神经、展神经、面神经、位听神经、舌咽神经、迷走神经、副神经和舌下神经。绝大部分分布在头部的感觉器官、皮肤和肌肉等处，由颅底的孔裂出入颅腔，连接着脑的不同部位，主要支配头、面部器官的感觉和运动，其中只有一对迷走神经沿颈部下行，分布在胸腔的器官和腹腔的内脏器官上。

与脊髓相连的神经叫脊神经，前、后根是由许多神经纤维束组成的根丝所构成，前根属运动性，后根属感觉性，后根较前根粗，二者在椎间孔处合成一条脊神经干，感觉和运动纤维在干中混合，后根在椎间孔附近有椭圆形膨大，称脊神经节。脊神经共有31对，其中包括颈神经8对，胸神经12对，腰神经5对，骶神经5对，尾神经1对，在躯干、四肢的皮肤和肌肉里的分布是很有规律的，上部的脊神经分布在颈部、上肢和躯干上部，下部的脊神经分布在下肢和躯干下部。脊神经是混合性神经，可以调节躯干和四肢的感觉、运动和反射。脊神经含有躯体感觉、躯体运动、内脏感觉、内脏运动四种纤维。

内脏神经也称为植物神经，主要分布于内脏器官、心血管和腺体，含有感觉纤维和运动纤维两种，心跳、呼吸和消化活动都受到内脏神经的调节。内脏运动神经能调节内脏、心血管的运动和腺体的分泌，不受人的意志控制，又称自主神经。又因不支配动物所特有的骨骼肌，主要是控制和调节动物、植物所共有的新陈代谢，又可称为植物性神经。内脏神经可分为交感神经和副交感神经两类，两者之间相互拮抗又相互协调，组成一个配合默契的有机整体，使内脏活动能适应内外环境的需要。

二、神经系统功能概述

（一）神经系统功能的结构基础

1. 神经细胞

神经系统由神经元和神经胶质细胞组成（图 4-5）。神经元即神经细胞，是一种高度特化的细胞，是神经系统的基本结构和功能单位，具有感受刺激和传导冲动的功能。每个神经元由胞体和突起两部分组成，胞体是神经元的代谢和营养中心。神经元的突起根据其形状和功能可分为树突和轴突，树突较短但分支较多，具有接受冲动并将冲动传至胞体。而神经元只发出一条轴突，具有将冲动传出胞体的功能。根据神经元的功能，可分为感觉神经元、运动神经元和联络神经元。感觉神经元又称传入神经元，把各种刺激经胞体和中枢突将冲动传至中枢。运动神经元又名传出神经元，可将冲动从中枢传至肌肉或腺体等效应器。联络神经元又称中间神经元，是人类神经系统中最多的神经元，构成中枢神经系统内的复杂网络。

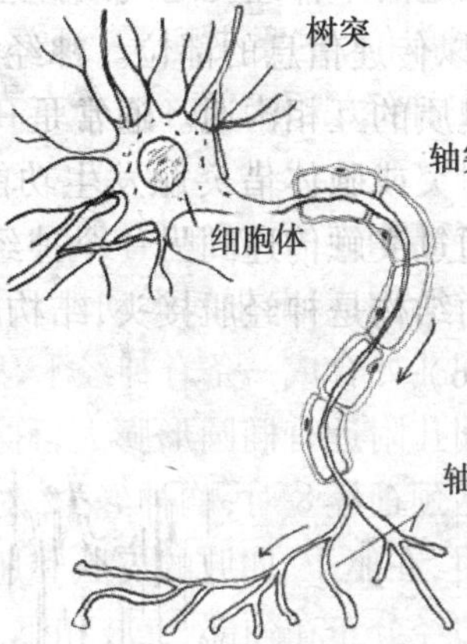

图 4-5　神经元结构图

脑并非仅由神经元构成，脑中包含 1 000 亿个神经元，但同时还包含这个数量 10 ~ 50 倍的神经胶质细胞。尽管神经胶质细胞不能传递神经冲动，但却有许多重要功能，没有神经胶质细胞，神经元就无法正常工作。神经胶质细胞突起无树突、轴突之分，胞体较小，胞浆中无神经元纤维和尼氏体，不具有传导冲动的功能，但神经胶质细胞对神经元起着支持、绝缘、营养和保护等作用，并参与构成血脑屏障。

2. 突触与神经肌接头

突触是两个神经元之间或神经元与效应器细胞之间相互接触，并借以传递信息的部位。神经元间联系方式是互相接触，而不是细胞质的互相沟通。通常是一个神经元的轴突与另一个神经元的树突或胞体借突触发生功能上的联系，神经冲动由一个神经元通过突触传递到另一个神经元。神经元与肌细胞之间兴奋传递的结构是神经肌接头，结构模式与突触一致，其后膜为肌膜（图 4-6）。

图 4-6 突触和神经肌肉接头模式图

3. 反射弧

神经系统的基本活动方式是反射。反射是在中枢神经系统参与下，机体对内外环境的变化所作的规律性应答。反射是人类一切活动的基础，也是学习记忆的基础，反射活动的结构基础是反射弧（图 4-7）。

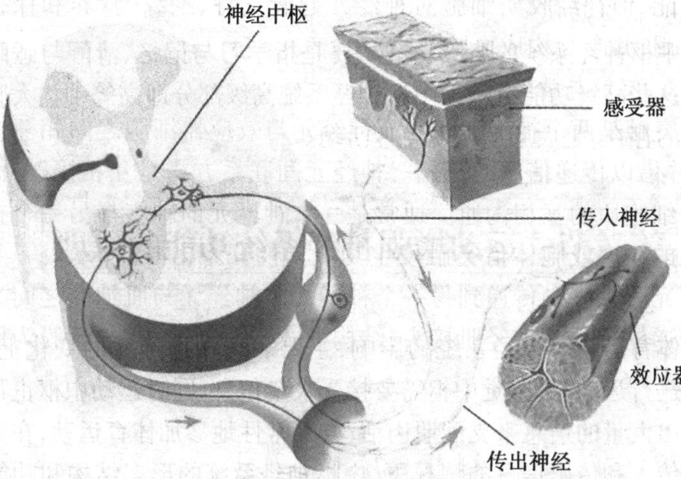

图 4-7　反射弧结构模式图

(二) 神经系统的功能

1. 感觉功能

感觉是人类认识客观世界的开端。当来自人体内、外环境的各种刺激作用于感受器时,感受器会发生电位变化,进而产生神经冲动,通过传入神经传至中枢神经系统。其结果是直接产生各种反射活动,或者传至大脑皮质,经过大脑皮质的分析和综合,产生相应的感觉。

2. 运动功能

神经系统控制的运动包括简单的反射活动和各种意识行为活动。简单的反射活动,一般不需要大脑的参与,而复杂的随意运动则需要大脑皮质的参与。

3. 内脏活动的调节

内脏活动一般都不是随意运动,不受意识和意志的控制。但是支配内脏的交感神经和副交感神经的兴奋活动能使内脏活动加强或减弱。

4. 高级功能

中枢神经系统的高级功能主要是指学习与记忆、清醒与睡眠等。这些高级功能有赖于中枢神经系统高级部分即高等动物大脑皮质的存在,是大脑皮质的生理活动。

第二节　运动增强神经系统功能的原理

体育运动对神经系统的影响,主要表现在神经元的变化上。机体进行运动时,感觉中枢需要接受大量信息,同时运动中枢也不断发出大量的信息来支配肌肉活动,经常性地参加体育运动,在大量的传入和传出信息的情况下,中枢神经系统的形态结构和功能会因此而产生良好的适应。

一、运动对神经系统结构的影响

研究表明,适量的运动负荷可促使脊髓前角神经元细胞核与核仁增大,大脑皮质躯体感觉区和运动区锥体细胞的核仁增大,保证了在神经信息传导过程中蛋白质的消耗得到了补充,为神经元形态结构的改造提供了物质基础。另外,适量的运动还会使大脑皮层躯体感觉区锥体细胞、皮质下运动中枢尾壳核神经元树突棘增多,说明运动增加了中枢神经元的信息输入量,扩大了神经元的联系范围。适量的运动还使运动神经元的线粒体数量增多,说明运动提高了线粒体贮能和供能的能力,因此,适宜的运动能在一定程度上改善神经系统供能,保证神经系统的正常活动功能。

二、运动对神经系统功能的影响

人体的各种体育活动,是在神经系统的支配下进行和完成的,反之,各种体育活动对神经系统也会产生一定的影响,使功能发生相应的变化。要完成体育运动的各种技术性动作，需要中枢神经系统迅速、敏锐地调配和动员身体各器官、各系统的功能进行相互协调配合，才能满足肌肉活动的需要。科学适宜的运动使大脑和神经系统得到充分的锻炼，提高神经工作过程的强度、均衡性、灵活性和神经细胞工作的耐久力，使神经细胞获得更充足的能量物质和氧气的供应，从而使大脑和神经系统在紧张的工作过程中获得充分的能量物质保证。如脑神经的生理活动需要有一定的氧气和营养物质为物质基础，脑的需氧量是全身最多的，约占全身总需氧量的四分之一，葡萄糖的需求量也是最多的。脑的动脉血管丰富，在安静状态下，心脏排血量有五分之一会输送到脑部，脑组织的功能代谢很旺盛，耗氧量较多，对缺氧也很敏感。因此，大脑工作时，需要大量的氧气和葡萄糖，而氧气和葡萄糖的输送依赖血液循环系统，因此经常参加体育锻炼的人不仅能改善神经系统对全身各器官、系统的调节和支配作用，同时还能增强心脏的功能，使每搏输出量增加。同时，又能提高肺部的工作能力，增大肺活量，使大脑可以得到更多的氧气。

第三节　增强神经系统功能的运动

一、兴奋与抑制交替类练习

兴奋和抑制是中枢神经系统活动的表现形式，其均衡性和灵活性是神经系统正常功能实现的重要保证。兴奋与抑制交替类的运动练习能有效提高中枢神经系统的兴奋与抑制功能，也能提高其相互转换的能力。体育运动中，兴奋与抑制交替类的运动练习很多，如跑步、体操、球类运动等，而太极拳是首推运动项目。练习太极拳时，要求“心静”，注意力集中，并且讲究“用意”，这些都对大脑活动有良好的训练作用。另外，从动作上来讲也是如此，练习太极拳时，动作需要“完整一气”，从眼神到上肢、躯干、下肢，上下照顾毫不散乱，前后连贯，绵绵不断，同时由于动作的某些部分比较复杂，需要有良好的支配和平衡能力，因此需要大脑在紧张的活动下完成，这也间接地对中枢神经系统起着训练的作用，从而提高了中枢神经系统紧张度，活跃其他系统与器官的功能活动，加强了大脑的调节作用。

二、中小强度的持续练习

中枢神经系统正常功能实现的另一个重要条件是神经活动的强度。中小强度的持续练习能持续给予大脑皮质以刺激，从而增强大脑皮质承受刺激的能力，增加神经系统的氧气和营养物质的运输能力，同时增强神经系统消除代谢产物的能力，从而提高神经系统的工作能力。中小强度的持续练习主要有长时间的耐力性行走、跑步、游泳，以及小负荷重量的力量练习等。

此外，健身专家指出，冬泳能对神经系统起到明显的刺激作用，是很好的健身项目。冬泳可以使心跳加速，促进血液循环，加快人体的基础代谢，冬泳对皮肤的刺激作用可以有效地锻炼血管的收缩与扩张，长期坚持，能达到良好的健身效果，增强肌体的免疫力，也能锻炼人的意志。但练习冬泳应该逐渐过渡，从秋天开始坚持冷水泳，逐步过渡到冬天才能享受冬泳的乐趣。

第五章　健身运动与消化系统功能

人体在整个生命活动中，需要从外界摄取营养物质作为生命活动能量的来源，以满足人体发育、生长、生殖、组织修补等一系列新陈代谢的需要。因此，消化系统的正常功能是人类运动的基础，而适宜的运动能增强消化系统活动，使消化系统产生良好的适应。

第一节　消化系统的功能概述

消化系统与呼吸系统、泌尿系统、生殖系统合称为内脏，大部分内脏位于胸腔、腹腔、盆腔内，借助管道与外界相通。消化系统由消化道和消化腺组成，消化道为中空性器官，消化腺为实质性器官。

一、消化道的构造与功能概述

消化道是从口腔至肛门粗细不等的肌性弯曲管道，包括口腔、咽、食管、胃、小肠（十二指肠、空肠、回肠）和大肠（盲肠、结肠、直肠）等部分。通常把从口腔到十二指肠的一段，称上消化道，空肠到肛门的一段，称下消化道（图5-1）。

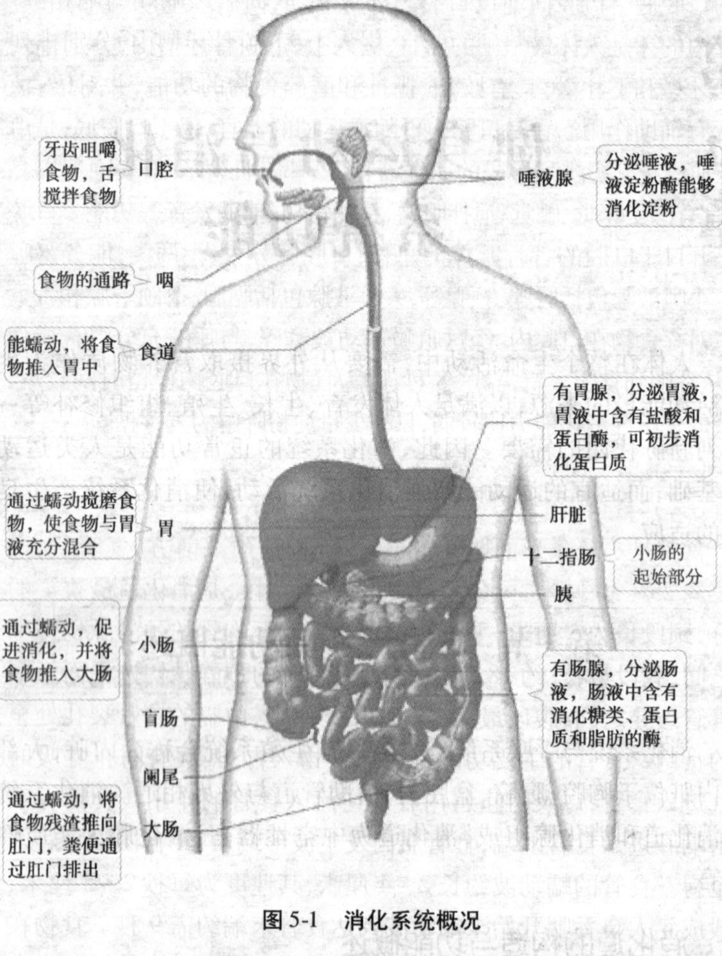

图 5-1　消化系统概况

（一）口腔

口腔是消化管的起始部位，由口唇、颊、腭、牙、舌和口腔腺组成，口腔受到食物的刺激后，口腔内腺体即分泌唾液，嚼碎后的食物与唾液搅和，借唾液的滑润作用通过食管，唾液中的淀粉酶能部分分解碳水化合物。口腔的前壁为口唇，侧壁为颊，上壁为口腔顶，下壁为口腔底。口腔向前以口裂与外界相通，向后经咽峡与咽相续。口腔内的牙是人体最坚硬的器官，嵌入上、下颌骨牙槽内，分别排列成上牙弓和下牙弓，具有咬切、撕扯和磨碎食物的功能，并对语言、发音有辅助作用。舌是口腔中可随意运动的器官，位于口腔底，是由横纹肌纤维交织排列形成的肌性器官，以骨骼肌为基础，表面覆以黏膜，具有感受味觉、触觉、搅拌咀嚼、吞咽食物、辅助发音等功能。口腔腺是开口于口腔的各种腺体的总称，口腔腺分大、小两类，能分泌唾液。小唾液腺包括唇腺、颊腺等，大唾液腺包括腮腺、下颌下腺和舌下腺三对。食物在口腔内，经过咀嚼运动被磨碎，与唾液充分混合成食团，从吞咽到食团入胃需6~8秒，因为食物在口腔内停留时间较短，唾液的化学性消化能力比较弱，只有少量淀粉降解为麦芽糖。

（二）咽（见呼吸系统章节）

（三）食管

食管是一长条形的肌性管道，位于脊柱颈部前方，气管后方，全长约25~30厘米，可分为颈段、胸段和腹段，是消化道最狭窄的部分，颈段长约5厘米，平第6颈椎体下缘至胸骨的颈静脉切迹平面之间，胸段最长，约18~20厘米，由胸骨的颈静脉切迹平面至膈的食管裂孔之间，腹段最短，长仅1~2厘米，由膈的食管裂孔处至胃的贲门。食管的主要功能是运送食物入胃，其次有防止呼吸时空气进入食管，以及阻止胃内容物逆流入食管的作用。食团吞咽后由咽腔进入食管上端，食管肌肉发生波形蠕动，使食团沿食管下行至胃。食管的蠕动波约长2~4厘米，其速度为每秒2~5厘米，一般成年人自吞咽开始至蠕动波到达食管末端约需9秒。食物在食管内移动的速度，以流体最快，糊状食物较慢，固体最慢。水在食管中只需1秒钟便到达食管下端。人在卧位情况下，食团也能因蠕动入胃，但移动较慢。

（四）胃

胃位于膈的左下方，上连食管，下续十二指肠，是消化道中最膨大的部分。胃壁黏膜中含大量腺体,可以分泌胃液,胃液呈酸性,其主要成分有盐酸、钠、钾的氯化物、消化酶、黏蛋白等,胃液的主要作用是消化食物、杀灭食物中的细菌、保护胃黏膜以及润滑食物,使食物在胃内易于通过以及储存、混合、消化和移动食物的功能。胃可分为胃底、胃体、幽门3个部分(图5-2),胃的形态和大小可随内容物的多少而不同,还可因年龄、性别、体形的不同而有差异,成年人胃的容量可达3 000毫升,空虚时可缩成管状。胃有上、下两口,前、后两壁和大、小两弯。上口为入口,称贲门,与食管相接,下口为出口,称幽门,与十二指肠相连。胃前壁朝向前上方,胃后壁朝向后下方。胃壁由黏膜、黏膜下组织、肌织膜和外膜组成,胃黏膜呈淡红色,有丰富的胃腺。胃空虚时,黏膜形成许多不规则的皱襞,充盈时皱襞则减少或展平,而在贲门和幽门附近的皱襞则呈放射状排列,在幽门括约肌内面的黏膜向内形成环状皱襞,可阻止胃内容物进入十二指肠的功能。食物入胃后,通过胃壁运动与胃液混合,继续进行机械性消化和化学性消化,胃液是无色的酸性液体,胃液中完成化学性消化的主要成分是盐酸和胃蛋白酶,胃液分泌是通过神经和体液因素调节的,进食是胃液分泌的自然刺激。食团入胃后5分钟左右,胃蠕动就开始了,有利于食物与胃液的混合,协助完成胃液的化学性消化功能。

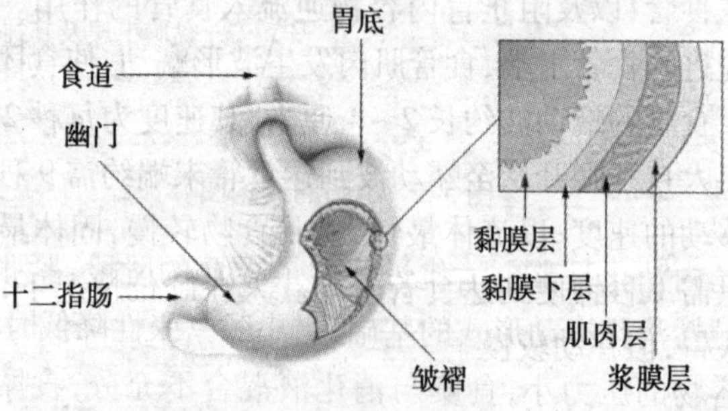

图5-2 胃的构造

（五）小肠

小肠是消化管中最长的一段，也是食物消化吸收最重要的场所。上起自胃的幽门，下接盲肠，全长约 5 ~ 7 米，可分为十二指肠、空肠和回肠 3 部分（图 5-3）。十二指肠是小肠的起始段，长度相当于本人十二个手指的指幅（约 25 ~ 30 厘米），固被称为十二指肠，十二指肠呈 C 型弯曲，顶端有胆总管和胰管的开口。十二指肠的主要功能是分泌黏液、刺激胰消化酶和胆汁的分泌，是蛋白质的重要消化场所。空肠起自十二指肠，下连回肠，但空肠和回肠之间没有明显的界线，回肠连接盲肠。空肠、回肠的主要功能是消化和吸收食物。

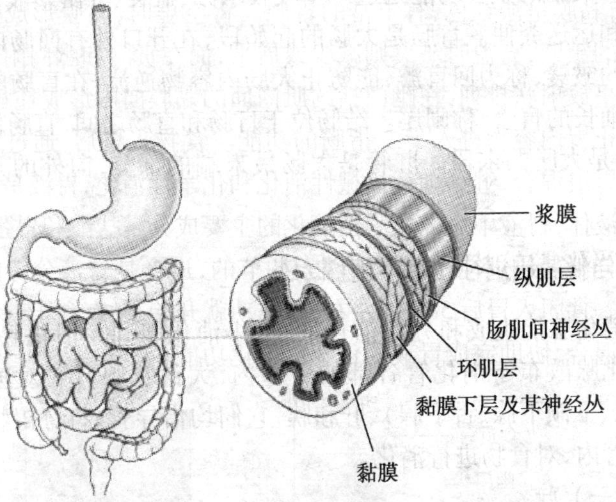

图 5-3　小肠的结构图

小肠内消化是整个消化过程中最重要的阶段，紧张性收缩是小肠机械性消化运动形式的基础，当小肠紧张性降低时，肠壁给予小肠内容物的压力小，食糜与消化液混合不充分，食糜的推进也慢。反之，当小肠紧张性升高时，食糜与消化液混合充分而加快，食糜的推进也快。另外,小肠的分节运动是一种以环行肌为主的节律性收缩和舒张的运动,主要发生在食糜所在的一段肠管上。分节运动使食糜与消化液充分混合,并增加食糜与肠壁的接触,为消化和吸收创造有利条件,分节运动还能挤压肠壁,有助于血液和淋巴的回流。小肠的蠕动通常重叠在节律性分节运动之上,两者经常并存。蠕动使分节运动作用后的食糜向前推进,到达一个新肠段,再开始分节运动,因此食物消化的主要部分在小肠。

(六) 大肠

大肠为消化道的下段,包括盲肠、阑尾、结肠和直肠四部分。成人大肠全长约1.5米,起自回肠,形似方框,围绕在空肠、回肠的周围。大肠的主要功能是进一步吸收水分、盐类、分泌黏液,形成、贮存和运送粪便。盲肠是大肠的起始段,在开口处有回肠向盲肠突入的皱襞,称为回盲瓣,能防止大肠内容物逆流,在盲肠的后方有一细长的盲管,称阑尾。结肠位于盲肠和直肠之间,直肠位于盆腔内,是大肠的末段。肛管是大肠最末端的部分,向外的开口为肛门。

二、消化腺的构造与功能概述

消化腺能生成和分泌消化液,有小消化腺和大消化腺两种。小消化腺散布于消化管各部的管壁内,大消化腺有三对唾液腺(腮腺、下颌下腺、舌下腺)、肝和胰,它们均借导管,将分泌物排入消化管内,对食物进行消化。

(一) 肝

肝脏是人体中最大的消化腺,也是最大的实质性脏器,具有分泌胆汁,加工、合成和贮存营养物质,解毒、造血等功能。肝脏大部分位于右季肋区和腹上区,小部分至左季肋区,其左右径约为25.8厘米,前后径约为15.2厘米,上下径约为5.8厘米。肝由50~100万个肝小叶组成,肝小叶是构成肝的基本结构和功能单位。在肝的下面有一呈梨形的胆囊,胆囊有贮存和浓缩胆汁的功能。肝细胞分泌的胆汁最后排入十二指肠,促进脂肪的消化和吸收。

(二) 胰

胰是人体的第二大消化腺,呈长条状,质地柔软,呈灰红或淡红色,位于胃的后方,横行于腹后壁,横跨在第一、第二腰椎的前面。胰腺分为外分泌腺和内分泌腺两部分,外分泌腺由腺泡和腺管组成,腺泡分泌胰液,腺管是胰液排出的通道。胰液中含有多种消化酶,可分解蛋白质、脂肪和糖类。胰液经各级导管,流入胰腺管,胰腺管与胆总管共同开口于十二指肠,胰液通过胰腺管排入十二指肠。

(三) 唾液腺

唾液腺又称口腔腺,包括腮腺、下颌下腺和舌下腺三对,分泌液一昼夜可达 1 000 ~ 1 500 毫升,具有湿润、清洁、调和食物、消化淀粉等作用。腮腺为最大的一对唾液腺,略呈三角楔形,位于外耳道前下方,而下颌下腺呈卵圆形,位于下颌骨体的内面,而舌下腺则是最小的一对,呈扁长杏核状,位于口腔底舌下襞的深面。

三、消化系统与营养物质的代谢

(一) 消化

消化是机体通过消化管的肌肉收缩活动和消化腺分泌的消化液中各种消化酶的酶解作用,把大块的、分子结构复杂的食物(如糖、脂肪及蛋白质),分解为能被吸收的、分子结构简单的小分子化学物质的过程,因此,消化包括机械性消化和化学性消化,机械性消化和化学性消化是同时进行,相辅相成的。在消化过程中,消化系统各部分的活动是紧密联系、相互协调的。如消化管运动增强时,消化液的分泌也增加,使消化和吸收得以正常进行。又如食物在口腔内咀嚼时,就反射性地引起胃、小肠运动和分泌的加强,为接纳和消化食物作准备。消化系统各部分的协调，是在中枢神经系统控制下，通过神经和体液两种机制的调节实现的。

（二）吸收

食物中的某些成分或消化后的产物通过上皮细胞进入血液或淋巴的过程称为吸收。由于消化管各部位的组织结构、食物被消化的程度和停留时间的不同导致消化道各部位的吸收能力和速度也是不同的。小肠是营养物质吸收的主要场所，一般食物在口腔和食管不被吸收，胃主要吸收酒精和少量水分，大肠吸收盐类和剩余的水分。食物经过在消化管各部位的消化后，已被分解成可被吸收的小分子物质，食物在小肠内停留的时间较长，食物在小肠停留的时间可随食物的性质不同而不同，脂肪停留的时间最长，通常食物在小肠内停留的时间是 3 ~ 8 小时，提供了充分吸收时间。小肠是消化管中最长的部分，小肠黏膜形成许多环形皱褶，且拥有大量绒毛，每条绒毛的表面是一层柱状上皮细胞，而柱状上皮细胞顶端的细胞膜又形成许多细小的突起，称微绒毛。环状皱褶、绒毛和微绒毛的存在，使小肠黏膜的表面积增加 600 倍，达到 200 平方米左右，这就使小肠具有广大的吸收面积。

第二节　运动增强消化系统功能的原理

长期坚持健身运动，能对消化系统产生良好的影响，适宜的运动能加强胃肠道蠕动，促进消化液的分泌，加强胃肠的消化和吸收功能。体育运动过程中，人体需要消耗大量的能量物质，能对胃肠的消化和吸收产生反射性的刺激，运动后必须靠加强消化和吸收活动来补充能量，促使消化腺分泌消化液增多，消化管道的蠕动加强，增强了消化系统的功能。运动时，呼吸加深加快，膈肌大幅度的升降活动以及腹肌的收缩和舒张活动，对胃肠起到按摩作用，消化系统的血液循环得到改善。

人体在进行运动时，如果运动量过大，可引起活动的肌肉和内脏血流的重新分配，骨骼肌的血管扩张以增加血流量，而胃肠道血管收缩以减少血流量，胃肠道血流量减少会导致消化腺分泌消化液减少，同时过度运动应激使副交感神经活动受到抑制，胃肠运动减弱，消化能力下降，可导致胃肠道相对缺血，出现功能紊乱，严重者会出现腹痛、腹泻、呕吐等运动性胃肠道综合症。因此，要控制好运动量，在运动与进餐之间的时间也要掌握好，饭后不宜立即从事剧烈运动，剧烈运动后应适当休息后再进餐，否则会影响消化吸收功能。

第三节　增强消化系统功能的运动

一般认为长期的相对低强度的运动会对人体的胃肠道功能起到保护性作用，经常性的运动锻炼对胃肠功能紊乱有良好的治疗潜力。武术和太极拳运动由于其强调呼吸与动作的配合，通过有效的呼吸和适宜的运动活动能刺激消化系统的活动。

武术是中国传统的技击术，以踢、打、摔、拿、击、刺等技击动作为主要内容，通过徒手或借助于器械的身体运动表现攻防格斗的能力。无论是对抗性的搏斗运动，还是世代相承的套路运动，都是以中国传统的技击方法为技术核心的。经常进行武术运动可以改善消化系统的功能，由于运动对肌肉活动的加强，能量分解增加，而体内能量的分解与合成是相对平衡的，所以能量的合成也必然增加，使机体通过内分泌系统和神经系统的调节，促使物质代谢旺盛，势必增加人体的消化系统功能，表现为食欲增加，消化液分泌增多，肠道吸收功能增强，促进营养物质的吸收。所以长期进行武术锻炼的人，患肠胃功能紊乱者少，而且慢性胃炎和溃疡病的人发病率也较常人明显少。

太极拳运动中，腰为一身之主宰，能松腰，然后两足有力，下盘稳固，都由腰的转动，腰的转动幅度大，能带动胃、肠、肝、胆、胰作大幅度转动。同时，深、长、细、匀的呼吸，横膈肌活动范围的扩大，对于肝、胆起按摩作用，可以消除肝脏淤血，改善肝功能，甚至治愈肝炎等疾病。同时，加强胃肠的蠕动，促进消化液的分泌，进而改善整个消化系统，治疗胃肠方面的慢性疾病，效果非常明显。练太极拳时，要求舌顶上颌，此时津液频生，徐徐送入丹田，对于助消化、养容颜都有好处。太极拳运动使神经系统活动能力得到提高，可以改善其他系统的功能，因此它可以预防并治疗某些神经系统功能紊乱而产生的消化系统的疾病（运动、分泌、吸收的紊乱）。此外，呼吸运动对胃肠道起着机械刺激的作用，也能改善消化道的血液循环。因此太极拳是意识、动作、呼吸三者同时协调的运动，它要求“以静御动”，“虽动犹静”是合乎生理规律的，是一种很好的改善消化系统功能的医疗保健体操。

第六章　健身运动与心理健康

世界各国现代化进程的推进，人类的生活节奏加快，竞争日趋激烈，个体的情绪处于较为紧张的状态之中，心理健康问题日益成为现代人关注的重要内容之一。在传统社会中，人们认为健康主要是指身体的健康、生理的健康，因而采取各种措施，增强生理功能水平，提高适应自然、抵御疾病的能力。那种“无病即健康”的生物学健康观已经过时，而发展成为生物、心理和社会三维健康观。世界卫生组织指出，健康应包括躯体健康、心理健康、良好的社会适应性和道德健康。人类在对健康内涵的认识不断丰富和深化的同时，个体的心理健康也日益得到现代社会的广泛重视。由于健身运动在增强人体躯体健康、增强人体适应自然和调节人体交往的能力方面的作用已得到广泛认同，因此通过健身运动来调节自身的心理状态也应该引起现代人的广泛关注。

第一节　心理健康概述

一、心理健康及其标准

（一）心理健康的定义

所谓心理是人对其所处的环境产生的神经活动过程和行为反

应的总称,除了遗传以外,生存环境和后天教育是决定心理过程和个性特征的主要因素。心理健康作为一个社会学范畴的概念,随着人类社会的发展有着不同的认识,一般认为心理健康是个体心理在自身及环境条件许可范围内所能达到的最佳功能状态,是个体对内部环境具有安全感,对外部环境能以社会上认可的形式来适应的状态。因此可以认为心理健康是个体的一种持续的积极的内部状态,个体表现出良好的社会适应性,并充分发挥其身心的各种潜能,在应付各种问题和环境时更多表现出积极的倾向,是个体在人类社会生存中必不可少的条件。

（二）心理健康的标准

心理健康的标准是基于对心理及心理健康的认识而产生的。表6-1概述了现有的一些关于心理健康具体的标准。

表6-1 心理健康的具体标准

提出者或出处	具体标准
第三届国际心理卫生大会(1946)	① 身体、智力、情绪十分调和;② 适应环境,人际关系中能彼此谦让;③ 有幸福感;④ 在工作中,能充分发挥自己的能力,过着有效的生活。
《简明不列颠百科全书》	① 认知过程正常,智力正常;② 情绪稳定乐观,心情舒畅;③ 意志坚强,做事有目的、计划、步骤、方法,能克服苦难达到目的;④ 人格健全,性格、能力价值观均正常;⑤ 养成健康的习惯和行为,无不良行为;⑥ 精力充沛地适应社会,人际关系良好。
奥尔波特(美)	① 力争自我成长;② 能客观地看待自己;③ 人生观的统一;④ 具有与别人建立亲密关系的能力;⑤ 人生所需的能力、知识和技能的获得;⑥ 具有同情心和对一切生命事物的爱。

续表

提出者或出处	具体标准
马斯洛和米特尔曼	① 有足够的自我安全感;② 能充分了解自己,并能对自己的能力作出适度的估计;③ 生活的理想切合实际;④ 不脱离周围的客观环境;⑤ 能保持人格的完整与和谐;⑥ 善于从经验中学习;⑦ 能保持良好的人际关系;⑧ 能适度地发泄情绪和控制情绪;⑨ 在符合集体要求的前提下,能有限度地发挥个性;⑩ 在不违背社会规范的前提下,能恰当地满足个人的基本需要。
刘协和(1993)	① 没有心理异常;② 正常发育的智力;③ 健全的人格;④ 充沛的精力;⑤ 丰富的情感生活等。
季浏(1995)	① 智力正常;② 适当的情绪控制能力;③ 对自己能作出恰当的评价;④ 能保持良好的人际关系。

由此可见心理健康的标准各种说法并不完全统一,但基本确定了个体的心理健康应符合以下条件:

(1) 人格完整: 人格是每个人所独有的心理特性或特有的行为模式。人格在心理学上指个体比较稳定的心理特征的总和。人有表现于外的,给人印象的特点;也有外部未必显露的,可以监测的和验证的特点。这些稳定而异于他人的特征,给人的行为以一定倾向性,它表现于一个由表及里,包括身心在内的真实的人,即人格。人格完整就是指有健全统一的人格,其基本特征是,相对稳定的情绪状态,坚韧的毅力,灵活的应变能力,强烈的责任感和良好的自制力。

(2) 智力正常: 智力是指一个人的观察力、注意力、记忆力、想象力、实践活动能力的综合体现,是个体从事一切社会活动的前提和基础,是其了解、认识外部世界的十分必要的条件。只有智力正常的人才能正确地评价自己,并具有情绪体验能力,从而自我效能感增强,而智力落后者经常遭遇失败,伴随烦恼、痛苦的体验,产生自卑感。

(3) 情绪健康:人的情绪健康的主要标志是情绪稳定和心情愉快。情绪健康应表现为:乐观开朗,充满热情,善于自得其乐,目光远大,满怀自信,对生活充满希望,善于控制和调节自己的情绪,胜不骄,败不馁,快乐有度,悲伤有束,即使遭到挫折和失败也能用理智调节和控制自己的情绪。同时,不良情绪的发泄方式必须考虑道德及社会的评价。

(4) 自我评价恰当:心理健康者能充分了解自己,既看到自己的长处,又看到自己的不足,以便扬长避短,在学习、工作上获得成功,在生活中同他人和谐相处。心理不健康者,往往将失败归因于机遇和任务难度,整日怨天尤人,或将自己看得一无是处。

(5) 具有和谐的人际关系:和谐的人际关系是心理健康不可缺少的条件,也是获得心理健康的重要途径。和谐的人际关系表现为:乐于与人交往,保持独立完整的人格,不卑不亢,能客观地评价别人和自己,在交往中善于取长补短,宽以待人,乐于助人,既有稳定而广泛的人际关系,又有知心朋友。从事各种体育活动,能使人心情舒畅、精神愉快,调节人的某些不健康的情绪。同时通过运动锻炼,克服困难,培养坚强意志和集体协作精神,可以矫正沮丧、忧郁、自私、散漫等不良或不健全的人格。

二、心理障碍与心理疾病

(一) 心理障碍

心理障碍是因个人或外界因素造成心理状态的某一方面(或几方面)发展的超前、停滞、延迟、退缩或偏离。心理障碍的主要表现为:

(1) 不协调性:个体心理活动的外在表现与其生理年龄不相称或反应方式与常人不同。如成人表现出幼稚状态(停滞、延迟、退缩)；儿童出现成人行为(不均衡的超前发展)；对外界刺激的反应方式异常(偏离)等。

(2) 针对性：个体心理障碍往往仅对障碍对象(如敏感的事、物及环境等)有强烈的心理反应(包括思维及动作行为)，而对非障碍对象可能表现很正常。

(3) 损害较大：个体心理障碍对自身的社会活动影响较大。它可能使当事人不能按常人的标准完成其某项(或某几项)社会活动。如社交焦虑(又名社交恐惧)不能完成社交活动，锐器恐怖者不敢使用刀、剪，性心理障碍者难以与异性正常交往。

(4) 需求助于心理医生：个体心理障碍患者大部分不能通过自我调整和非专业人员的帮助而解决根本问题，心理医生的指导是必须的。

(二) 心理疾病

心理疾病是由于个人及外界因素引起个体强烈的心理反应(思维、情感、动作行为、意志)并伴有明显的躯体不适感，是大脑功能失调的外在表现。心理疾病主要表现为：

(1) 强烈的心理反应：可出现思维判断上的失误，思维敏捷性的下降，记忆力下降，头脑黏滞感、空白感，强烈自卑感及痛苦感，缺乏精力、情绪低落成忧郁，紧张焦虑，行为失常(如重复动作、动作减少、退缩行为等)，意志减退等。

(2) 明显的躯体不适感：由于中枢控制系统功能失调可引起所控制人体各个系统功能失调。如影响消化系统则可出现食欲不振、腹部胀满、便秘或腹泻(或便秘－腹泻交替)等症状；影响心血管系统则可出现心慌、胸闷、头晕等症状；影响到内分泌系统可出现女性月经周期改变、男性性功能障碍等。

(3) 损害大：心理疾病患者不能或勉强完成其社会活动，缺乏轻松、愉快的体验，痛苦感极为强烈，“哪里都不舒服”、“活着不如死了好”是他们真实的内心体验。

（4）需心理医生的治疗：心理疾病患者一般不能通过自身调整和非心理科专业医生的治疗而康复。心理医生对此类患者的治疗一般采用心理治疗和药物治疗相结合的综合治疗手段。在治疗早期通过情绪调节药物快速调整情绪，中后期结合心理治疗解除心理障碍并通过心理训练达到社会功能的恢复并提高其心理健康水平。

（三）抑郁症和焦虑症

很多人对抑郁症不陌生，但抑郁症与一般的“不高兴”有着本质区别，它有明显的特征，综合起来有三大主要症状，就是情绪低落、思维迟缓和运动抑制。情绪低落就是高兴不起来，总是忧愁伤感、甚至悲观绝望。思维迟缓就是自觉脑子不好使，记不住事，思考问题困难。患者觉得脑子空空的、变笨了。运动抑制就是不爱活动，浑身发懒。走路缓慢，言语少等。严重的可能不吃不动，生活不能自理。抑郁症是每个人都可能得的心理疾病。它不能说明你心胸狭窄，也不能说明你品质低劣或意志薄弱。总之，抑郁症与感冒没有任何区别，它只是一种普通的疾病。中国人心理健康的观念比较淡薄，对健康的认识基本上还停留在生理健康的层次，这种状况应该被逐渐打破。所以，如果你或你的亲人得了抑郁症，千万不要感到见不得人或低人一等，仿佛做了什么亏心事一般。其实，我们已经说过，神经衰弱基本上就是抑郁症，既然我们能勇敢的说自己得了神经衰弱，为什么就不能告诉别人，自己得了抑郁症呢？这纯粹是一个观念问题。从某种意义上说，得抑郁症可能说明你是优秀的。天才总是要抑郁的。

焦虑症又称焦虑性神经症，与正常焦虑情绪反应不同。第一，它是无缘无故的、没有明确对象和内容的焦急、紧张和恐惧；第二，它是指向未来，似乎某些威胁即将来临，但是患者自己说不出究竟存在何种威胁或危险；第三，它持续时间很长，如不进行积极有效的治疗，几周、几月甚至数年难愈。最后焦虑症除了呈现持续性或发作性惊恐状态外,同时伴多种躯体症状。正常人在面对困难或有危险的任务时,预感将要发生不利的情况或危险发生时,可产生焦虑(一种没有明确原因的、令人不愉快的紧张状态),这种焦虑通常并不构成疾病,是一种正常的心理状态。焦虑并不是坏事,焦虑往往能够促使你鼓起力量,去应付即将发生的危机(或者说焦虑是一种积极应激的本能)。只有当焦虑的程度及持续时间超过一定的范围时才构成焦虑症状,妨碍人应付、处理面前的危机,甚至妨碍正常生活。

第二节　健身运动增进心理健康的原理

运动对心理健康的影响主要是源自以下三种假设:(1) 认知行为假设:参加健身运动能够促进人们积极思考,以此来削弱那些消极想法,改变沮丧和焦虑的状态。尽管不经常参加运动的人把开始运动和坚持运动视为一项艰巨的任务,可一旦他们实现了目标就会加强他们的竞争意识,提高他们对自我能力的认可。自我能力认可与努力和坚持密不可分,这两种因素帮助参加者继续健身锻炼,并取得收获。(2) 注意力分散假设:参加健身运动可以分散人们对自己焦虑和沮丧的事情的注意,从而使人身心大大受益,健身运动把人们从焦虑和抑郁的琐事中解放出来。(3) 荷尔蒙假设:健身运动之所以使人心理受益与体内荷尔蒙分泌量的增加有关。荷尔蒙是大脑在刺激作用下产生的化学物质。大量的荷尔蒙可以改变人的情绪状态,加强健康感。这种健康感可以降低沮丧、焦虑和其他消极状态的程度。一些研究认为,任何健身运动均具有以上三个方面对心理健康的积极影响,具体可以表现在以下六个方面:

一、健身运动有助于发展智力

智力是个体圆满完成工作、学习任务的基础条件。经常参加健身运动可以使个体的注意、记忆、观察、思维和想象等能力得到充分发展，提高活动效率，还可以使其获得良好的情绪体验、乐观自信、精神振奋、精力更加充沛，从而对人的智力功能具有促进作用。研究表明，由于健身运动能有效地促进血液循环，增强心肺功能，使大脑获取更多的氧气，给大脑的记忆和思维能力提供必要的物质保障，能够提高脑力劳动的效率。另一方面，健身运动不仅能使神经系统的兴奋和抑制过程更加有效，使其对各种刺激的反应更加迅速、准确，为智力的发展奠定物质基础，而且还可以提高人的视觉、听觉、本体感觉、神经传导速度、神经过程的均衡性和灵活性，促进神经系统功能的增强。人们在学习的过程中，大脑皮层的相关区域处于高度兴奋状态，并随着学习时间的延长而产生疲劳感，导致学习效率下降。而健身运动的参与，有助于大脑皮层的相关区域形成兴奋与抑制合理交替的机制，降低疲劳感，提高文化学习的效率，此外个体的体质增强，身体功能水平的提高也有助于充分地挖掘与开发学习的潜力。

二、健身运动有助于获得良好的情绪体验

情绪状态的调控能力是衡量体育锻炼对心理健康影响的最主要指标。个体在复杂多变的社会环境中，常常会产生紧张、压抑、忧虑等不良情绪反应，健身运动可以使个体从烦恼和痛苦中摆脱出来，降低应激水平，使处理应激情境的能力增强。麦克曼等人的研究表明，经常参加健身运动者的状态焦虑、抑郁、紧张和心理紊乱等消极的心理变量水平明显低于不参加身体锻炼者，而愉快等积极的心理变量水平则明显要高一些。健身运动之所以能够调节情绪，是因为健身运动的参与者能体验到运动带来的愉快感觉。

心理学家认为，适度负荷的健身运动能够促进人体释放一种多肽物质——内啡肽，它能使人们获得愉快、兴奋的情绪体验。因此参加健身运动，尤其是参加那些自己喜爱和擅长的健身运动，可以使人从中得到乐趣，振奋精神，从而产生良好的情绪状态。

三、健身运动有助于良好的意志品质的形成

意志品质指一个人的自觉性、果断性、坚韧性和自制力，以及勇敢顽强和独立主动的精神，是一个人行为特点的稳定因素的总和。意志品质需要在克服困难的实践过程中培养。体育锻炼本身就要不断克服客观困难（气候条件的变化、动作的难度或外部障碍等）和主观困难（如胆怯和畏惧心理、疲劳和运动损伤等），才能取得成功。健身运动的参与者努力克服主、客观方面的困难，会在培养自身良好的意志品质方面得到锻炼。任务越困难，对个体的意志锻炼的作用越大，而良好的意志品质对于人的活动效果具有重要的意义。

四、健身运动使自我概念更为清晰

自我概念是个体主观上对自己的身体、思想和情感等的整体评价，它是由许许多多的自我认识所组成的，例如，我是什么人、我主张什么、我喜欢什么、我不喜欢什么等等，包括社会方面的自我概念和身体方面的自我概念等。其中，身体方面的自我概念包括身体表象和身体自尊。身体表象是指头脑中形成的身体图像。身体自尊则主要包括一个人对自己运动能力的评价、对自己身体外貌（吸引力）的评价以及对自己身体的抵抗能力和健康状况的评价。

身体表象和身体自尊障碍在正常人群中是普遍存在的，据报告，54%的大学生对他们的体重不甚满意。与男性相比，女性倾向于高估身高和低估体重，而且，身体肥胖的个体更可能有身体表象

和身体自尊方面的障碍。身体表象和身体自尊与整体自我概念(图 6-1)有关,无论是男性还是女性,对身体表象的不满意会使其身体自尊变低,并产生不安全感和抑郁症状。

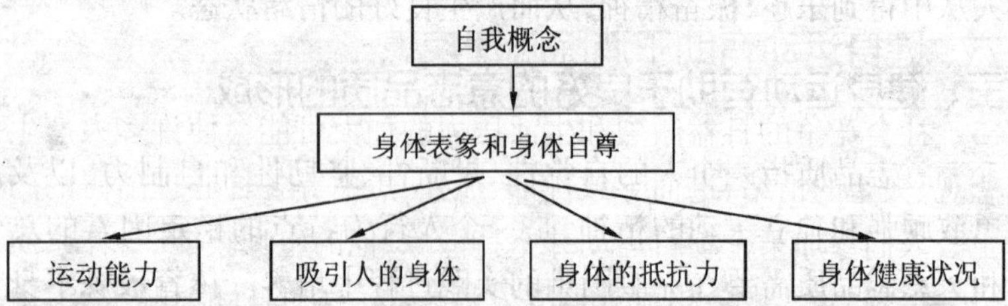

图 6-1　身体表象和身体自尊与整体自我的关系

坚持健身运动可使体格强壮、精力充沛,因而,健身运动对于改善人的身体表象和身体自尊至关重要。研究表明:运动者比非运动者具有更积极的总体自我概念;体能强的人比体能弱的人倾向于具有更高水平的自我概念和更高的身体概念;肌肉力量与身体自尊、情绪稳定性、外向性格和自信心呈正相关,并且加强力量训练会使个体的自我概念显著增强。因此,更积极的自尊心,更高水平的身体概念和自我概念与高水平的体能状况相关。

五、健身运动有助于形成和谐的人际关系

现代社会生活节奏的加快使人们越来越趋向封闭的状态,从而造成人与人之间感情交流缺乏,人际关系疏远。健身运动则打破了这种封闭,让不同职业、年龄、性别、文化素质的人相聚在运动场上,进行平等、友好、和谐的交往,使人们互相之间产生信任感,有效进行情感和信息的交流,互相之间产生一种默契和交融。研究表明,增加与社会的联系会给个体带来心理上的益处。马塞等人 1971 年的调查发现,外向性格者比内向性格者的社会需要更强烈,这种社会需要可以通过跳舞、球类、做操等集体性活动来得到

满足。由此可见,人们可以通过健身运动来认识更多的朋友,大家和睦相处、友爱互助,这种良好的人际关系将令人心情舒畅、精神振奋。

六、健身运动有助于消除心理疾患

社会竞争的日益激烈和生活压力的加大可能会使许多人产生悲观、失望的情绪,进而导致忧郁、孤独、焦虑等各种心理障碍的产生。人们参加某个项目运动并坚持锻炼,他的生理技能、身体素质将会得到改善,也会相应掌握并发展一些运动的机能和技巧。由此,个体会以自我反馈的方式传递其成就信息至大脑,从而获得自我成就的认知和情感体验,产生愉快、振奋和幸福感。因此,健身运动能使有心理障碍的个体获得心理满足,产生积极的成就感,从而增强自信心,摆脱压抑、悲观等消极情绪,并消除心理障碍。许多国家已将健身运动作为心理治疗的手段之一。美国的一项调查显示,1 750 名心理医生中,80% 的人认为健身运动是治疗抑郁症的有效手段之一,60% 的人认为应将健身运动作为一个治疗手段来消除焦虑症。临床研究表明,通过参加一些如慢跑、散步、徒手操等身体练习能有效地减轻焦虑和抑郁症状,增强自信。除此之外,有关健身运动的心理治疗效应还反映在对精神分裂症、酒精和滥用药物、体表体形症状的研究等方面。就目前而言,这些心理疾病的病因以及健身运动有助于治疗心理疾病的基本机制尚未完全清楚,但健身运动作为一种心理治疗手段在国外已开始流行起来。在学生中,通过健身运动可以减缓或消除由于学习和其他方面的挫折而引起的焦虑和抑郁等症状,为不良情绪的宣泄提供一种合理有效的手段,防止心理障碍或疾病的发生。

总之,健身运动不仅能有效地促进智力的发展、调节情绪、培养良好的意志品质、增强自我概念、改善人际关系,增进心理健康,使个体发挥最优的心理效能。

第三节 增强心理健康的运动

一、选择适宜的健身运动项目

对于个体来说,参加健身运动能否取得良好的心理效应关键在于其是否能从活动中获得乐趣并感到愉悦。运动愉悦感是一种积极的情绪体验,如果活动参与者不能从体育锻炼中体验愉悦,个体就很难持久地坚持下去,体育锻炼就很难产生积极的心理效应。研究表明,体育锻炼中体验到的愉快感具有直接的心理健康效应。对于那些长期参加体育锻炼的锻炼者来说,愉悦感是他们能够坚持下来的主要原因。因此,个体选择那些自己感兴趣的活动项目是十分有利的。此外,有氧练习、封闭式运动、没有人际竞争的体育锻炼有助于锻炼者的心理健康,研究表明,娱乐性游泳、慢跑等项目与降低个体的消极情绪如紧张、焦虑、抑郁、愤怒、慌乱等有关。个体在没有竞争性的情景中练习有助于降低应激水平,能使个体回避因失败而产生的消极心理。

二、确定科学的运动负荷

即控制体育锻炼的强度、持续时间和频率。活动强度是个体在单位时间内所做的功,人体的最大吸氧量与心率之间存在着对应关系,体育锻炼的大、中、小强度与耗氧量密切相关,耗氧量又与最大吸氧量存在一定的百分比关系,因此,人们一般用心率指标作为评价运动强度的依据。运动心理学规定:体育活动的大强度相当于最大吸氧量的70%~80%,即相当于最高心率的80%~90%;中等强度相当于最大吸氧量的50%~60%,即相当于最高心率的65%~75%;小强度相当于最大吸氧量的40%左右,即相当于最高心率的60%左右。研究表明,中等强度的体育活动能取得较好的心理效应。

活动持续时间是指：(1) 每次参加体育活动的时间长短；(2) 参加体育活动方案的时间长短。每次参加体育活动的持续时间和活动的强度有关，两者之间呈反比。体育活动的强度大，持续时间应相应减少，而强度小，持续时间则应延长。大多数心理学家的研究表明，每次体育活动的持续时间在 20 ~ 30 分钟之间，对情绪的调节是积极有效的。研究还认为，参加 8 ~ 10 周的体育活动是取得心理效果最适宜的持续时间。

活动频率是指每周参加体育活动的次数，体育活动能否调节情绪、增进心理健康与活动频率密切相关。多数实验结果表明，每周活动 2 ~ 4 次，对于降低抑郁、应激水平较为显著。当然，在选择科学的运动负荷时，还应考虑体育活动参与者的个体差异，才能取得良好的心理效应，那就是与个性特点、年龄、性别、生理状况相结合。

三、设置相应的情境和目标

可以在体育活动过程中设置相应的情境，有意识增加任务的难度，让个体在克服困难、战胜挫折的过程中获得成功的体验，对自己的能力更为自信，有效消除自卑挫折感，从而养成敢于正视现实、勇于挑战的良好意志品质，增进个体的心理健康。对于那些自卑性格比较内向的人来说，可以适当降低任务难度，创设相对易于完成的情境，使其也能够在活动过程中获得成功的体验和愉悦感。同时在集体练习中增加互动的机会，有效发展个体的协作能力，使其掌握人际沟通的基本技能。

在体育活动中设置合理的目标，确定实现目标所采取的有效步骤、策略和时间安排，使个体在一步步实现目标过程中保持良好的心态，增强自信心。

很多人都有这种经验，好不容易下定决心买套昂贵的健身器材，结果没两下子就全无兴致，器材被冷落在屋角并堆满灰尘。别灰心，这并不一定就是你特别懒惰或没有恒心的缘故，而是很可能你根本没有选对运动方式。心理学家指出，许多人做运动不能持之以恒，主要是因为选择的是适合自己体能、但不适合自己人格特征的运动方式。

研究显示，不论是短暂的或长期的运动，都会产生显著的心理效果。常运动的人看起来精神比较好，不容易生气、沮丧，也较不容易觉得有压力；不运动的人则容易感到疲劳及情绪低落。这项结果对上了年纪的人特别有参考价值，因为多项医学研究指出，年龄与沮丧有密切的关系。年纪越长，身体状况越差，人的心情越容易沮丧。但是若能有规律地运动，保持身体与心理的活力，自然会减轻沮丧的程度。

第七章 健身运动效果评定

当健身运动进行一段时间后，您一定想知道自己的付出究竟有没有回报，即这种（些）运动适合您吗？它们有没有给您的身体和心理带来了一些有益的变化？其实，您只要稍微留心一下自己的身体，就可以粗略地对健身运动的效果进行判断了。例如，您是否感觉精神更饱满了，精力更充沛了？您是否发觉睡觉质量提高了，食欲变好了？假如不是这样，那么，可能您在运动种类的选择、运动强度和运动量的控制等方面存在一些需要改进的地方。当然，仅仅根据个人的观察和感觉对健身运动的效果进行评定有时是不够的，因为这种方法虽然简便易行，但毕竟客观性不强，为了更科学地对健身运动的效果进行评定，可以采用一些更为规范的方法对身体功能进行精确的、定量的测定，从而更好地对健身运动进行指导。

第一节 身体成分评定

一、身体质量指数测试

身体质量指数，简称体质指数（Body Mass Index，BMI），是用体重千克数除以身高米数平方得出的数字，是目前国际上常用的衡量人体胖瘦程度的一个标准。

体质指数(BMI) = 体重(千克)/身高(米)的平方;

例如:一个人身高1.67米,体重61千克,那么此人的BMI值为:

$$BMI = 61/(1.67)^2 = 21.9$$

由于人种的差异,用BMI判断人体胖瘦程度的标准有一定的差异,表7-1列出了BMI的中国标准、世界卫生组织(WHO)和美国运动医学学会(ACSM)的标准。

表7-1 常用BMI评价标准

中国标准		WHO标准		ACSM标准	
组别	BMI	组别	BMI	组别	BMI
体重过轻	BMI<18.5	轻	BMI<18.5	轻	BMI<18.5
体重正常	18.5≤BMI<24.0	正常	18.5≤BMI<25.0	正常	18.5≤BMI<24.9
超重	24.0≤BMI<28.0	超重	25.0≤BMI<30.0	超重	24.9≤BMI<29.9
肥胖	BMI≥28.0	肥胖Ⅰ	30.0≤BMI<35.0	肥胖Ⅰ	29.9≤BMI<34.9
		肥胖Ⅱ	35.0≤BMI<40.0	肥胖Ⅱ	35.0≤BMI<39.9
		肥胖Ⅲ	BMI≥40.0	肥胖Ⅲ	BMI≥40.0

二、体脂百分比测试

体脂百分比是人体内脂肪组织重量占其总体重的百分比,是评价身体成分的主要指标,计算公式为:体脂百分比 = 脂肪重量/体重×100%。

体脂百分比的测定需要有专用的仪器设备,常用的皮褶厚度法、生物电阻抗法等。近年来一些体质检测中心、健身场馆、研究所、医院等机构都配备了能方便地测定身体成分(体脂百分比)的身体成分仪(图7-1),这种仪器是根据生物电阻抗法研制的,操作非常简便,被测者只需赤脚站在仪器上,手握电极,即可得到体重、体脂百分比等指标。

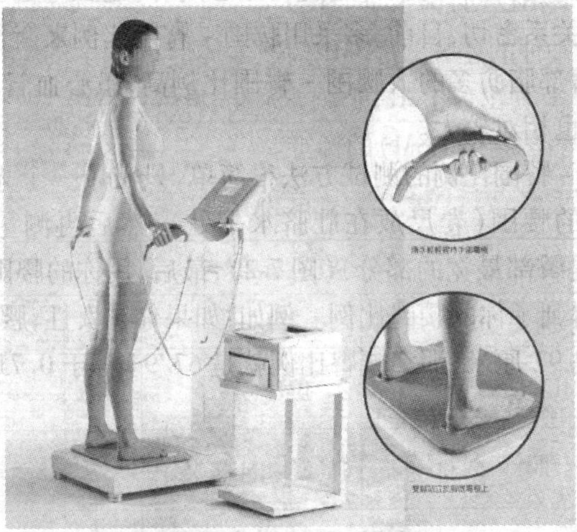

图 7-1　身体成分分析仪

表 7-2 为体脂百分比评价的参考标准。需要注意的是,不同的测试方法、测试仪器的评价标准可能存在一定差异。

表 7-2　体脂百分比评价标准

评定	女	男
体脂很低	14.0 ~ 16.9	7.0 ~ 9.9
低体脂	17.0 ~ 19.9	10.0 ~ 12.9
一般,正常体脂	20.0 ~ 23.9	13.0 ~ 16.9
高于正常体脂	24.0 ~ 26.9	17.0 ~ 19.9
体脂很高	27.0 ~ 29.9	20.0 ~ 24.9
肥胖病	>30	>25

三、腰围-臀围比例测量

研究发现，过多的腹部脂肪与冠心病、高血压等心血管疾病以及糖尿病关系密切，目前，多采用腰围－臀围比例来衡量腹部脂肪的多少，腹部脂肪多的人腰围－臀围比例高，患心血管疾病、糖尿病的风险也相对较大。

腰围－臀围比例的测试方法很简单，只需用一个无弹性的卷尺测量你的腰围（卷尺放在肚脐水平处），然后再测量你的臀围（一定要是臀部最宽的部分）（图 7-2），最后，用你的腰围除以你的臀围，就得到了你的腰臀比例。例如：如果你是女性，腰围是 64 厘米，臀围是 97 厘米，那么腰臀比例就是 67/94 等于 0.71。

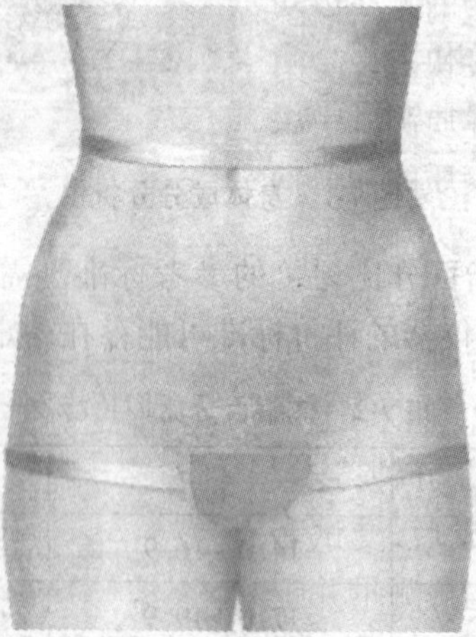

图 7-2　人体腰臀比的测量

理想的腰臀比例最小值应该是多少，目前还没有定论。但是，理想的腰臀比例最大值是多少，已经得到了众多专家的确认。如果是女性，理想的腰臀比例大约在 0.67～0.80 之间；如果是男性，这一比例大约在 0.85～0.95 之间。

第二节　心肺功能评定

心肺功能，特别是心肺耐力，是人体最重要的与健康有关的功能能力，主要与人体的心血管系统、呼吸系统的功能有关。下面介绍两种比较简便易行的测试心肺耐力的方法。

一、台阶测试

台阶测试，即测试利用台阶完成，研究表明，心肺耐力强的人比心肺耐力弱的人在运动后心率恢复的速度快。台阶测试也是我国国民体质测试中用于测定心肺耐力素质的一项指标，适用于20～59岁的成年人（图7-3）。

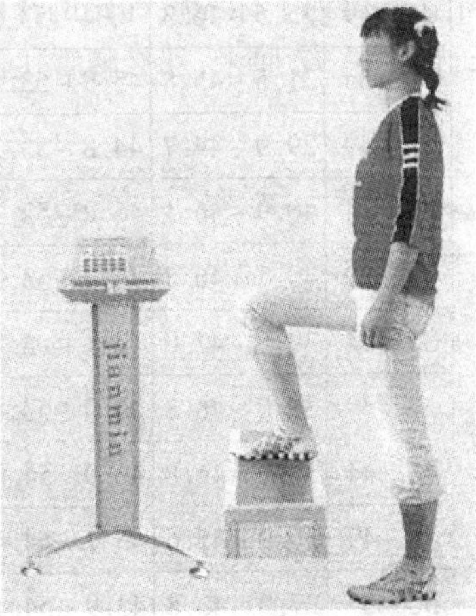

图7-3　台阶测试

测试方法：台阶高度为男子30厘米，女子25厘米；上下台阶频率为30次/分钟；连续重复3分钟。完成后，受试者立刻静坐在椅子上，测量并记录运动后1分～1分30秒、2分～2分30秒、3分～3分30秒的3次脉搏次数。如果受试者不能坚持运动3分钟，应立即停止运动，记录运动持续时间，并以同样方法记录3次脉搏数。

将记录结果代入公式计算台阶指数，台阶指数＝［运动持续时间(秒)/(3次测量脉搏数之和×2)］×100。评价标准见表7-3。

表 7-3 《国民体质测定标准》台阶指数评价标准

性别	年龄（岁）	1分	2分	3分	4分	5分
男	20~24	42.1~46.1	46.2~52.0	52.1~58.0	58.1~67.6	>67.6
	25~29	42.1~46.1	46.2~51.9	52.0~58.3	58.4~68.1	>68.1
	30~34	41.4~46.1	46.2~52.2	52.3~58.3	58.4~68.1	>68.1
	35~39	41.3~46.1	46.2~52.2	52.3~58.7	58.8~68.1	>68.1
	40~44	37.8~46.5	46.6~53.5	53.6~59.9	60.0~70.2	>70.2
	45~49	35.5~46.3	46.4~53.5	53.6~60.3	60.4~70.2	>70.2
	50~54	31.5~45.8	45.9~53.5	53.6~59.9	60.0~69.7	>69.7
	55~59	29.9~44.7	44.8~53.2	53.3~59.9	60.0~69.7	>69.7
女	20~24	40.9~46.1	46.2~52.2	52.3~58.0	58.1~67.1	>67.1
	25~29	40.7~46.8	46.9~53.2	53.3~59.1	59.2~68.6	>68.6
	30~34	39.5~47.0	47.1~53.7	53.8~59.9	60.0~69.1	>69.1
	35~39	37.0~46.8	46.9~53.8	53.9~60.3	60.4~69.7	>69.7
	40~44	31.5~46.8	46.9~54.8	54.9~61.5	61.6~71.3	>71.3
	45~49	30.0~45.6	45.7~54.4	54.5~61.5	61.6~71.3	>71.3
	50~54	27.9~43.8	43.9~54.1	54.2~61.5	61.6~71.3	>71.3
	55~59	27.3~39.8	39.9~52.8	52.9~60.3	60.4~70.2	>70.2

二、9 分钟跑测试

9 分钟跑测试是我国《普通人群体育锻炼标准》中采用的一项指标，可适用于 20~59 岁人群。测试要求在平整的、可准确丈量的场地上进行，测量并记录受试者在 9 分钟内所跑距离。评价标准见表 7-4。

表 7-4　《普通人群体育锻炼标准》9 分钟跑评价标准(米)

性别	年龄(岁)	1 分	2 分	3 分	4 分	5 分
男	20~24	1 200~1 400	1 401~1 680	1 681~1 890	1 891~2 070	2071 以上
	25~29	1 150~1 310	1 311~1 600	1 601~1 800	1 801~2 010	2011 以上
	30~34	1 100~1 250	1 251~1 520	1 521~1 710	1 711~1 970	1971 以上
	35~39	1 040~1 180	1 181~1 490	1 491~1 640	1 641~1 910	1911 以上
	40~44	970~1 110	1 111~1 400	1 401~1 600	1 601~1 850	1851 以上
	45~49	920~1 070	1 071~1 320	1 321~1 510	1 511~1 780	1781 以上
	50~54	860~1 030	1 031~1 280	1 281~1 450	1 451~1 700	1701 以上
	55~59	800~1 000	1 001~1 250	1 251~1 410	1 411~1 600	1601 以上
女	20~24	850~1 040	1 041~1 260	1 260~1 570	1 571~1 750	1751 以上
	25~29	830~1 020	1 021~1 230	1 231~1 510	1 511~1 710	1711 以上
	30~34	810~990	991~1 200	1 201~1 440	1 441~1 660	1661 以上
	35~39	790~970	971~1 150	1 151~1 390	1 391~1 610	1611 以上
	40~44	760~940	941~1 120	1 121~1 350	1 351~1 540	1471 以上
	45~49	740~920	921~1 070	1 071~1 300	1 301~1 470	1471 以上
	50~54	720~900	901~1 050	1 051~1 250	1 251~1 420	1421 以上
	55~59	700~880	881~1 030	1 031~1 220	1 221~1 380	1381 以上

三、1 500 米跑

1 500 米跑测试适用于 20~39 岁、男性人群。测试要求在平整的、可准确丈量的场地上进行,每次至少有两人参加,立式起跑,记录受试者跑 1 500 米所用时间。评价标准见表 7-5。

四、3 000 米健身走

3 000 米健身走测试适用于 40~59 岁人群。测试要求在平整的、可准确丈量的场地上进行,记录受试者走 3 000 米所用时间。评价标准见表 7-5。

表 7-5 《普通人群体育锻炼标准》1 500 米跑、3 000 米健身走、2 分钟跳绳评价标准

性别	年龄/岁	测试项目	1 分	2 分	3 分	4 分	5 分
男	20 ~ 24	1 500 米跑	10 分 15 秒 ~ 9 分 30 秒	9 分 29 秒 ~ 8 分 20 秒	8 分 19 秒 ~ 6 分 10 秒	6 分 09 秒 ~ 5 分 00 秒	4 分 59 秒以下
	25 ~ 29	1 500 米跑	11 分 30 秒 ~ 10 分 20 秒	10 分 19 秒 ~ 8 分 20 秒	8 分 19 秒 ~ 6 分 40 秒	6 分 39 秒 ~ 6 分 00 秒	5 分 59 秒以下
	30 ~ 34	1 500 米跑	12 分 50 秒 ~ 11 分 00 秒	10 分 59 秒 ~ 9 分 20 秒	9 分 19 秒 ~ 7 分 10 秒	7 分 09 秒 ~ 6 分 20 秒	6 分 19 秒以下
	35 ~ 39	1 500 米跑	14 分 20 秒 ~ 12 分 20 秒	12 分 19 秒 ~ 9 分 40 秒	9 分 39 秒 ~ 8 分 20 秒	8 分 19 秒 ~ 7 分 20 秒	7 分 19 秒以下
	40 ~ 44	3 000 米走	35 分 00 秒 ~ 33 分 00 秒	32 分 59 秒 ~ 30 分 00 秒	29 分 59 秒 ~ 26 分 00 秒	25 分 59 秒 ~ 23 分 00 秒	22 分 59 秒以下
	45 ~ 49	3 000 米走	36 分 00 秒 ~ 34 分 00 秒	33 分 59 秒 ~ 31 分 00 秒	30 分 59 秒 ~ 27 分 00 秒	26 分 59 秒 ~ 24 分 00 秒	23 分 59 秒以下
	50 ~ 54	3 000 米走	37 分 00 秒 ~ 35 分 00 秒	34 分 59 秒 ~ 32 分 00 秒	31 分 59 秒 ~ 28 分 00 秒	27 分 59 秒 ~ 25 分 00 秒	24 分 59 秒以下
	55 ~ 59	3 000 米走	38 分 00 秒 ~ 36 分 00 秒	35 分 59 秒 ~ 33 分 00 秒	32 分 59 秒 ~ 29 分 00 秒	28 分 59 秒 ~ 26 分 00 秒	25 分 59 秒以下

续表

性别	年龄/岁	测试项目	1分	2分	3分	4分	5分
女	20～24	2分跳绳/次	96～116	120～168	169～217	218～260	261以上
	25～29	2分跳绳/次	94～116	117～157	158～202	203～244	245以上
	30～34	2分跳绳/次	90～110	111～146	147～188	189～230	231以上
	35～39	2分跳绳/次	85～104	105～143	144～172	173～211	212以上
	40～44	3 000米走	37分00秒～35分00	34分59秒～30分00秒	29分59秒～28分00秒	27分59秒～25分00秒	24分59秒以下
	45～49	3 000米走	39分00秒～36分00秒	35分59秒～32分00秒	31分59秒～29分00秒	28分59秒～26分00秒	25分59秒以下
	50～54	3 000米走	42分00秒～37分00秒	36分59秒～34分00秒	33分59秒～30分00秒	29分59秒～27分00秒	26分59秒以下
	55～59	3 000米走	43分00秒～39分00秒	38分59秒～36分00秒	35分59秒～31分00秒	30分59秒～28分00秒	27分59以下

五、2 分钟跳绳

2 分钟跳绳测试适用于 20 ~ 39 岁、女性人群。测试要求在平整的场地上进行，选择木把线缠跳绳，记录受试者在 2 分钟内跳绳的次数，跳坏不记数。评价标准见表 7-5。

第三节　肌肉力量和肌肉耐力评定

肌肉力量和肌肉耐力的评定是健身运动效果评定的重要组成部分。肌肉力量是指肌肉收缩所产生的力量，是人体维持姿势和完成动作等生理活动所必需的。肌肉耐力是指肌肉重复收缩时的耐疲劳能力。肌肉没有耐力则容易疲劳，不能持续某一姿势或活动。

一、握力测试

握力主要反映前臂及手部肌肉的力量。一般情况下，肌肉力量均随年龄的增加而逐步减少。因此，握力的改变可较为灵敏的反映出机体衰老变化的程度。

测试方法：将握力计指针调制 0 位，受试者手持握力计，转动握距调节钮，使食指第二关节屈指成近 90 度的距离为受试者的理想握距。测量时，受试者两腿自然分开，与肩同宽，身体直立，两臂自然下垂，用优势手以最大力紧握上、下两个把柄（图 7-4）。测试两

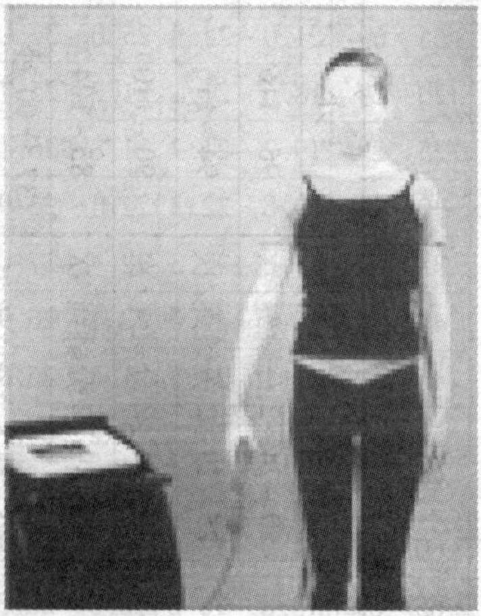

图 7-4　握力测试

次，取最大值，记录以千克为单位，保留1位小数。

测量时应注意：持握力计时，手心向内，握力计指针朝外；用力时禁止摆臂或接触身体；如果受试者不能确定优势手时，可两手各测两次，取最大值。评价标准见表7-6。

表7-6 《国民体质测定标准》握力评价标准

性别	年龄（岁）	1分	2分	3分	4分	5分
男	20～24	29.6～36.9	37.0～43.5	43.6～49.2	49.3～56.3	>56.3
	25～29	32.6～38.3	38.4～44.8	44.9～50.4	50.5～57.6	>57.6
	30～34	32.2～38.0	38.1～44.9	45.0～50.6	50.7～57.6	>57.6
	35～39	31.3～37.2	37.3～44.4	44.5～50.2	50.3～57.7	>57.7
	40～44	30.0～36.4	36.5～43.4	43.5～49.5	49.6～56.7	>56.7
	45～49	29.2～35.4	35.5～42.4	42.5～48.5	48.6～55.4	>55.4
	50～54	31.5～45.8	45.9～53.5	53.6～59.9	60.0～69.7	>69.7
	55～59	25.9～31.4	31.5～38.5	38.6～43.9	44.0～50.7	>50.7
	60～64	21.5～26.9	27.0～34.4	34.5～40.4	40.5～47.5	>47.5
	65～69	21.0～24.9	25.0～32.0	32.1～38.1	38.2～44.8	>44.8
女	20～24	18.6～21.1	21.2～25.7	25.8～29.8	29.9～35.0	>35.0
	25～29	19.2～21.7	21.8～26.1	26.2～30.1	30.2～35.3	>35.3
	30～34	19.8～22.3	22.4～26.9	27.0～30.9	31.0～36.1	>36.1
	35～39	19.6～22.3	22.4～27.0	27.1～31.2	31.3～36.4	>36.4
	40～44	19.1～22.0	22.1～26.9	27.0～31.0	31.1～36.5	>36.5
	45～49	18.1～21.2	21.3～26.0	26.1～30.3	30.4～35.7	>35.7
	50～54	17.1～20.1	20.2～24.8	24.9～28.9	29.0～34.2	>34.2
	55～59	16.3～19.2	19.3～23.5	23.6～27.6	27.7～32.7	>32.7
	60～64	14.9～17.1	17.2～21.4	21.5～25.5	25.6～30.4	>30.4
	65～69	13.8～16.2	16.3～20.3	20.4～24.3	24.4～29.7	>29.7

二、俯卧撑测试

俯卧撑反映人体上肢、肩背部肌群的力量及其耐久力。这项测试适用于20~39岁、男性人群。测试方法为:受试者双手撑地,手指向前,双手间距与肩同宽,身体挺直,屈臂使身体平直下降至肩与肘处于同一水平面,然后将身体平直撑起,测试结果均以次数表示,次数越多水平越高。评价标准见7-7。

表7-7 《国民体质测定标准》俯卧撑评价标准(次)

性别	年龄(岁)	1分	2分	3分	4分	5分
男	20~24	7~12	13~19	20~27	28~40	>40
	25~29	5~10	11~17	18~24	25~35	>35
	30~34	4~10	11~15	16~22	23~30	>30
	35~39	3~6	7~11	12~19	20~27	>27

三、引体向上

做单杠悬垂引体向上这个动作简单易行,能够衡量一个人的上肢与背部力量,适用于健康成年男子。由于是以体重为阻力,身高体重的人自然没有优势,而且对于规范动作标准的掌握(是否允许摆动身体)也会对测试结果产生影响。评价标准为,完成次数少于6次为低,6~10次为中,10次以上为高。

四、1分钟仰卧起坐测试

1分钟仰卧起坐反映人体腰腹部肌群的力量及其耐久力,适用于20~39岁、女性人群。需要的器材有垫子和秒表,测试时,受试者仰卧于垫子上,两腿稍分开,屈膝成90°左右,两手指交叉抱于脑后,由同伴压住双脚以固定下肢,受试者起坐时两肘触及或超过双膝为完成1次,还原为仰卧位时两肩胛必须触垫,记录1分钟内完成的次数。评价标准见7-8。

表7-8　《普通人群体育锻炼标准》1分钟仰卧起坐评价标准(次/分钟)

性别	年龄(岁)	1分	2分	3分	4分	5分
男	20~24	23~27	28~35	36~47	48~55	56以上
	25~29	20~25	26~33	34~45	46~50	51以上
	30~34	16~20	21~28	29~39	40~46	47以上
	35~39	12~18	19~25	26~35	36~42	43以上
女	20~24	12~21	22~28	29~38	39~47	48以上
	25~29	10~19	20~26	27~35	36~44	45以上
	30~34	8~17	18~24	25~32	33~41	42以上
	35~39	6~14	15~22	23~28	29~38	39以上

第四节　柔韧性评定

人体的柔韧性,主要与自身各关节的活动幅度大小有关,关节的活动幅度越大,柔韧性程度越好,同时也与跨过关节的韧带、肌腱、肌肉等的延展性有关。身体缺乏柔韧性会影响体育锻炼的效果。经常参加体育活动,有助于保持和增强身体的柔韧性,从而有利于肌肉动作的完成和速度的发挥,也有利于预防软组织损伤。

下面介绍两种常用的柔韧性测试方法。

一、坐位体前屈测试

坐位体前屈。使用坐位体前屈测试仪测试。即测试时,受试者坐在垫上(或平坦的地方),双腿伸直,脚跟并拢,脚尖自然分开,全脚掌蹬在测试仪平板上,然后掌心向下,双臂并拢平伸,上体前屈,用双手中指指尖推动游标平滑前移，直至不能移动为止（图 7-5）。测试结果以厘米表示，距离越长表示柔韧性越好。评价标准见表 7-9。

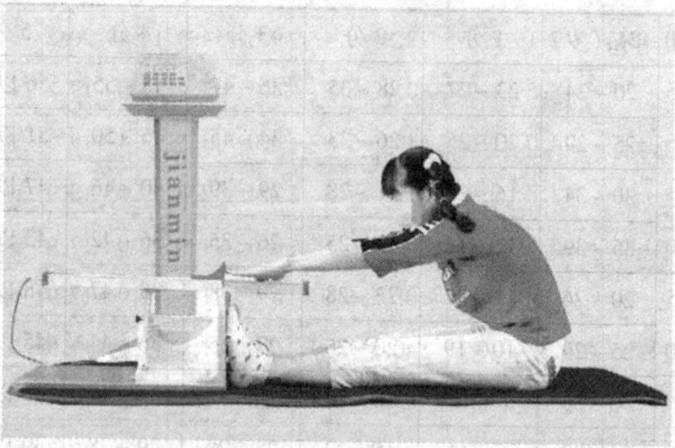

图 7-5　坐位体前屈测试

表 7-9　《国民体质测定标准》坐位体前屈评价标准（厘米）

性别	年龄（岁）	1 分	2 分	3 分	4 分	5 分
男	20～24	-3.5～1.7	1.8～8.9	9.0～14.1	14.2～20.1	>20.1
	25～29	-5.5～0.9	1.0～7.8	7.9～13.4	13.5～19.7	>19.7
	30～34	-0.7～-0.1	0.0～6.4	6.5～11.9	12.0～18.3	>18.3
	35～39	-8.7～-2.4	-2.3～4.9	5.0～10.7	10.8～17.1	>17.1
	40～44	-9.4～-3.8	-3.7～3.9	4.0～9.9	10.0～16.2	>16.2
	45～49	-10.0～-4.4	-4.3～3.2	3.3～9.1	9.2～15.9	>15.9
	50～54	-10.7～-5.6	-5.5～2.1	2.2～7.9	8.0～14.8	>14.8
	55～59	-11.2～-6.3	-6.2～1.7	1.8～7.2	7.3～13.8	>13.8
	60～64	-12.6～-7.8	-7.7～0.9	1.0～6.7	6.8～13.1	>13.1
	65～69	-13.6～-9.4	-9.3～-1.6	-1.5～4.6	4.7～11.7	>11.7

续表

性别	年龄（岁）	1分	2分	3分	4分	5分
女	20~24	-2.1~2.8	2.9~9.4	9.5~14.3	14.4~20.2	>20.2
	25~29	-3.5~1.9	2.0~8.2	8.3~13.9	14.0~19.7	>19.7
	30~34	-4.0~1.6	1.7~7.9	8.0~13.3	13.4~19.2	>19.2
	35~39	-4.8~0.9	1.0~7.3	7.4~12.9	13.0~18.9	>18.9
	40~44	-5.9~0.1	0.2~6.5	6.6~11.9	12.0~17.9	>17.9
	45~49	-6.3~-0.1	0.0~6.1	6.2~11.8	11.9~17.9	>17.9
	50~54	-6.5~-0.6	-0.5~5.9	6.0~11.4	11.5~17.9	>17.9
	55~59	-6.6~-0.8	-0.7~5.7	5.8~11.1	11.2~17.7	>17.7
	60~64	-7.5~-2.0	-1.9~5.2	5.3~11.3	11.4~17.7	>17.7
	65~69	-8.2~-3.1	-3.0~4.0	4.1~10.0	10.1~16.4	>16.4

无该测试仪也可进行测试，方法同上，只是脚掌与地面垂直，双手尽量向脚尖移动，用尺子测量与脚尖的距离，手过脚尖越多越好。女性不管年龄大小都应过脚尖，男性都应摸到脚尖。年轻人比这个标准要高，要过脚尖5~10厘米以上。

二、肩部柔韧性测试

肩关节柔韧性是指肩关节活动幅度，可以反映肩关节的灵活性和活动幅度。肩关节柔韧性测试，最常用的是双手背勾测试，俗称“摸背试验”，测量器材采用尼龙带尺。测试方法为：受试者自然站立，两腿自然分开，右臂上举，呈旋内位置，肘关节弯曲，前臂稍旋内，右手心紧贴背部，从右肩上方尽量向后下伸；左臂肘关节弯曲，前臂旋内，手背紧贴背部，尽量向上伸。在测试过程中，左、右手尽量相互靠近，用带尺测量两手中指尖在后背之间的距离或重叠的距离(以厘米为单位,精确到小数点后1位)。在完成右手在上的测试后,以相反的方向进行测试(即左手再上)。需要注意的是,本测试不适用于肩周炎患者;另外,为避免受伤,在完成测试前,应进行短时间的牵拉练习作为热身活动。评价标准见表7-10。

表7-10 肩关节柔韧性的评价标准

右手在上得分	左手在上得分	柔韧性等级
<0	<0	很差
0	0	较差
2.5	2.5	一般
5	5	较好
7.5	7.5	好
10	10	优秀

第五节 平衡能力评定

平衡能力反映了身体的肌肉力量及其协调能力、中枢神经系统处理信息的速度、各种感觉器官的功能及灵敏程度,是一个人身体综合素质的体现。一般而言,平衡能力随年龄增长而下降,因此年轻人要明显好于老年人,此外,其水平与受测者的下肢支撑能力和本体感觉有关。

测试平衡能力的常用方法是闭眼单脚站立,能反映人体的静态平衡能力。测试方法很简单,受试者自然站立,当听到“开始”口令后,抬起任意一只脚,同时测试者开始计时,当受试者支撑脚移动或抬起脚着地时,测试者停表。测试结果以秒来表示,时间越长平衡能力越好。60秒以上者为良好;30秒~60秒者为一般;30秒以下者较差。

附：科学健身运动问答（一）——理论与应用

1. 运动时为什么会心跳加快？

人体的运动是一个消耗能量的过程，由于运动参与器官的能量的消耗增多，人体要对贮存于体内的能源物质进行重新调配，同时需要更多的氧气来氧化能源物质。这就需要血液的快速运输，而血液的快速运输依赖于心脏的快速有力收缩来实现。因此运动时心跳会加快，加快的程度取决于运动需要能量的多少，运动的强度越大，心跳增加越明显。

2. 如何防止运动后出现“重力休克”现象？

人在持续的长时间较大强度的运动后，由于肌肉中血管的扩张，大量的血液贮存于下肢血管中，如果马上停止，重力的作用会使这部分血液返回心脏的速度减慢，这时会感觉头部缺血，造成头昏眼花的现象，称为“重力休克”现象。防止重力休克现象的出现，要求在运动后不要马上静止下来，而是要继续走走，这样通过下肢肌肉的收缩帮助下肢的血液回到心脏。

3. 耐力运动中出现的“极点”是怎么一回事？

人在持续的长时间较大强度的运动中，会出现难受的感觉，这就是所谓的“极点”现象。极点是由于人体的供能、供氧系统跟不上运动的需要造成的。要推迟极点的出现和减小极点的反应，主要是要做好准备活动，同时注意运动时强度要慢慢增加。当极点出现后，可以适当降低运动强度，同时加强呼吸来缓解。

4. 运动中用嘴呼吸，还是用鼻呼吸好？

运动时，人体的氧气需求增多，需要人体加强呼吸来实现。由于呼吸道的结构特点，用鼻子呼吸时，呼吸的阻力增加，同时无效腔增加，但用鼻呼吸可以更好地湿润空气和阻挡空气中的灰尘。

因此，运动中用嘴呼吸，还是用鼻呼吸好取决于季节、环境和运动的氧气需求。环境温度适宜，空气清新，运动需要的氧气较多，用嘴呼吸好，反之用鼻呼吸好。

5. 运动中憋气的利与弊？

运动中，许多动作完成时需要憋气，因为憋气时人体的胸廓和骨盆得到了固定，便于上下肢肌肉运动时获得稳固的支撑，能使肌肉力量增大。但是憋气时，胸腔和腹腔的压力骤然增加，会造成血液回心脏的困难，时间延长的话可产生头昏眼花、甚至眩晕（休克）。因此，对于有心血管疾病的人来说，运动中不能长时间地憋气。

6. 跑步过程中肚子疼是怎么回事？

跑步运动过程中的肚子疼是普遍的现象，其产生的原因主要有四个方面。一是跑步时没有充分准备，如果跑步的速度较快，则内脏器官的活动不能够适应肌肉活动的需要，造成内脏局部的血液淤积，引起疼痛；二是跑步前吃得过饱或刚吃完饭就跑步，由于胃肠受到震动，牵拉了肠系膜，也会造成疼痛；三是吃了容易产生气体的食物，如薯类、豆类等，由于跑步时，消化道蠕动的减慢，这些食物产生的气体积聚在肠道中也会引起胀痛；四是一些消化道疾病患者，如肝胆疾患，可因运动诱发腹痛。

7. 运动后吃东西有讲究吗？

运动后吃东西包括了运动后短时间内吃东西和正常用餐两个方面。运动后短时间内吃东西，主要应避免吃得太多，同时要避免吃冷饮之类的东西，可以适当吃一些易于消化的食物，主要是适当补充一些水分。运动后的正常用餐，则要注意平衡膳食，适当补充一些蛋白质即可。

8. 运动后体重下降的原因是什么？

仔细观察的人会发现运动后体重比运动前要低一些，长时间运动后这种现象更加明显。运动后体重的下降，主要是运动过程中人体向外排出汗液的缘故。运动中的出汗，除了我们看得见的“显性汗”，还有一些看不见的“非显性汗”，因此有些人虽然没感觉出汗，但还是表现出体重的下降。这种体重下降，一般随运动后的水分补充，很快就能恢复。

9. 运动时为什么有人出汗多，有人出汗少？

运动时由于物质代谢的增强，人体的产热量会明显地增加，出汗就很正常了。但是由于每个人的汗腺多少受到遗传等因素的影响，汗腺多的人自然分泌的汗液就较多。另外，较胖的人由于皮肤的散热能力较差，因此产热主要通过出汗散发，所以胖人运动时出汗较多。

10. 瘦人锻炼后会更瘦吗？

瘦人锻炼后是否会变得更瘦，要看锻炼的内容和方式，同时要看锻炼后的饮食习惯。一般来说，如果瘦人锻炼以长时间的耐力运动为主，同时不注意饮食的营养物质供给，则可能会变得更瘦。但是如果瘦人以一定强度的力量运动为主，同时在运动后增加一些营养，特别是蛋白质营养，则锻炼能使瘦人变得强壮。

11. 健身运动停下来就会发胖吗？

人体变胖是因为从食物中摄取的热能大于人体活动消耗的热能，多余的热能以脂肪的形式储存起来的缘故。如果有较长时间不参加健身运动，每天照吃不误，那么多余的热量就会变成体脂，引起发胖。因此，如果因为一些原因不得不中断健身运动，那么有意识地控制一下饮食，使得热量的摄取与输出平衡，这样就可以控制发胖。

12. 为什么运动后会出现肌肉酸痛？

运动后的肌肉酸痛主要有两个方面的原因。一是人体运动时，由于在肌肉内进行的能源物质代谢会产生大量的代谢产物，尤其是强度大一些的运动产生的乳酸，在运动停止后不能及时得到消除，会刺激肌肉产生疼痛的感觉；二是由于对运动的不适应，如突然地运动或突然地大强度运动，这会导致运动肌肉的部分微细损伤，这种损伤在运动后会引起肌肉的疼痛。因此，运动需要遵循循序渐进的原则。

13. 运动中肌肉抽筋是怎么回事？

运动是人体肌肉的收缩和舒张协调活动的结果，而无论是肌肉的收缩还是舒张均需要能量的供应。当人体在进行长时间的大强度运动时，由于体内能源物质的大量消耗，加上人体内环境的紊乱，会造成能源物质不能及时供给肌肉的放松，导致肌肉的持续收缩而得不到舒张，这就是肌肉抽筋。游泳运动中出现的抽筋，则主要是由于水温低，人体血管收缩造成了能源物质供应的困难。

第二篇

健身运动的类型与方法

第八章　健身运动类型

随着我国经济、社会的快速发展,人民群众在满足一般物质需求后,开始越来越重视健康。为了提高体质,促进健康水平,越来越多的普通人群加入到健身运动的浪潮中。为了便于对各种健身运动的价值进行讨论,我们将健身运动分为有氧运动、无氧运动、伸展运动和力量运动,探讨它们各自的作用和如何合理地运用这些健身运动方法。

第一节　有氧运动

一、人体运动的三个供能系统简介

人在运动过程中需要消耗能量,人体供应运动中消耗能量的方式因单位时间内需要的能量多少而不同。人体内有三种“燃烧”能源物质的系统,即磷酸原系统、乳酸能系统和有氧氧化系统。

（一）磷酸原系统

磷酸原系统是由三磷酸腺苷(ATP)和磷酸肌酸(CP)组成的系统(也叫 ATP－CP 系统)。ATP 和 CP 是人体内我们熟知的糖、蛋白质和脂肪以外的能源物质,两者均为高能磷酸化合物,其中

ATP 是人体唯一能够直接分解的能源物质，其他能源物质必须通过将其贮存的能量转化合成 ATP 才能被人体利用。人体内 ATP 和 CP 的贮量很少，一般情况下，其分解与合成的速度一致，因而数量基本不变。只有当人体从事最大强度运动时，才会被大量消耗，人体贮备的 ATP 和 CP 大约只能维持 10 秒钟的最大强度供能。

磷酸原系统供能非常显著的特点就是，供能总量少，持续的时间短，但输出功率高，不需要氧气，不产生乳酸等物质。磷酸原系统是一切高功率输出运动项目的物质基础。数秒钟内要发挥最大能量输出，只能依靠磷酸原系统，如短跑、投掷、跳跃、举重等项目。

（二）乳酸能系统

乳酸能系统是指糖原或葡萄糖在细胞浆内无氧分解生成乳酸过程中，再合成 ATP 的能量系统。乳酸能系统供能大约可以持续 33 秒左右。

乳酸能系统供能的特点是，供能总量较磷酸原系统多，输出功率次之，不需要氧气，产生导致人体疲劳的物质——乳酸。乳酸的产生会导致人体内酸碱平衡的失调，因而不能维持长时间的运动。乳酸能系统是 1 分钟以内要求高功率输出运动的物质基础，如 400 米跑、100 米游泳等。

由于磷酸原系统和乳酸能系统代谢供能时均不需要氧气的参与，因而合称为无氧供能系统，以区别于以糖、脂肪和蛋白质氧化分解的有氧代谢供能系统。

（三）有氧氧化系统

有氧氧化系统是指糖、脂肪和蛋白质在细胞内彻底氧化成水和二氧化碳的过程中，再合成 ATP 的能量系统。从理论上分析，人体内贮存的糖，特别是脂肪是不会耗尽的，因而该系统供能的最大容量可认为是无限的。但该系统是通过逐步氧化、逐步放能再合成 ATP 的，其特点是 ATP 生成总量很大，但速率很低，需要氧气的参与，不产生乳酸类的副产品。

不同运动项目由于其单位时间内需要的能量不同和持续时间的不同，人体动用的功能系统存在很大差异（图 8-1）。并据此将以有氧系统供能为主的运动称为有氧运动，以无氧代谢供能为主的运动称为无氧运动。

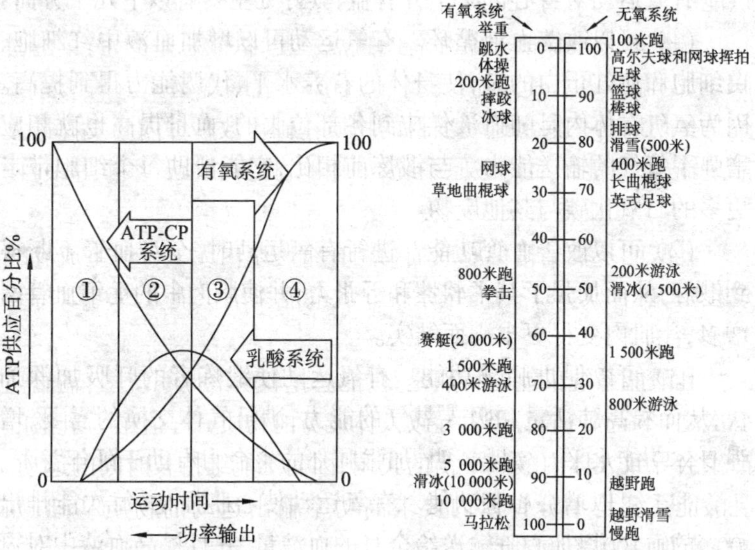

图 8-1　不同强度和时间的供能方式及其对应的运动形式

二、有氧运动的概念

有氧运动，全称叫有氧代谢运动，是指那些以增加体内氧气的吸入、输送及利用为主要目的的耐久性运动。在整个运动过程中，呼吸与心跳加快，人体吸入的氧气量和人体所需要的氧气量相等，也就是说吸入的氧气量基本满足体内氧气的消耗量，达到生理上的动态平衡，没有缺氧情况存在。

有氧运动的特点是：强度低、有节奏、不中断、持续时间较长。

一般来讲，有氧运动对技巧的要求不高，具有代表性的有氧运动包括快走、慢跑、游泳、骑自行车、跳绳、滑雪、健身操、健美操和小负荷重量的力量练习等。

三、有氧运动的健身作用

有氧运动对身心健康十分有益，其好处主要有以下几个方面：

(1) 可以改善血液循环。有氧运动可以增加血液中红细胞、白细胞和血红蛋白的量，使身体的营养水平、代谢能力得到提高。因为氧气在体内是随血液供应到各部位去的，血量提高也就相应增强了氧气的输送能力。与锻炼前相比，它能帮助每个细胞带走更多的二氧化碳与其他废物。

(2) 可以改善血管功能。进行有氧运动时，全身血管不断得到锻炼，从而加强了其柔软性和舒张力，并使肌肉中的毛细血管网增多，让肌肉变得更丰满而结实。

(3) 可以促进肺部功能。有氧运动使锻炼者的呼吸加深加快，从而提高肺活量和吸入氧气的能力，满足气体交换的需要，增强身体功能水平。实践证明，加强肺部的生命力有助于延年益寿。

(4) 可以增强心脏功能。有氧运动使心肌强化，每次能排出更多的血液，增加心脏输送给全身的血液量，并且提高血液中对冠心病有预防作用的"好胆固醇"——高密度脂蛋白的比例，而使甘油三酯的含量下降，有利于保护心血管的健康。

(5) 可以有效调节心率。坚持适当的有氧运动后，心脏体积轻度增加，容积增大，每搏输出量增多，可使心率适度降低，这样心脏就会得到更多的休息。由于心脏的工作能力和储备能力提高，人就能承受更大的负担。

(6) 有助于提高骨密度。随着年龄的增长，人体骨骼中的钙渐渐减少，有氧运动可有效地防止钙的损失，避免骨质疏松症的发生。

(7) 有利于减轻体重。体力活动不足与饮食过量可导致肥胖。有氧运动加上适当的饮食控制,可有效去除体内多余脂肪,减轻体重,并有益于降血压、降血脂和控制血糖。

(8) 可以帮助塑造美好形体。有氧运动有助于弥补形体上的不足,提高肌肉的弹性、伸展性和协调性,使人更富有青春活力。

(9) 可以缓解精神压力。有氧运动是一种积极的情绪调节方式,它可以通过肌体神经系统兴奋性的转移和调节,缓解生活中各种精神压力,起到平衡心理状态和改善睡眠的作用,从而也提高了机体对外部环境的适应能力,减少了患神经衰弱症的可能性。

四、有氧运动的强度、时间

有氧运动要达到比较理想的健身效果,关键是健身运动者对有氧运动锻炼的强度和持续时间的把握。

评价有氧运动的强度通常采用心率,就是健身运动者在进行有氧运动健身时所达到的心率。一般健康人适宜的运动负荷以每分钟最大心率(约为220－年龄)的百分比来表示,研究表明,最大心率×(60%～85%)的心率强度为中等偏上的运动强度。当运动时心率在最大心率的50%以下时,健身锻炼效果不明显。所以有效健身运动的心率应当是达到最大心率的50％以上,但最好不要超过85%。每个人要根据自己的年龄和身体情况选择适宜的运动形式,并达到有效心率。开始锻炼时,选择最大心率的百分比低些,经过一段时间适应后,再逐渐提高最大心率的百分比,以提高健身运动的效果。常用于评定有氧运动强度的还有:最大吸氧量百分比,梅脱值(METs)等。

健身运动者在进行有氧运动健身时,在达到运动强度的前提下,还必须在此强度上保持较长的运动时间。有人提出有氧运动的最低要求是:每次运动不能少于30分钟,每周运动不能少于3次。只有达到这样的运动时间和频率,才能有效增强耐力素质。

每周少于 3 次,每次少于 30 分钟的运动很难起到有氧运动的最佳效果。

五、有氧运动注意事项

(1) 运动前做好热身准备活动。运动前的热身准备活动的好处之一是使心率渐渐提高,让心血管系统逐步做好完成较大强度运动的准备,这样运动起来更安全;二是使各个关节与肌肉的温度、弹性及柔韧性增加,减少运动可能带来肌肉、韧带及关节损伤。准备活动可以先进行柔韧性练习,然后逐一活动身体的各个关节,特别要活动好腕关节、肩关节、膝关节、髋关节及腰背部。做几次深呼吸再开始慢跑或其他有氧运动活动。

(2) 坚持循序渐进原则。无论运动强度还是持续时间,都应该逐步增加,一般经过 2 ~ 3 个星期才能将运动强度调整到最佳,切不可急于求成,盲目冒进,以免发生意外。

(3) 坚持持之以恒的原则。有氧运动是一项长期的锻炼,只有长年累月地坚持练习,才能达到祛病强身、延年益寿的健身运动效果。

(4) 运动时以穿运动服、运动鞋为宜。

(5) 建议运动后适当饮水,以补充水分的丢失和促进代谢。如运动时间较长,每隔 15 ~ 20 分钟就适当喝点水则更好。

(6) 运动后不宜立即用冷水洗浴或吹凉风,否则血管突然收缩不利于代谢废物的排泄。要及时更换汗湿的衣服,避免着凉,尤其是在空调房内。

第二节　无氧运动

健身运动者进行健身活动时,一般采用有氧运动为主,但是也有一些无氧运动，特别是在年轻的健身人群中，无氧运动还是普遍存在的。

一、无氧运动的概念与形式

无氧运动是指以无氧供能占优势的运动。简单地讲就是指那些运动强度大、时间短的运动。根据运动中无氧供能的能量输出功率，无氧运动又可以分成三种强度。

（一）极量强度的无氧运动

在这类运动中，无氧供能占总能量需要量的 90% ~ 100%，其中主要是磷酸原系统供能，坚持这类运动持续的时间通常只有几秒。此类运动包括 100 米跑、短距离场地自行车、50 米游泳和 50 米潜游等。

（二）近极量强度的无氧运动

这类运动也叫混合的无氧强度运动。在这种运动中，无氧供能占总能量需求量的 75% ~ 80%，其中一部分靠磷酸原系统供能，大部分靠乳酸能系统供能，这类运动最常见的运动时间为20 ~ 30 秒。属于这类运动的项目有 200 米和 400 米跑、100 米游泳和 500 米速滑等。

（三）亚极量强度的无氧运动

此类运动也叫无氧有氧强度运动。在这类运动中，无氧供能占总能量需求量的 60% ~ 70%，主要靠乳酸能系统供能，最常见的运动时间大约为 1 ~ 2 分钟。属于这类运动的项目有 800 米跑、200 米游泳、1 000 米和 1 500 米速滑以及 1 000 米场地自行车等。

二、有氧无氧运动

许多健身运动项目，如球类运动，很难用有氧运动和无氧运动来加以区分，更多的是有氧运动和无氧运动的结合，只是两者所占比例的不同而已。显然，图 8 - 1 中展示的比例是以竞技运动（比赛)的数据为参考得到的,在实际的健身运动中通常无氧运动所占的比例要小许多。健身运动者在实际运动中把握有氧运动与无氧运动,可以用运动后的心率来粗略地衡量,一般来说运动后的心率超过每分钟 150 次的为无氧运动;也可以简单地用呼吸状态来考察,运动过程中呼吸较平稳,尚能够讲完整的句子,则为有氧运动,如果呼吸急促,不能说完整的句子,则为无氧运动。

三、无氧运动注意事项

(1) 重视运动前的准备活动和运动后的整理活动。由于无氧运动的运动强度很大,在进行无氧运动前,一定要做好充分的准备活动,包括对肌肉、韧带的牵拉,并且准备活动的强度、时间、活动量都较有氧运动时要大很多,让人体充分活动开,以防在进行激烈运动时发生意外。无氧运动结束后要做好整理活动,这对健身运动者身体疲劳的恢复有重要的作用。

(2) 无氧运动应因人而异。某些人群不适合进行无氧运动,如高血压、心脏疾病等,此类练习者进行无氧运动,特别是需要进行憋气动作时,是非常危险的。

第三节 伸展运动

在进行正式的健身锻炼前,健身运动者应进行一些准备活动,以提高肌肉、关节的活动度,增加自身的柔韧性,避免在健身锻炼中发生拉伤、扭伤等运动损伤。在这些准备活动中,健身运动者经常采用压腿、转腰、活动关节等方式,提高肌肉、关节的活动度,提高在锻炼时的肌肉、关节的柔韧性。其实,这些活动都属于伸展运动,但伸展运动并不等同于准备活动,它可以被看成是准备活动的一个延续,也可以看成是准备活动的一个组成部分。

一、伸展运动概述

（一）伸展运动的概念

柔韧性是指肌肉、关节进行最大幅度运动的移动能力。伸展是指肌肉、韧带和肌腱等结缔组织和其他组织被拉伸的过程。简单地说，伸展运动就是指通过一定的运动动作，对自身的肌肉、韧带、肌腱等进行牵拉，使其在一定的范围内被拉长的过程。伸展运动的目的就是通过牵伸来改善我们身体的柔韧性。

（二）伸展运动的好处

（1）可以发展练习者的柔韧性。当结缔组织和肌肉受到有规律的正确的牵引时，柔韧性得到发展。与此相反，当这些组织一段时间得不到牵伸和锻炼时，柔韧性就会消退。

（2）可以减少运动损伤发生的危险。在运动前进行充分的牵伸练习，充分调动肌肉和韧带的活动灵活性，可以有效预防运动过程中可能产生的运动损伤。

（3）可以帮助促进恢复。运动后进行适当的牵伸活动，充分调整和捋顺肌肉的正常顺序，可以帮助练习者的身体疲劳恢复。

二、伸展运动的方式

伸展运动主要目的就是通过对肌肉、结缔组织的牵伸来增加柔韧性。牵伸是指拉长的过程。牵伸联系可以通过多种方式来完成。在我们普通健身人群中，静力性牵伸、冲击性和动力性牵伸、主动牵伸由于对外界条件的要求较低，最经常被普通健身运动者所采用。

（一）静力性牵伸

静力性牵伸是指拉伸至最大长度并在这一长度进行保持的过程。在普通健身人群中经常看到的劈叉就是静力性牵伸的典型动作。静力性牵伸不仅安全，而且几个世纪以来被瑜伽气功练习者证实是提高柔韧性的一种有效方式。

静力性牵伸对普通健身运动者而言,有较多的优点。静力性牵伸比较容易学习,也比较容易练习;进行静力性牵伸时,练习者消耗的能量比较少,对年龄较大、体质较差的健身运动者尤为适合;同时,在进行静力性牵伸时,练习者可以比较容易控制练习的强度,不易发生损伤。静力性牵伸也存在缺点,主要体现在静力性牵伸不具有特异性,对提高协调性的作用很小,同时,静力性牵伸不宜单独使用,因为它有潜在的消弱肌肉能力的作用。

(二)冲击性和动力性牵伸

冲击性牵伸包括振动、弹回、反弹和节律性运动。在冲击性牵伸中,牵伸的动力主要来源于躯体或四肢的移动,来迫使活动范围增加。这种牵伸技术是最有争议的牵伸方法,如练习不当,容易造成肌肉疼痛和损伤。

(三)主动牵伸

主动牵伸是以自身肌肉在没有外力协助的条件下完成的。主动拉伸可以被分成两种主要类型:自由主动拉伸和抗阻主动拉伸。当肌肉在没有额外的外部抵抗力的情况下产生运动时发生自主练习或牵伸。在抗阻主动牵伸中,练习者用主动肌的收缩对抗外力产生运动。

(四)常用牵伸方法介绍

1. 大腿后部肌肉拉伸的方法

坐在地上,右腿在体前伸直,左腿弯曲,外侧贴近地面,与右腿组成三角形,背部挺直,从胯部开始前倾,双手抓住右脚脚尖,保持这个姿势30秒,手触脚尖时不允许有弹动式动作(触不到脚尖也没关系)。换腿做。每条腿拉伸3~5次。

2. 大腿内侧肌肉拉伸的方法

方法一:坐姿,双脚脚底在身前相互贴紧,膝盖向外撑并尽量靠近地面,双手抓住双脚踝,保持这个姿势10秒,放松,然后重复

3～5 次。

方法二：坐姿，双脚在体前伸直并分开，保持背部和膝盖部挺直，从胯部向前屈体，双手从腿内侧去抓住双腿的脚踝，保持这个姿势，感觉大腿内侧被拉紧，放松，然后重复 3～5 次。

3. 小腿后部肌肉拉伸的方法

俯身，用双臂和一条腿（伸直，脚尖着地）支撑身体，另一条腿屈于体前放松，身体重心集中于支撑脚的脚尖处，脚跟向后、向下用力，感觉到小腿后部肌肉被拉紧，保持紧张状态，数 10，放松，重复 3 次，然后换另一条腿做 3 次。

4. 背部肌肉拉伸的方法

坐姿，双腿在提前贴紧伸直，上身前倾用手指去碰触脚尖，尽量让腹部和胸部靠近腿部，保持 20 秒，放松。然后重复 3～5 次。

三、伸展运动的持续时间、频率、次数和强度

关于伸展运动的持续时间、频率、次数和强度有很多争议，意见还不统一。对于我们普通健身运动者而言，我们在进行伸展运动时，最主要考虑是我们做伸展运动的目的，根据自身健身的总体目的，进行针对性的、有侧重的伸展运动。

（一）伸展运动持续的时间

对于伸展运动的持续时间，大多数专家建议每种伸展动作持续 6～30 秒。有研究表明，有些肌腱进行持续 30 秒的静力性牵伸和进行持续 60 秒的静力性牵伸，其效果是相同的。该研究建议重复 2～3 次的牵伸，每次持续 10 秒和只做 1 次，每次持续 20～30 秒。原因是，柔韧性的缺乏首先是因为肌腱等结缔组织，而结缔组织的暂时性或永久性变形最容易被力量小且持续时间长的牵伸来促成。

（二）伸展运动的频率和次数

对于每种牵伸动作连续重复的次数和组数，通常每种动作重

复 8～12 次是比较适宜的，并且以此次数作为 1 组，每次牵伸时进行 3～6 组。对于不同的健身运动者而言，可以按照自身的实际情况，进行牵伸动作每组次数和组数的自由组合进行锻炼。作为一般原则，为了维持柔韧性，作为普通的健身运动者，最好每天进行 1 次牵伸，每周至少进行 3～5 次。

（三）伸展运动的强度

由于每个人的柔韧性不尽相同，有的人柔韧性好，有的人柔韧性差，在进行牵伸时，应以自身的主观感觉为牵伸强度的评价标准，一般而言，牵伸至紧张但不疼痛时恰到好处，切忌牵伸过度，以免发生因过度牵伸而引起的肌肉拉伤、扭伤等。刚开始进行牵伸时，练习者会感觉到肌肉僵硬和疼痛，但通过一段时间牵伸锻炼后，练习者的柔韧性将会得到增加。同样道理，如果练习者停止牵伸锻炼，经过一定时间后，先前所获得的柔韧性又会消失。

四、伸展运动注意事项

伸展运动虽然对维持和发展练习者的柔韧性有重要的作用，也是我们健身运动者在健身活动中必不可少的一项活动，但是，如果在进行伸展运动时，锻炼不当，不仅不能提高练习者的柔韧性，甚至还会引起运动伤害。在进行伸展运动时，需要注意以下几点：

1. 在进行伸展运动前，必须做好必要的准备活动

好的准备活动不仅可以提高我们的体温，使血流量增加，同时，通过做准备活动，使练习者的心率得到提高，从而使心血管系统处于良好的状态；好的准备活动还有利于提高神经系统的功能，使神经系统处于良好的应激状态，提高了反映速度等。准备活动适当可以提高练习者身体的活动能力，还可以有效地预防伸展运动中可能发生的损伤，因此在进行正式的伸展运动前，一定要做好必要的准备活动。

2. 在进行伸展运动时,需注意牵伸的方式、持续时间、次数、强度的合理把握

在进行伸展运动时,牵伸的方式、持续时间、次数、强度等,健身运动者要根据自身身体的实际情况加以选项和把握。普通市民参加健身的主要目的就是增强体质,而且部分健身运动者本身就已经存在某些疾病或损伤,在进行伸展运动时,要根据自身的实际情况选择牵伸的方式,同时要以自身的感受作为判定牵伸强度的唯一标准,不可盲目追求动作的优美、标准。

3. 在进行伸展运动时,也要遵循循序渐进的原则

在刚开始进行牵伸练习时,可以选择难度较低,比较容易做到的牵伸方式进行牵伸练习。经过一段时间的练习后,再逐步增加牵伸的方式、持续时间以及牵伸动作的幅度等。

4. 当出现下列问题时,不要进行牵伸练习

这类问题主要包括关节固定不牢,关节内或关节周围确诊或疑似有急性或慢性的炎症,最近发生过骨折或拉伤、扭伤,还有骨质疏松或血管、皮肤疾病等。如果有此类问题,应该事先向有关的专业医生进行咨询,以确保牵伸的安全。

第四节　力量性运动

一、力量性运动的概念

肌肉力量是绝大多数运动形式的基础。肌肉的力量可表现为绝对肌肉力量、相对肌肉力量、肌肉爆发力和肌肉耐力等几种形式。通常我们所讲的肌肉力量是指绝对肌肉力量,它是其他几种肌肉力量形式的基础。力量性运动是指以提高肌肉力量为目的而进行的各种运动。肌肉的力量受多方面因素的影响,主要有肌纤

维的横断面积、肌纤维类型和运动单位、肌肉收缩时动员的肌纤维数量、肌纤维收缩时的初始长度、神经系统的功能状态、性别和年龄等。

二、力量性运动的原则

为了有效提高力量性运动的锻炼效果，获得最大肌肉力量，普通的健身运动者在力量性运动锻炼过程中应遵循以下的基本原则。

1. 大负荷原则

大负荷原则是指有效提高最大肌肉力量，肌肉所克服的阻力要足够大，阻力应当接近（至少超过肌肉最大负荷能力的2/3以上）或达到甚至略微超过肌肉所能承受的最大负荷。通常低于最大负荷80%的力量练习对提高最大肌肉力量没有明显的作用。

2. 渐增负荷原则

在力量练习的过程中，随着练习水平的不断提高，肌肉克服最大阻力的能力也在逐渐提高，练习者要随着这种变化，逐步增加负荷，使在练习的各个阶段，肌肉始终保持经常处于大负荷的状态，这样才能有效地逐步提高最大肌肉力量。

3. 负荷顺序原则

负荷顺序原则是指进行力量训练的过程中，应该考虑到前后练习动作的合理性和科学性。总的来说应遵循先练大肌肉、后练小肌肉，前后相邻的两个动作避免使用同一群肌肉的原则，这样可以有效避免肌肉的疲劳和损伤。

4. 合理练习间隔原则

合理练习间隔原则是指两次力量练习的时间间隔要适宜，以提高练习的效果。间隔时间太短，容易发生疲劳和损伤，间隔时间太长，则前一次练习的效果得不到巩固和提高。通常较小的力量练习在第二天就可以重复进行，中等强度的力量练习应隔天进行，而大强度的力量练习一周进行 1 ~ 2 次即可。

三、力量性运动的强度

在日常的力量性运动的健身中,我们经常接触到的强度的表示方法是多少千克这样的具体数值,如某人卧推 75 千克,这是绝对强度,它的优点是简单明了,但它有一个明显的缺点,就是不能体现不同人之间的差异,因为人与人之间存在性别、年龄、锻炼水平等差异。为了体现人与人之间在力量性练习上的差异,我们可以用相对强度对力量性练习的强度进行表述,即用最大重复次数(RM)来表示力量练习的负荷强度。最大负荷次数是指肌肉收缩所能克服某一负荷的最大次数。最大负荷次数越小,表示练习者对该负荷的重复次数越少,负荷强度越大。对于普通健身运动者而言,在进行力量练习时,可采用 12 ~ 15 次最大重复次数(12 ~ 15RM)即可。如果目的是发展人体的有氧耐力或肌肉耐力,则可用更轻一些的负荷重量,最大重复次数可达 15 ~ 30 次(15 ~ 30RM)。

随着练习者锻炼水平的不断提高,进行同等数量的最大重复次数力量练习时,练习者所克服的阻力也会随着肌肉力量的增大而逐步增大,但练习者的最大重复次数没有发生变化,既没有增加,也没有减少,还是维持在原来进行力量练习时的最大重复次数。

在安排力量练习的次数和频度时,对普通健身运动者而言,大强度力量练习每周安排 1 ~ 2 次即可满足健身的需要,中小强度的力量练习可以根据自己的实际情况安排 2 ~ 3 次练习即可。

四、力量性运动注意事项

(1) 在进行力量性运动前一定要做好准备活动,特别是要充分做好伸展活动,对肌肉和韧带进行充分的牵拉,尤其是在进行大强度力量练习时,防止发生肌肉拉伤。

（2）在进行力量性运动后一定要重视整理活动，尤其是在进行大强度力量练习时，通过对肌肉、韧带的彻底地、充分地牵拉，可以有效帮助健身运动者更好地恢复身体疲劳。

（3）在进行力量性运动时，要注意安全。在进行力量练习时，可以采用双人练习的方式进行，一人练习，一人进行保护，交替进行，防止发生意外。

（4）在进行力量性运动时，应遵循力量性运动的原则，以达到更好的练习效果。

（5）在进行力量性运动时，健身运动者一定要根据自身的实际情况，量力而行，切不可盲目地相互攀比绝对力量的大小，以防发生意外伤害。

第九章　常用健身运动方法

在我们日常的健身活动中，有很多健身方法可供健身运动者选择。这些健身方法有的简单，有的相对复杂。不管是哪种健身方法，只要锻炼得当，持之以恒，大多数均能达到一定的健身效果。这里，我们将几种常用的健身方法介绍给健身运动者，供健身运动者在健身时选择使用。

第一节　走与跑

走与跑是人类最基本的活动技能之一。随着社会生产力的发展及社会文明的进步，人们早已从简单的劳动中走出来，不再把走、跑看成是谋生的基本活动技能，而是当作增进健康和增强体质的手段和方法，特别是在当今社会更是如此。在发达国家中，人们进行走、跑运动更多是健身的需要，因为走、跑运动动作技术简单而易行，并且不受任何场地设施条件的限制，容易被人们接受。走与跑在作为竞技运动项目的同时，也是大众健身的活动项目之一。

这里，我们主要为健身运动者介绍步行、倒走和慢跑三种最常见的健身方法。

一、步行

（一）步行概述

走路不仅是人的基本活动，还是一种锻炼身体、增进健康的有效方法，特别是对中老年人和体弱者更是如此。步行突出的优点就是任何人在任何时间、任何地点均可进行，步行速度快慢、时间长短健身运动者可以随意控制，而且不易受伤。步行的缺点是达到一定的健身效果需要的时间较长，与慢跑相比，需要多1倍的时间，才能取得同样的健身效果。

决定步行运动量大小的是步行的速度和时间。普通步行至少需要20分钟的持续运动才能产生运动效果；散步更多的是取得精神上和躯体上的放松。运动医学研究发现，大步走是一种非常好的有氧健身运动。

（二）步行的健身作用

（1）步行可以改善心脏血液循环。较快速度的步行可使心跳加快，血流加速，对心脏是一种很好的锻炼，在一定程度上改善冠状动脉的血液循环。

（2）步行可以保持良好体形。长时间的和快速度的行走可增加能量的消耗，促进体内多余脂肪的利用。结合适当的饮食控制，可避免发胖，保持良好体形。

（3）步行有助于延缓和预防骨质疏松，能延缓退行性关节的变化，消除风湿性关节炎的某些病症。

（三）步行的方法

正确的健身步行是步幅比一般步行大，上体正直，两臂前后摆动，呼吸自然。专家认为，正常人每天步行不少于60分钟或1万步，就可以帮助促进身体健康。

自然正确的走姿是躯干正直，自然挺胸，头部与躯干保持一致，且正视前方，两臂靠近身体两侧自然前后摆动，迈步时，膝关节和脚尖都正对前方，两脚内侧基本是沿一条直线向前迈步；脚着地时，以脚跟先着地再过渡到全脚掌；脚着地后，脚尖向前略偏外。

正确的走姿，不仅反映一个人的美育和体育素养，给人们建立一个美的形象，同时还能促进人体各器官正常的生长和发育，因此，我们要形成正确的走的姿势。

(四) 步行注意事项

(1) 步行前要做好必要的准备活动。虽然步行的运动强度不大，但是健身运动者也要重视做好必要的准备活动，特别是在天气较冷的冬季。

(2) 步行时应穿透气性较好的软底运动鞋，最好穿棉布袜。穿软底运动鞋不仅可以防滑，而且在较长时间的步行过程中，脚也比较舒适，利于长期坚持步行。

(3) 步行时要及时补充水分。在步行过程中要适当补充一些水分，特别是在比较炎热的夏季，由于出汗较多，更应注重水的及时补充。

(4) 步行时要注意安全。由于步行一般在道路、公园进行，要防止滑倒、摔跤等，在道路上步行，还应注意过往车辆。

(5) 步行结束时应做好整理活动。做好必要的整理活动可以有效帮助健身运动者尽快消除因健身产生的疲劳，利于保持良好的精神状态。

二、倒走

(一) 倒走运动概述

倒走与平时的正走相反，是一种反序运动。倒走这种健身运动起源于20世纪70年代，当时一些跑步运动员在受伤后会通过这种方法进行恢复练习。医生们后来建议，倒着走可以成为一种身体锻炼的方法，因此棒球运动员或是田径运动员经常会在热身时倒着走或是倒着跑。在欧洲，几年前就开始有倒着跑的比赛项目,从短跑一直到26英里远的马拉松。近年来,倒走运动也经常被我国普通健身运动者所采用。

(二) 倒走运动的健身作用

(1) 可以有效锻炼腰背部肌肉。倒走需腰身挺直或略后仰,这样脊椎和腰背肌将承受比平时更大的重力和运动力,使向前行走得不到充分活动的脊椎和背肌受到锻炼,有利于气血调畅。整日伏案工作或学习的人,采用这种方法能有效地消除疲劳和腰背酸痛之苦。

(2) 可以有效进行减肥。研究表明,倒走比向前走所消耗的热量要多,更有利于减肥。

(3) 可以有效促进青少年身体发育。研究表明,青少年采用倒走也有益于躯干发育,减少鸡胸、驼背的发生率。

(4) 可以有效锻炼下肢的关节和韧带。倒走时,双腿要用力挺直,膝盖不能弯曲,这就增加了膝关节、股肌承受重力的强度,从而会使膝关节周围的肌肉、韧带、股肌都得到锻炼。因后退走脚尖是虚着地,主要靠踝关节和足跟骨用力,又使这些相应部位的功能得到了锻炼。

(5) 可以有效提高人体的平衡能力和反应能力。行走时,要留意运动方向,因而对空间和知觉的感知能力将得到锻炼而增强;还要掌握平衡,以防摔倒,因而将会使主管平衡作用的小脑也受到积极的训练,使小脑调节肌肉紧张度及协调随意运动等功能得到增强,从而有利于提高人的反应能力。

(6) 可以有效弥补其他正向锻炼的不足。倒走与向前走使用的肌群不同,可以弥补后者的不足,给不常活动的肌肉以刺激。现代医学研究证实,倒走可以锻炼腰脊肌、股四头肌和踝膝关节周围的肌肉、韧带等,从而调整脊柱、肢体的运动功能,促进血液循环。长期坚持倒走对腰腿酸痛、抽筋、肌肉萎缩、关节炎等有良好的辅助治疗效果。更重要的是,由于倒走属于不自然活动方式,可以锻炼小脑对方向的判断和对人体的协调功能。

(三) 倒走运动的基本方法

倒走是一种反序运动,有一定的难度和危险度,因此,要有正确的方法和技巧。

1. 倒走的基本姿式

倒走有三种基本姿势,适用于不同的练习者。双手叉腰式由于练习者容易掌握身体重心,保持平衡,比较安全,适于高龄、多病和初学者;动肩摆臂甩手式可使全身得到运动,取得整体的协调和平衡,适于倒走较熟练者;曲肘握拳式可减少进行中的阻力,加快速度,适用于倒走有素的倒跑者。几种姿式也可交替运用,取长补短,以自己最适应为宜。

2. 倒走时脚的动作

倒走时,先用右或左脚向后退,脚尖先着地,脚跟后着地。频繁的脚尖活动,刺激着脚上的经络、穴位和全身各部的反射区;变换着关节的角度,增加韧带强度;活动了平时少动的肌肉群。脚对倒走第一重要,走前一定要调整到行走的最佳状态。

3. 倒走时腰的动作

倒走一开始就要着意放松腰部,使它始终保持直而不僵,活而不前俯后仰的平衡状态。

4. 倒走时肩、臂、肘、手的动作

倒走时,肩、臂、肘、手要与腿脚的节奏保持同步进行,脚走一步,臂摆一次,左右对应。左腿后退时,右臂向后摆,右腿后退时,左臂向后摆。手臂的摆幅可在45°左右,如肩背有病,摆幅还可大些,也可回手拍肩,左手拍打右肩,右手拍打左肩。

5. 倒走时头的动作

头正颈直挺胸,目光平视。倒走时,头也可微微转动,用两眼余光扫视道路,避开障碍物,头转动次数不宜太多,应少于脚后退次数,避免频率过快会产生头晕。头的转动要同上、下肢活动有机配合，形成一个和谐的整体。

6. 倒走的几种简单步法

常步：即倒走的平常步，是倒走最基本的步法。

拧步：也称辫子步。倒走时，右脚向左，左脚向右，角度的大小，以自己舒适为度。

尖步：用脚尖、脚掌倒走，这是倒走中一种很好的健身步法，因为它能在较长时间中反复刺激足上的经脉和穴位，但它有一定的难度，没有很强的耐力和平衡能力，不易进行。

（四）倒走注意事项

1. 做好准备运动和整理活动

倒走前，要做好准备运动，使全身得到放松，关节、肌肉和韧带得到充分活动，协调好身体各部进入能倒走的最佳状态。同时，检查倒走的场地，清除妨碍倒走时的障碍物。倒走结束时，要做好整理运动。

2. 倒走时应保持重心平衡

保持重心平衡是倒走中的关键，也是倒走中防伤保安全的保证，绝不可以掉以轻心。从一定意义上讲，倒走也是练倒平衡，从逆式中求平衡。

3. 倒走应选择合适的场所

倒走健身法，不可在公路上进行，以免发生事故。在公园或树林进行锻炼，一定要注意周围的树、石头，以免跌倒或撞伤。初练者应选择平坦的、人比较少的场地，最好是直道。

4. 倒走也应量力而行

倒着走一定要量力而行，尤其是患有心脑血管疾病的老年人，要遵照医生的意见来锻炼。患病老人做运动时，应以稍稍出汗、不觉胸闷为宜。切不能盲目加压，致使身体不堪重负。

三、慢跑

（一）慢跑概述

慢跑也叫健身跑，是指以健身为目的的一种慢跑和快走的体育锻炼运动。它不受性别、年龄、体质和场地条件的限制，可以因人而异。近些年来，在欧美、日本等国家掀起了健身跑的热潮，在健身跑的洪流中，从几岁的儿童到80多岁的老者，还有许多国家制定了全国跑步日。

（二）慢跑的健身作用

1. 慢跑可以改善心血管功能

慢跑的特点就是速度比较慢、跑的距离比较长（2 000米以上），是典型的有氧运动。慢跑时，健身运动者需要消耗大量的能量，以促使心脏加快工作。由于心脏强而有力的收缩，心脏每次收缩时排除的血量增加，加大了血液对血管壁的压力，提高了血管弹性，同时也提高了血液在血管中的流动速度，致使胆固醇等不易在血管壁沉积，可有效防止高血压、动脉硬化等。

2. 慢跑可以改善呼吸系统功能

慢跑时慢跑者需要不断地加强呼吸才能满足人体对氧的需要，促使呼吸肌的力量增强，肺的弹性也得到提高，相应的胸廓活动范围、胸围呼吸差和肺活量增大，肺的储备能力和适应能力的增强。当运动、劳动和工作强度大时，就不会出现呼吸急促、气喘和疲劳感。同时还能预防呼吸系统常见的气管炎和支气管哮喘等疾病。

3. 慢跑可以促进运动系统的发展

经常从事慢跑的青少年，可以使骨密质增加，并促使骨骼长得快，变得更结实，身体也相对长得高，还能防止驼背和脊柱侧弯。它不仅能使下肢的肌肉发达，而且胸廓和腰部的肌纤维也变得更加粗壮。下肢关节囊周围的韧带也得到增厚，并能提高其弹性和伸展力,并不易发生脱臼和扭伤。

4. 慢跑可以调节心理状态

现代社会由于竞争激烈,人的精神压力非常巨大。慢跑能调节人在生活中遇到的紧张、劳累、枯燥、抑郁、烦恼和忧愁。若能在大自然的环境中进行慢跑,不但能使人享受到大自然生机勃勃的景象,还能使人感到心胸开阔、精神振奋,充满无限活力,调解不利于人的心理因素和情绪。慢跑能够激发人的坚定性和自信心,把人塑造成为朴实、勤奋、刻苦、乐观、有追求和自强不息的坚强者。

5. 慢跑可以培养坚强的意志品质

慢跑所需的时间长,需要长期坚持,在慢跑的过程中,健身运动者不可避免地会出现诸如天气、气候、疲倦等各方面的困难。长期进行慢跑的过程,就是培养我们坚强意志品质的过程,也是培养我们不断战胜困难的过程。

6. 慢跑可以帮助塑造良好体形

慢跑是一项长时间的运动,是典型的有氧运动,在慢跑时需要消耗大量的能量,可以促进体内脂肪的燃烧、代谢。长期进行慢跑,是减肥的一种非常有效的运动方式,并且这种减肥方式是健康的、科学的。所以说慢跑对塑造健身运动者良好的体形有重要的作用。

(三) 慢跑的常用方式

慢跑和体育竞赛中的竞技中长跑是不同的。慢跑的特点是步幅较小,先用前脚掌落地,在过渡到全脚掌,缓冲时间较长。健身跑时,上半身呈正直或稍微前倾的姿势,躯干自然不僵硬,肩部肌肉放松。两臂的摆动要和腿、身体的动作相协调,摆动的幅度不大,用力也较小。健身跑时,腿的动作要放松,小腿前摆时,应该自然放松,依靠大腿前摆的动作,带动髋部向前上方摆出。正常情况下,健身跑时,健身运动者采用两三步一呼、两三步一吸的方式进行呼吸,当跑的速度较快时,也可采用一步一呼、一步一吸的方式进行呼吸。

（四）慢跑的注意事项

（1）跑前必须做好准备活动，跑后做好整理活动。

（2）开始时最好先单独一人跑，因为如果几个人一起跑时，也许中途会不由自主地产生竞争性，此时，容易以超过自己体力的水准来采取不合理的跑法。

（3）跑的力量不可太大，也不可太小，一切都要以自己体力为基准来调整。

（4）跑的时间至少要有 20 分钟，并以此合理调整自己的慢跑速度。若想慢跑 20 分钟以上，速度就不要太快。最理想的是每天慢跑 1 次，如做不到一星期至少也要 2～3 次。

（5）空腹时和刚吃完饭时不要进行慢跑，正确的方法是餐后休息 30～60 分钟，再进行慢跑练习。

（6）慢跑时最好穿运动鞋，鞋底以有弹性且有一定厚度最为理想，这样才能减轻脚和膝关节的负担。

第二节　水上运动

提到水上的健身运动，人们最先想到的大概就是游泳，这也是平时健身中被健身运动者广泛采用的一种有氧健身运动。但是，为了满足一些特殊健身运动者的需要，水中体操、水中慢走、水中瑜伽等健身项目的开展也越来越普遍。

一、游泳

（一）游泳概述

游泳是一项全身运动，能使身体各部分关节和肌肉得到良好的锻炼，尤其是与上肢划水有关的胸大肌、三角肌、背部肌群，以及下肢腰腹部肌肉会逐渐发达起来。游泳时，水的阻力比空气阻力大820倍，而且人体在水中的速度每增加2倍，则水的阻力就增4倍，因此锻炼的效果会更好。在同样的时间和强度下进行运动，水中要比陆地上运动消耗更多的能量。有研究表明，肥胖者每天游泳30分钟，而饮食不增加，就可以起到减肥的作用。

我们常见的游泳的方式有四种，即自由泳、蛙泳、仰泳和蝶泳，由于蝶泳的要求较高，在平时的健身中很少被健身运动者采用，健身运动者采用最多的游泳方式是自由泳和蛙泳。

（二）游泳的健身作用

1. 游泳可以有效提高呼吸系统功能

游泳是所有运动项目中对呼吸系统影响最大的一个项目。这与水中呼吸的条件要比陆上呼吸的条件困难，以及游泳的姿势、水的压力等有关。游泳时，游泳者的胸廓受到水的压力，必然要通过加深呼吸来获得更多的氧气，经过长期的游泳锻炼，使得呼吸肌变得强壮而有力。

2. 游泳可以增强心脏功能

经常参加游泳锻炼的人，能使心脏得到很好的锻炼，使心肌逐渐发达，收缩能力增强，促进人体的新陈代谢。经常参加游泳锻炼的人，心脏跳得慢而有力，心脏每次跳动射出的血量也较一般人多，为从事其他剧烈运动提供了较大的储备力量。

3. 游泳有利于塑造健美的体形

通过电视或图片，我们经常看到游泳运动员拥有呈“倒三角”形状的健美体形。这是因为游泳时，人要尽量伸展脊柱，加长划水动作路线，这对矫正和预防驼背、脊柱侧弯都有好处。同时，游泳时，人靠水的浮力将人体托起，身体非常放松、舒展，使身体各部位的肌肉得到全面的锻炼和发展，有利于塑造健美体形。

（三）游泳的方法

1. 蛙泳的技术动作

蛙泳是模仿青蛙游泳的一种游泳姿势。游蛙泳时，人体俯卧水中，两臂在胸前做对称向两侧做弧形外划、内划、前伸动作，两腿同时并对称地做收、翻、蹬、夹动作。蛙泳的呼吸用口吸气，用口或口和鼻子同时呼气，一般采用划臂一次，呼吸一次。蛙泳的身体姿势平稳，动作省力，呼吸自然，特别适合长时间、长距离游泳。

2. 自由泳的技术动作

自由泳又叫爬泳，是速度最快的竞技游泳的泳姿。游自由泳时，身体俯卧水面，两腿上下交替打水，两臂轮流向后划水，动作像爬行。游自由泳时，呼吸动作应有节奏地进行，一般采用两臂各划一次，做一次呼吸。当推水动作将要结束时，嘴露出水面并张口吸气，手出水是吸气结束，然后头随着移臂和身体的转动而转回正常位置。

（四）游泳注意事项

（1）游泳前做好准备活动。由于水温较体温低许多，在游泳前，游泳者一定要做好准备活动，使身体的各个部位得到充分的调动，以免在水中发生意外。

（2）游泳时一定要注意安全。游泳时，安全非常重要，特别是在野外游泳时，更应特别重视安全，不要到不熟悉的河流、湖泊里游泳。

（3）游泳时要讲究公共卫生。患有皮肤病等传染性疾病时，不要到公共场所游泳，以免传染他人。

二、水上瑜伽

（一）水上瑜伽概述

水上瑜伽一般是在1～1.4米深的水池中进行，就是把水中锻炼的基本原则和一些熟悉的瑜伽姿势巧妙地结合起来的一种创新运动形式。传统的瑜伽虽然能起到很好的修身养性的作用,但是对于身体的柔韧性要求较高,还有一定的力量要求。往往柔韧性比较差或者比较胖的人刚开始进行训练都会觉得很困难。针对这样的情况,水上瑜伽便应运而生了。

目前美国有数以万计的人热衷于水上瑜伽,日本的许多游泳馆也开设了水上瑜伽健身项目。现在,水上瑜伽已经在北京、上海、杭州、南京等地的多家中高档健身房、俱乐部里开展起来了,并且受到热烈欢迎,对于希望瘦身减肥而又不喜欢辛苦运动的年轻女性和柔韧性减退但又希望保持身心优雅的中年女性都特别适合。

(二) 水上瑜伽的健身作用

(1) 可以增强心肺功能。在水中的活动比陆地上需加倍的热量,不但能消耗多余的脂肪,收缩肌肉健美身材,更能加强心肺功能,增加氧气、二氧化碳、血液的运输。水中具有远超陆地的阻力,同样的动作在水中做要比在陆地做付出更大的力量,这会使我们的心肺功能和肌肉组织得到有效的锻炼。

(2) 有助于减肥、塑形。一方面因为水会带走身体大量的热量,另一方面,虽然水中瑜伽训练起来感觉很轻松,但是训练时人体却要承受水的巨大压力,所以能量消耗非常大,调动训练的肌群也特别多。只要稍微注意训练后的饮食,减肥塑身的效果自然就是非常明显的了。在水中运动后,由于体表散热刺激和浮力压力刺激,可反射性地调节体脂分布,使之向皮下转移,促使脂肪合成,形成一层很薄的脂肪层,使形体线条变得柔韧协调。

(3) 有助于消除疲劳、提高注意力。配合腹式呼吸,可利用水压来按摩、挤压、揉搓内脏、腺体、皮肤、肌肉、骨骼而达到舒活全身筋骨、消除疲劳的效果。由于水中的浮力作用,人们在进行水上瑜伽练习时可以更好地放松身心和集中注意力。在水中人们越放松越能感觉到向上飘浮,而在水中要保持平衡需要比在陆地更加集中注意力。

（三）水上瑜伽的基本动作

水上瑜伽包括一些传统瑜伽的动作和针对游泳池环境创新设计的动作:战士式、鹰式、眼镜蛇式、树式、半月式等等。动作的种类不是很多,只有50多种,相对于岸上瑜伽的48万种动作自然是少了许多,但它修身养性、柔韧性训练和减肥塑身的效果确实一点不比传统瑜伽逊色的,甚至还能达到你意想不到的效果。

（四）水上瑜伽注意事项

（1）锻炼前要进行身体检查,看看身体是否合适进行水中运动。

（2）在进行水上瑜伽练习时,水的酸碱度会直接影响到练习者皮肤的美观,所以一定要选择经过专业水处理的游泳池进行。

（3）练习前应做好充分的准备活动。

（4）注意安全。不要在水中单独锻炼,下水前要了解水的深度,以免造成运动损伤。如果游泳池底比较滑,可以穿着特殊的水中锻炼鞋,而且,赤足练习容易发生足底抽筋现象。

（5）要遵循循序渐进的原则。瑜伽的很多动作需要经过长时间练习才能做到位,水上瑜伽也是同样,初学者切不可心急,盲目追求动作的完美性,以免发生拉伤等。

第三节 球类运动

球类运动是广大市民普遍喜爱的健身运动方式之一,球类运动的普及程度也较一般项目高,难度不大,不管人数多与少,均可进行。而且,由于大部分球类项目是集体项目,可以培养健身运动者的集体意识。

一、篮球

篮球运动在我国有着广泛的群众基础。改革开放后，随着NBA、CBA、CUBA 的深入影响，篮球运动吸引了更多人的参与。篮球运动是由跑、跳、投等动作所组成的一项快速、激烈、综合性的运动。经常参加篮球运动，能促进练习者的速度、灵敏、力量、耐力、柔韧等身体素质的发展，提高中枢神经系统的灵活性、增强心脏、血管、呼吸、消化系统的功能，促进肌肉骨骼的生长发育，使身体得到全面发展。

篮球运动是一项不受年龄、性别限制的集体运动，一方面能达到锻炼身体的目的，另一方面还可以丰富业余文化生活，促进身心健康，从而提高工作和学习的效率。

学习篮球首先应学好基本技术，篮球运动的基本技术由进攻技术和防守技术两大部分组成。进攻技术包括传接球技术、投篮技术和运球技术；防守技术包括抢球技术、打球技术和断球技术。

二、排球

1895 年，美国人发明排球时的初衷是将其作为一种游戏。排球运动经历百余年的发展和演变，在全世界范围内得到了飞速发展。

排球作为一项运动，有其基本的技术，它是指在排球运动中的各种合理的击球动作，它有两个特点，一是合乎规则的要求，二是技术合理，实效性强。排球的技术内容有准备姿势和移动、发球、垫球、传球、扣球和拦网等。每一项技术有都包含很多不同的动作结构种类，如传球有正面传球、背传、侧传、跳传等等，垫球有接发球垫球和接扣球垫球等等。

排球的基本动作可分为进攻技术和防守技术，发球和扣球是主要的进攻技术，拦网和各种后排防守是防守技术。

排球运动的健身作用主要体现在四个方面。第一，排球运动可以发展人的全面身体素质；第二，经常参加排球运动可以提高人的中枢神经系统的反应速度和协调能力；第三，排球运动可以提高心理健康水平和锻炼人的思想品质；第四，排球运动具有较高的休闲娱乐功能。

三、足球

足球是世界上开展最为广泛、影响最大的体育运动项目之一，被誉为“世界第一运动”。现代足球在鸦片战争后传入中国，最早在香港开展，后逐渐在上海、广州、武昌、厦门、南京等地相继得到开展。足球运动是以脚支配球为主，两个队相互进行攻守对抗的运动项目。

踢足球是队员有目的地用脚的某一部位把球踢向预定目标——传给同伴或射门，是完成战术配合的主要手段。踢球时，要求动作熟练、灵活，快速准确，力量恰当。

踢球的方法主要有脚内侧踢球、脚背正面踢球、脚背内侧踢球、脚背外侧踢球、脚尖踢球和脚跟踢球。无论哪种踢球，从动作结构分析，都包括助跑、支撑站位、踢球腿的摆动、踢球脚触球部位和踢球后身体随前动作五个部分组成。

经常从事足球运动，可以培养勇敢顽强、机智果断、坚忍不拔、勇于克服困难等优秀品质，以及团结协作、密切配合的集体意识。经常从事足球运动，可以提高人们的力量、速度、灵敏、耐力等身体素质，特别对增强人体的心血管系统、呼吸系统的功能非常有益。同时，足球运动在某种程度上还可以起到振奋民族精神的作用。

四、乒乓球

乒乓球运动于19世纪后半叶起源于英国，它是由网球运动派生而来的。1890 年英国工程师詹姆斯·吉布从美国带回作为玩具的空心赛璐格球,由于这种球有较大的弹性,球触及球拍、球台发出“乒乓乒乓”的声音,故称为“乒乓球”。乒乓球运动于 1904 年传入我国,1952 年中国加入了国际乒联。1959 年荣国团在第 25 届世锦赛上为中国夺得了有史以来的第一个世界冠军,从此,中国一直称雄于世界乒坛。乒乓球也成为我国的“国球”,该项运动在我国得到了广泛开展。

乒乓球运动的特点是球体轻、速度快、旋转变化多、富有技巧性和趣味性。乒乓球运动对练习者的方向感觉、反应、控制和协调能力都有较高的要求,因此,乒乓球运动对练习者视觉的敏锐性、神经系统的灵活性以及身体各方面的素质都有较高的锻炼价值。此外,乒乓球运动所需的设备比较简单,且不受年龄、性别的限制,运动量也可大可小,因此深受健身运动者的喜爱。

乒乓球运动的基本技术包括:

(1) 握拍法。握拍法分为直拍握拍法和横拍握拍法两种,无论哪种握拍法,握拍都不能过紧或过松,过紧会影响击球的灵活性,过松会影响击球的力量和准确性。

(2) 基本姿势和站位。基本姿势是指击球者在击球前使自己处于一种相对稳定的准备姿势;基本站位是指击球者为了回击不同落点和性能的来球,在击球前相对于球台所处的一个相对稳定的位置。

(3) 基本步伐。乒乓球运动的特点要求练习者要有快速灵活的步法,否则难以及时抢占有利的击球位置,从而影响有效地回击来球。基本步法主要有单步、跨步、并步、跳步和交叉步 5 种。

(4) 发球技术。发球是乒乓球比赛中每一个回合的开始,它是乒乓球技术中唯一不受对方干扰和限制的技术,可以最大限度地满足发球者的愿望和战术意图。发球的基本技术主要有:发平击球、正手发奔球、发反手急球和发急下旋球、发短球、正手发左侧上(下)旋球、反手发右侧上(下)旋球、正手发转与不转球、下蹲发球、正手高抛发球等。

(5) 接发球技术。接发球是比赛中每一个回合的第二板球,必须对发球的旋转、落点等变化作出正确的判断,并根据自己的技术特长,果断合理地运用接发球技术,以摆脱被动,取得主动。

(6) 推挡球技术。推挡球技术主要有挡球、快推、加力推、减力挡等技术。

(7) 搓球技术。搓球是一项过渡性技术,接下旋球比较稳健,也是初学削球时必须掌握的入门技术。

(8) 攻球技术。攻球是乒乓球比赛中争取主动和获得胜利的重要技术,具有快速、有力的特点,是各种类型打法和各种战术组成的基础。主要的攻球技术有正手近台攻球、正手中远台攻球、正手拉球、正手扣杀、正手台内突击、正手杀高球、反手近台攻球、侧身攻球等。

(9) 削球技术。削球是一种防御性技术,具有稳健性好、冒险性小的特点,它主要通过旋转变化和落点变化控制对方,伺机反攻得分。主要的削球基本技术有正手削球、反手削球、削突击球、削追身球、削弧圈球等。

(10) 弧圈球技术。弧圈球是一种强烈的上旋球,具有稳健性高、攻击力强、威力大的特点。它把速度和旋转有机结合起来,形成了横拍、直拍多种弧圈球打法,是现代乒乓球运动中的一项重要技术。弧圈球技术主要有正手加转弧圈球、正手前冲弧圈球、反手拉弧圈球等。

五、羽毛球

现代羽毛球运动在公元 1800 年左右诞生于英国,是由网球衍生而来的。现代羽毛球运动于 1920 年左右传入我国,最初在上海、广州、天津等城市的教会组织中开展。如今,羽毛球运动已经成为我国竞技体育的一面旗帜，取得了辉煌的成绩。

由于羽毛球运动对场地、器材的要求较为简单，对技术要求不十分严格，因此深受普通健身运动者的喜爱，羽毛球运动已经成为健身运动者最常采用的健身方法之一。

参加羽毛球运动，有助于培养竞争意识和进取精神；有助于强身健体，提高免疫力，缓解疲劳；有益于加强文化修养；有益于陶冶情操，增添生活情趣。

羽毛球运动中，每项击球技术都靠一系列普遍联系和相互作用的基本环节来完成，科学合理地将各个环节连接在一起称为动作结构。羽毛球技术细腻，形式多样，技术方法各有不同，但各项击球技术动作结构有共同的规律。羽毛球运动主要由上肢手法动作和下肢步法动作组成。羽毛球运动的上肢击球动作结构由准备姿势、引拍动作、击球动作和回收动作组成；下肢步法机构由取位准备、判断起动、移动击球和回位步法组成。

六、网球

网球是当今世界上最流行的运动项目之一。网球运动起源于法国，在 14 世纪中期传入英国，主要在宫廷中流行，因此网球运动又被称为“宫廷网球”和“皇室网球”，是一种贵族运动。

1885 年前后，网球运动传入我国。先是在上海、广州等大城市的外国传教士和商人之间进行，后来一些教会学校也相继开展了这项运动。目前，我国的网球运动虽然取得过一些可喜的成绩，但从世界角度看，我国的网球运动水平与世界先进水平还存在相当大的差距。

经常参加网球运动可以有效提高练习者的速度素质、力量素质、耐力素质，同时，对练习者的灵活性、协调性也有明显的促进作用。网球运动因其具有强度大、对抗性强的特点，要求练习者必须具有坚强的意志品质。

网球运动的基本技术：

(1) 握拍方法与准备姿势。掌握握拍方法是网球运动最基本的问题，握拍的方法主要有：东方式握拍、西方式握拍、大陆式握拍和双手握拍。不同的握拍方法，可产生不同的击球效果和打法，不同的握拍方法在比赛中都获得过较好的成绩，因此，要根据自己的实际情况，选择适合自己身体条件的握拍方法。正确的准备姿势是打好网球的前提。面向球网，两脚稍比肩宽，双膝微屈，上身略前倾，右手持拍，左手托拍颈，拍头向上，与胸同高，重心在两脚前脚掌之间，两眼注视对方或来球，身体放松，做好随时起动的准备。

(2) 抽击落地球。抽击落地球是指击球者站在后场或端线附近击打从地面反弹后的球，它包括正手击球和反手击球。

(3) 发球。发球是唯一由自己掌握控制的击球方法，它可以不受对方制约，在较大程度上能够发挥出个人的特点，用以控制对方，为自己的进攻创造有利条件。

(4) 接发球。如果接发球不好，不仅会给对方更多的进攻机会，而且更严重的是常会引起自己心理上的紧张和畏惧，并造成失误，甚至导致全盘失败。相反，如果接发球技术好，不仅有时可以直接得分，而且还可以破坏对方的强攻，成为战术上和心理上的有力武器，为自己的进攻创造有利条件。

(5) 截击球。截击球是将球在空中未落地之前击回的技术，它是网球技术的一项重要内容。它回球速度快、力量大，使对手难以应付，是迅速取胜的有效手段。

(6) 挑高球。防守时运用挑高球技术可使自己在击球中摆脱困境，调整自己在击球时的被动局面。主动进攻时挑高球，可破坏对方击球节奏，调动对方前后场进行跑动，最终达到加速对方疲劳的目的。

(7) 高压球。高压球是对付对方挑高球的一项进攻技术。良好的高压球技术,能为上网截击增加信心和威力,根据对方挑高球落点的深浅,采取猛力地扣杀和落点准的打法,能使高压球更具威胁。

(8) 放小球。放小球是将球击到对方网前位置处落地,而且能使球具有强烈的回旋或侧旋、下旋,球落地后不向前跳动的技术,放小球要求击球者具有较强的控球能力,手感要好。

(9) 反弹球。反弹球是在对方来球从场地上刚刚弹起在未达到最高点之前时,立即用小臂带动手腕,把球反弹到对方场区。一般情况下,应尽可能地避免打反弹球。

(10) 步法。灵活的步法可以抢占有利的击球位置并有效地回击来球。

第四节　健美操和体育舞蹈

一、健美操

(一) 健美操概述

现代健美操是从20世纪60年代开始萌芽的,最初是美国为宇航员设计的体能训练项目。该项运动70年代在美国迅速兴起,掀起热潮。20世纪70年代末80年代初,现代健美操在我国也逐渐兴起,并被要求列入学校的体育教学大纲,对健美操加以推广和普及。

健美操是融体操、音乐、舞蹈、美于一体,通过徒手、手持轻器械和专门器械的操化练习达到健身、健美和健心的目的的一种新兴娱乐、观赏型体育项目。健美操内容丰富、简单易学、变化繁多,不受年龄、性别、场地、器械的限制,可使全身各个关节都得到充分的活动,各部位的肌肉得到均衡发展,塑造出良好的体形。

健美操的种类繁多，分类方法也不相同，如果根据健美操活动的目的和所要解决的主要任务为标准来划分，归纳起来健美操可分为健身健美操、竞技健美操和表演健美操三大类。

健身健美操俗称大众健美操，是集健身、娱乐、防病为一体的群众性、普及性的健身运动。不同的年龄结构都可以参加学习和锻炼。健身健美操的主要目的在于健身，通过锻炼身体，可增加体质，促进身体全面发展，提高工作能力，在练习过程中，可以调节身心，陶冶情操。健身健美操的动作简单、活泼、流畅，讲究针对性和实效性，节奏强烈，速度适中，每10秒在20～26拍。

竞技健美操是根据竞赛规则与要求组编的一套具有较高艺术性、以比赛取得优异成绩为主要目的的健美操。竞技健美操只进行自编动作的比赛，自编动作必须符合规则要求。每套动作有规定的时间要求，有规定的基本动作、难度动作，按完成情况、现场表现、成套动作时间等因素进行评分。

表演健美操的主要目的是在表演中展示自己的价值和魅力，在观赏中陶冶情操、净化心灵、促进健美操活动的广泛开展，满足人们展示和表现自我的需求。表演健身操对人数、形式、规模的要求比较自由，动作的设计和选择侧重于艺术性、观赏性，体现健美操的健、力、美。

（二）健美操的健身作用

1．练习健美操可以增强体质，增进健康

经常从事健美操锻炼，对身体许多器官、系统会产生良好的影响。长期参加健美操锻炼可以使心肌增厚，心搏有力，心脏容量增大，心输出量增加，血管弹性增强，从而提高心脏功能，提高供氧能力。同时练习健身操可以帮助提高呼吸系统、消化系统功能。

2．练习健美操可以改善形体，培养端庄体态

健美操可以对身体比的均衡产生积极的影响，特别是能增加胸背肌肉的体积，消除腰腹部位的赘肉，使体态丰满、线条优美。

经常进行正确的健美操练习，还能矫正不正确的身体姿势，培养端庄的体态，使练习者的形体和举止发生良好变化。

3．练习健美操可以放松精神，陶冶情操

健美操要求练习者以轻松自如的心情，在音乐伴奏下进行跳舞，健美操富有激情和感召力的动作，可以让练习者全身放松，消除一切烦恼和疲劳。通过健美操练习还可以提高练习者对美的鉴赏力，使练习者的身心得到健康发展。

（三）健美操的基本动作

健美操基本动作是由基本步伐和上肢动作两部分组成的。

1．基本步伐

健美操基本步伐是体现健美操练习者下肢动作基本姿态的主要练习手段，根据动作完成形式的不同，可将基本步伐分为5大类：交替类、迈步类、点地类、抬腿类和双腿类。

弹动是健美操基本步伐的基础动作，是体现健美操的最基本特征，包括膝弹动、膝踝弹动、踝弹动，可面向不同方向做分腿或并腿的弹动，其技术要点是两膝与踝关节自然屈伸。

两脚交替类：是指两脚始终做依次交替落地的动作。包括踏步、走步、一字步、V字步、漫步、跑步等动作。

迈步类：是指一条腿先迈出一步，重心移到这条腿上，另一条腿用脚跟、脚尖点地或吸腿、屈腿、踢腿等，然后向另一个方向迈步的动作。包括并步、迈步点地、迈步吸腿、迈步后屈腿、侧交叉步等动作。

点地类：是指一腿屈膝站立，另一腿伸出，用脚尖或脚跟点地后还原到并腿位置的动作。包括脚尖点地、脚跟点地等动作。

抬腿类：是指一腿站立，另一腿抬起的动作。包括吸腿、摆腿、踢腿、弹踢腿（跳）、后屈腿（跳）等动作。

双腿类：是指双腿站立，身体重心在两腿之间的动作。包括并腿跳、分腿跳、开合跳、半蹲、弓步、提踵等动作。

2. 上肢动作

在完成健美操基本步伐的同时,配合不同的上肢动作,不仅使动作变得丰富多彩,而且还能改变动作的强度和难度。健美操的手臂动作除了与体操动作通用的举、摆动、绕环和一些舞蹈动作外,主要是模仿上肢力量练习的动作,这样既美观,又有实效。常用手型有掌型、拳型和五指张开型。

健美操的上肢动作主要包括举、摆动、绕和绕环、屈臂、伸臂、屈臂摆动、上提、下拉、胸前推、肩上推、冲拳、交叉等动作。

练习者可将上肢动作和步伐动作进行适当的组合,并加以变化,创造出具有自己独特风格的动作。

(四) 健美操锻炼注意事项

1. 做好准备活动

准备活动能使身体主要活动的关节、韧带、肌肉温度升高,灵活性增加,提高神经系统兴奋性和心血管活动水平,从而防止运动伤害的发生。

2. 合理安排锻炼计划

从事健美操锻炼要根据自身体质和运动负荷的承受能力,恰当地安排运动的时间、强度、练习组数等。练习要遵守循序渐进的原则,持之以恒,科学地进行锻炼。初练者每次练习后应以少量出汗、略有疲劳感为宜,心率大约掌握在130次/分,总的练习时间不超过1小时。

3. 及时补水

进行健美操锻炼,在消耗大量热能的同时,机体也失去大量的水分。因此,在健美操锻炼过程中应注意及时补充体内流失的水分,以保证身体健康和正常的机体需要。补充水分的方法最好是少量多饮,随时保持体内水的平衡。

4. 不可空腹锻炼

进行健美操练习时,人体要动用全身各个器官,需摄取相应的能量,进行新陈代谢。如果能量来源低于需要量,人体就必须消耗体内储存的脂肪与蛋白质。因此,长期空腹锻炼,会导致体重急剧下降,各脏器功能受损,产生疾患,影响健康。

5. 选择合适的运动服装与场所

参加健美操锻炼最好选择有弹性、纯棉、柔软、舒适得体的服装。每次练习后,要及时清洗服装,保持干爽、柔软。选择鞋子时不仅要大小合适,而且要有衬垫,并要有一定的弹性和弯曲性。切忌穿高跟鞋、厚底鞋。锻炼场所最好选择空气清新、噪音小的地方。室内锻炼应保持光线明亮,通风要好,地面平整洁净。不宜在水泥地、大理石地或柏油场地等硬度高、无弹性的场地进行练习。

6. 疾病患者的锻炼

有慢性病的人可在医生的指导下进行适当锻炼,心血管疾病者应减少剧烈运动,避免快速旋转头部和突发性动作。凡有各种内脏疾病如心、肺、肾、肝疾病的急性阶段;恶性肿瘤、体温增高的急性疾病;有出血倾向的疾病均不宜参加健美操的锻炼。患重感冒也最好停止健美操运动。

二、体育舞蹈

(一) 体育舞蹈概述

体育舞蹈是融体育、音乐、舞蹈为一体,以身体运动的舞蹈化为基本内容,以双人或集体配合为主要运动形式的娱乐型体育运动项目。

体育舞蹈起源于西方,它产生于人类的生活、劳动和情感,随着人类的社会演变和文化进程而逐步发展起来的。体育舞蹈的发展过程经历了原始舞蹈——公众舞——民间舞——宫廷舞——社交舞——新旧国际标准交际舞等发展阶段。体育舞蹈的前身就近来说是社交舞,也称交际舞、交谊舞。

我国体育舞蹈的开展受西方文化的影响。在20世纪30年代前后，交谊舞在上海、天津、广州等大城市广泛流行。特别是进入90年代以后，体育舞蹈在我国得到了更加广泛的开展，各种体育舞蹈组织也相继成立，各种级别的体育舞蹈比赛也出现规模化、经常化、定期化的开展。

体育舞蹈按舞蹈的风格和技术结构，分为现代舞（摩登舞）和拉丁舞两大类。按照体育舞蹈竞赛项目可以分为三类：即现代舞、拉丁舞和团体舞。现代舞包括华尔兹、探戈、狐步、快步和维也纳华尔兹5种，拉丁舞包括桑巴、恰恰、伦巴、斗牛舞和牛仔舞5种。

（二）交谊舞基本舞步介绍

所有的交谊舞都由不同的舞步、不同的方式和节奏组成，通过改变舞步的速度、方向、性质，产生了不同的交谊舞，以下介绍几种常见的基本舞步。

1. 常步

常步也叫散步、走步，可分为前进步和后退步两种。前进时先用脚掌触地，过渡到脚跟擦地向前，着地后过渡到脚趾，身体重心随之移到前腿上。后退时动作相反，先用脚掌触地，然后用脚尖擦地向后，脚趾着地后再过渡到脚跟，重心随之移向后腿。

2. 横步

横步分左横步和右横步两种。左横步，左脚用全脚掌向左旁迈一步，距离约同肩宽，右脚用前脚掌向左脚并拢，重心由左腿移到刚刚并拢的右腿上。右横步动作相反。

3. 并步

并步可分为向前、后、侧3种并步（以前进步为例）。左脚向前迈一步，右脚用脚前掌在左脚侧点地，身体重心仍然在左腿上。

4. 摇摆步

摇摆步有左右和前后摇摆两种。左脚向前一步，重心前移，然后重心移向后再向前移、再向后移时前后摇摆。向左再向右，再左移再右移时前后摇摆。

（三）体育舞蹈的健身作用

1. 体育舞蹈可以强身健体

在跳舞时人体的骨骼、肌肉、关节、韧带等都参与活动。经常跳体育舞蹈不仅能促进人体的灵活性、协调性，还可以促进肌肉、呼吸和消化系统的功能，有效地促进身心健康，因此体育舞蹈是一项很好的有氧运动。

2. 体育舞蹈可以调节身心

在体育舞蹈的跳舞过程中，动作优美、舒展，同时有节奏欢快的音乐相伴，练习者在跳舞过程中会得到美的享受，有利于调节练习者的身心，使练习者身心得到舒缓。

（四）体育舞蹈练习注意事项

1. 跳体育舞蹈时，应注意男女舞伴之间的礼仪

一般来说，在舞会中男舞伴要主动、有礼貌地邀请女舞伴跳舞，被邀请的女舞伴一般不要拒绝。舞毕时要相互致谢，男舞伴要将女舞伴送回原来的座席。

2. 跳体育舞蹈时，应注意跳舞规则

跳舞时要绕舞池中心逆时针方向行进，不管跳多少花样，总的方向不能乱，切忌横冲直撞，一旦发生碰撞应主动向对方致歉。

3. 跳体育舞蹈时，要专心致志

在跳舞时，不要东张西望，要专心听音乐，随着音乐的节奏和旋律，通过舞姿、舞步来领会和体现美的意境，获得美的享受。

4. 跳体育舞蹈时，要注意行为仪表

进舞场后不要吸烟，边抽烟边跳舞是极不文明的行为。在跳舞时，要注意服装整洁，穿着拖鞋、背心、短裤、凉鞋跳舞都是不礼貌的。

第五节　常用健身器械

器械健身是指健身运动者为增强体质和增进健康而使用各种器械进行的体育锻炼。它不用与他人进行对抗和竞争，主要是通过各种器械进行自我锻炼，以期达到自我完善的目的。

目前，在我国大部分城市都有设备比较齐全的器械健身房，健身房拥有各种常见的健身器械，这些器械基本可以满足普通健身运动者健身的需要。

一、跑步机

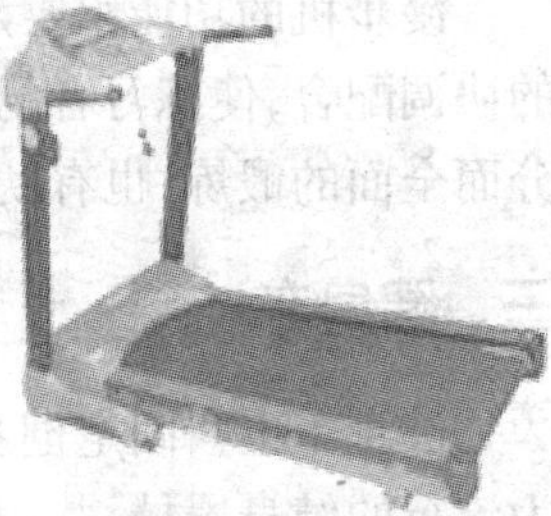

健身房中的跑步机基本都带有电子显示器，健身运动者可以事先将个人资料输入跑步机的程序中，这样在进行跑步锻炼时，跑步机的显示器可以显示锻炼者跑步的速度、时间、距离、消耗的能量等，有的还可以随时监控健身运动者的心率，帮助健身运动者控制跑步的强度。

跑步机能够有效地锻炼健身运动者的下肢肌群，包括股四头肌、大腿后群肌、小腿三头肌、臀大肌、髂腰肌等。同时，跑步机对提高健身运动者的心肺功能有明显的效果，对健身运动者的髋关节、膝关节、胯关节的灵活性即身体协调能力有很好的锻炼效果。对需要减肥的健身运动者而言，长时间进行跑步机跑步健身是比较理想的方式之一。但是，跑步机跑步健身也不是每个人都适合的，对某些下肢、脚底有障碍的健身运动者而言，进行跑步机跑步健身是不适宜的，这样可能会加重健身运动者关节、足底的负担，导致不良后果。

二、漫步机

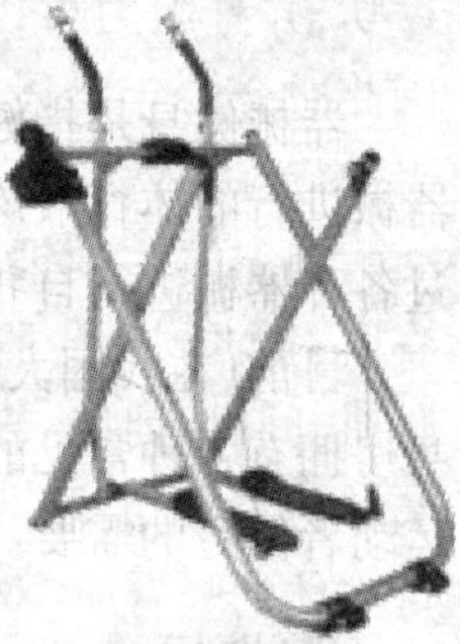

漫步机也称为椭圆运动漫步机,它由扶手、扶手架、手柄、脚踏板、电子显示器和移动滚轮等部件组成。

漫步机最突出的特点就是使锻炼者的各种运动形成了一个舒缓的椭圆运动轨迹。随着健身运动者脚在踏板上前后位置的不同,可以得到不同椭圆形的运动轨迹,而练习者的运动强度和动作幅度,便随着椭圆轨迹的不同而不断发生变化。

漫步机的功能主要是通过锻炼者两脚的前后运动和手臂推拉的协调配合,使练习者的腿部、臀部、臂部、髋部和胸、背部得到充分而全面的锻炼,也有助于提高练习者的心血管系统功能。

三、健身车

健身车也叫固定健身自行车,是一种广为流行的健身器械。

健身车可以充分锻炼练习者腿部和臀部的主要肌肉群的力量和耐久力。健身车还能提高练习者呼吸系统和心血管系统的功能,增强练习者髋关节、膝关节和踝关节的灵活性和柔韧性,健身车适合绝大多数健身运动者的健身需求,特别是中老年人和行走不便者。健身车属于中低等运动强度的健身运动,即长时间的有氧运动,其液晶显示器显示的速度、时间、距离、卡路里等能够客观反映人体的锻炼效果。

四、划船器

划船器通过克服气压阻力做功，并且阻力可以调节大小，因此适合各年龄段的健身运动者进行练习。

划船器主要锻炼人体的竖脊肌、肱二头肌、股四头肌、髂腰肌，同时对肘关节、髋关节、膝关节及握力进行锻炼。划船器分为单、双轴划船器，单、双轴划船器的区别在于单轴划船器侧重锻炼人体的竖脊肌，双轴划船器侧重锻炼人体的背阔肌。

五、卧推架

卧推架是专门做卧推练习的健身器械，主要锻炼练习者的胸部和臂部肌肉，即肱三头肌和胸大肌，同时锻炼肘关节和肩关节及握力。该器械由长凳与长凳两侧的 Y 型支架组成，支架用来放置杠铃。

六、夹胸器

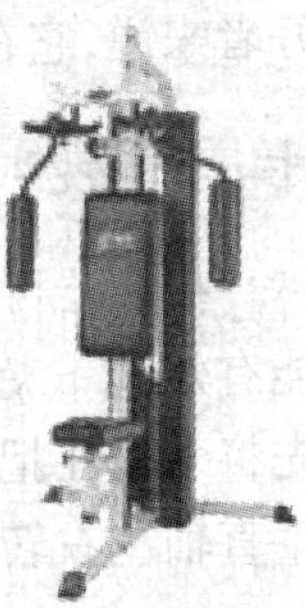

夹胸器又叫蝴蝶机，是用来锻炼胸大肌的专用训练器械。它不仅可以使胸部肌肉得到充分锻炼，而且也有助于扩大胸腔和改善心肺功能。对鸡胸、凹胸等胸部畸形也有良好的矫正作用。

七、拉力器

目前比较常见的拉力器是弹簧拉力器,多由4或6根弹簧组成,两端装有握柄。锻炼时,可根据练习者自己的力量增减弹簧的数量。拉力器主要锻炼胸部、背部和臂部的肌肉。它经济实惠,使用方便,不占地方,是家庭健身的理想器械。

八、哑铃

哑铃素有"雕塑肌肉的锤凿"的美誉,是健身的重要器械之一。练习者通过改变哑铃练习的动作,使自身绝大部分肌肉得到锻炼。只要一副哑铃和一条长凳,就可以随心所欲,使全身的每一块肌肉都得到锻炼。

九、杠铃

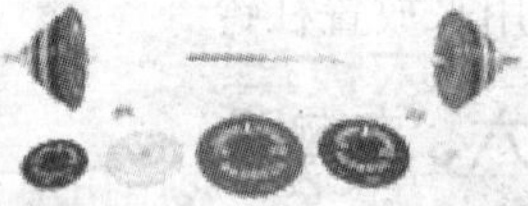

杠铃是传统的力量健身器械,对锻炼胸部、臂部肌肉具有独到的效果,是健身健美的重要器械。尤其对健美爱好者来说,它在健身房中的地位是不可代替的。

十、扭腰器

扭腰器可提高整个脊柱的柔韧性,同时能有效地锻炼腹内、外斜肌以及背部肌肉。先将手握住把手使肩部固定住,然后脊柱沿垂直轴左右转动,随着柔韧性的提高逐步增

加转动幅度。

十一、综合训练器

综合训练器又称为多功能训练器、联合训练器或多功能组合机，它是将多个单项训练器进行巧妙的组合，使之具备多种训练功能，可同时供多人进行练习，可对身体的绝大部分肌肉进行锻炼。

第六节 传统体育健身方法

在各种健身活动中，传统的健身方法普遍被广大健身运动者所热爱，如很多年龄较大的健身运动者练习太极拳，女性特别是年轻的女性非常热衷各种瑜伽练习，而很多青少年喜欢跆拳道练习等。这几种健身方法都是中国、印度、韩国传统的体育健身方法，拥有上千年的历史，深受人们的喜爱。

一、太极拳

太极拳是我国历史长河中优秀的文化遗产，发展至今，拥有很多派别，如杨氏太极拳、武式太极拳等。太极拳不仅在中国广受喜爱，近些年，在欧美等国家也得到了很大程度的开展。在日常健身中，二十四式简化太极拳是广大健身运动者最为熟悉、最为广泛练习的一项太极拳。

(一) 二十四式简化太极拳概述

简化太极拳是原国家体委武术处（现中国国家体育总局武术研究院）于1955年组织部分太极拳专家，在继承传统杨式太极拳的基础上去繁从简，按照由易到难、由简入繁、循序渐进的原则，突出太极拳的健身性和大众普及性，经过反复修订而创编的，简化太极拳成为第一套由国家统一规定、国际标准的太极拳套路。简化太极拳在 1956 年正式公布推广后，对国内外太极拳运动的普及和发展，起到了巨大的推动作用。

二十四式简化太极拳属杨氏太极拳流派。虽然只有 24 个动作，但相比传统的太极拳套路来讲，其内容更精炼，动作更规范，并且能充分体现出太极拳的运动特点。目前，在太极拳练习的人群中，练习二十四式简化太极拳者占有很高的比例。由于二十四式简化太极拳套路的动作结构简单、数量合理、运动量适中、内容充实、难易适度、易学易练，倍受太极拳爱好者青睐，也是初学者较为理想的太极拳入门套路。二十四式简化太极拳的普及和推广，标志着中国的太极拳运动已进入了社会和大众之中，其神秘时代已经结束。二十四式简化太极拳由于动作舒展、结构简单、潇洒飘逸，所以在练习形式上也是十分多样的，既可以单人练习，又可以集体练习，是人人都可以练习的健身养生之道。二十四式简化太极拳全套练习时间约为 4 ~ 6 分钟，内容简单精炼，适于每天随时练习。

（二）二十四式简化太极拳的练习方法

二十四式简化太极拳共由 24 个动作组成，分别是：起势、左右野马分鬃、白鹤亮翅、左右搂膝拗步、手挥琵琶、左右倒卷肱、左揽雀尾、右揽雀尾、单鞭、云手、单鞭、高探马、右蹬脚、双峰贯耳、转身左蹬脚、左下势独立、右下势独立、左右穿梭、海底针、闪通臂、转身搬拦捶、如封似闭、十字手和收势。

（三）太极拳练习注意事项

（1）练习太极拳时一定要注意循序渐进，持之以恒，必须坚持长久练习。

（2）练习太极拳时要注意姿势正确，呼吸自然。练习太极拳时，对头部姿势的要求是自然上顶，避免颈部肌肉硬直，不要东倒西歪或自由摇晃。头颈动作应随着身体位置和方向的变换，与躯干的旋转上下连贯协调一致。面部要自然，下颏向里收回，用鼻呼吸。只有在姿势正确、呼吸自然的情况下，动作时用力才能顺达、松柔、自然。

(3) 练习太极拳时要做到心静体松。所谓“心静”，就是在练习太极拳时，思想上应排除一切杂念，不受外界干扰；所谓“体松”，可不是全身松懈疲塌，而是指在练拳时保持身体姿势正确的基础上，有意识地让全身关节、肌肉以及内脏等达到最大限度的放松状态。

(4) 练习太极拳时动作要灵活连贯。在动作转换过程中，以腰为枢纽，对下肢是以腰带跨，以跨带膝，以膝带足；对上肢是以腰带背，以背带肩，以肩带肘，再以肘带手。动作与动作之间的衔接没有间断和停顿。

二、瑜伽

(一) 瑜伽概述

瑜伽是古印度各宗派对自我调制以锻炼身心的功夫的统称，印度佛教也称禅定为瑜伽，修禅定者被称做瑜伽行者、瑜伽师、瑜伽士(男性)、瑜伽尼(女性)。瑜伽源于古老的印度，考古证明，早在公元前3 000多年的印度河文明中，就有了瑜伽的实践。

梵文瑜伽(YOGA)的本意是“和谐”“相应”“统一”。瑜伽的动作大多模仿动物及植物的形态来调节身体各个腺体，雕塑身体姿态。它集健美、强身、修心、养性于一身，是人类在最原始的自然状态下创造的一种身心双修的方法。瑜伽主要可分为智瑜伽、业瑜伽、信仰瑜伽、哈他瑜伽、王瑜伽、昆达里尼瑜伽6大类。

瑜伽是随着佛教的传入而传入我国的。如今，瑜伽不仅在印度非常流行，在欧美也早为人们所熟知，而我国则是最近二十年才逐渐流传开来的。这得益于一位瑜伽修行者——张惠兰(瑜伽名字是瓦伊史那瓦·达西)的大力推广。1985 年张蕙兰通过中央电视台,使瑜伽走入了千家万户,瑜伽就此深受人们特别是年轻的女性所喜爱,张蕙兰也被大家亲切地称为当代中国的"瑜伽之母"。

(二) 瑜伽的作用

(1) 通过瑜伽练习可以提高肌肉、韧带的伸展能力。瑜伽的技术动作特点就是对肌肉、韧带进行牵拉,通过长期的牵拉,必将使练习者的柔韧性得到极大提高。

(2) 通过瑜伽练习可以调节心理。瑜伽在练习的过程中,对心理有较高的要求,需要不断地进行心理暗示,有规律的瑜伽练习有助于消除心理紧张。

(3) 通过瑜伽练习可以缓解压力。

(4) 通过瑜伽练习可以促进健康。

(三) 常用瑜伽练习方法介绍

1. 八式简单瑜伽减肥操

第一式　踮足伸臂

身体自然站立,两腿稍分开。深吸气,足尖踮起,两臂成 V 字形上举,然后徐徐呼气,脚跟落回地面,双臂也落下,身体恢复原先站立姿态。反复做 15 次。

1

第二式　猫伸展示

面向下,双膝和双手支撑,成膝卧撑姿态。吸气,背部下塌,头部向上,向后仰,臀部向上翘;呼气,背部弓起,头下垂,下巴靠向胸部。反复做 10 遍。

2

3

第三式　坐姿举肩

盘腿坐姿，两手互握置于腹前。深吸气，将两臂翻掌向上举，眼睛看双手；边吐气，边落下双手。反复做10遍。注意动作过程中要挺胸直背。

第四式　坐姿后弯

盘腿坐姿，两臂向后伸，双手紧握。吸气，然后吐气，同时上半身向前弯，同时背后的双臂上举至水平高度；再吸气，恢复到原先盘腿直坐姿势。反复做10遍。

4

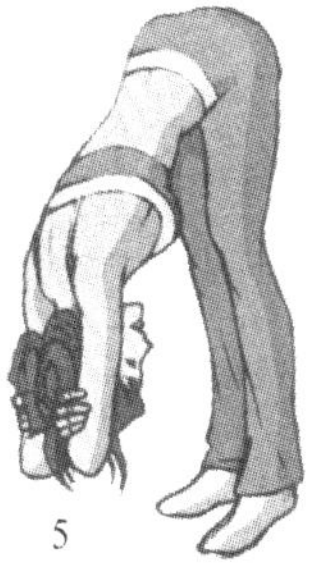
5

第五式　站姿前弯

自然站立，两腿分开，双手互握手腕处或肘关节处，上身从髋部开始向前弯，头放松下垂。保持姿势，缓慢呼吸1分钟。

第六式　肩桥式

仰卧，屈膝，双脚平放于地，双臂伸肩，手心向下，放在身体两侧。吸气,呼气,臀部缓慢向上抬起,至肩与膝成一直线。吸气,臀部放回地面。反复做10遍。

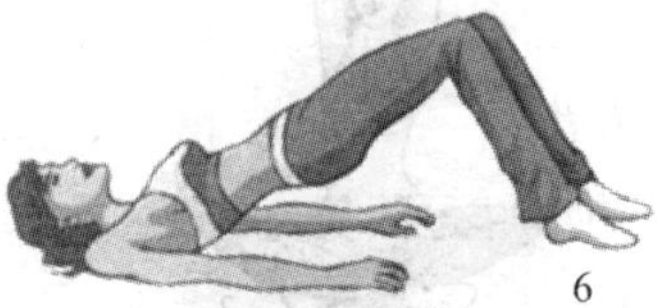

6

7

第七式　犁式

仰卧,双臂伸肩,掌心向下,置于身体两侧,双腿并拢。双腿上举,向后画弧形,双脚尖越过头部继续前伸,直至触及地面,保持姿势呼吸2分钟。然后双脚抬离地面,经过头部,恢复到开始仰卧姿势。注意要根据自己的能力做。反复做3遍。

第八式　婴儿式

跪式,臀部坐在脚后跟上。然后向前俯身,双臂向前伸,手心张开平放在地,额头着地。尽力舒张脊背,双手尽可能前伸。保持一会儿,反复做5遍。

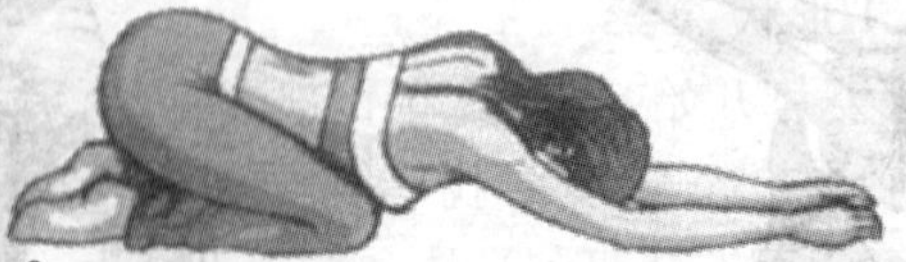

8

2. 六式瑜伽瘦身操

第一式　树姿势

1

双脚并拢,以山的姿势开始,脚趾充分张开伸长,用你的前面大腿肌肉来带动在膝关节附近的肌肉。伸直你的脊骨,挺起胸和肩膀。双手合十做一个祷告姿势,拇指贴近胸部,肘部弯屈接近身体。然后左脚抬起,紧紧地贴在右腿内侧(必要的时候可以使用你的手来帮忙),保持平衡,你右腿一定要保持直立的姿势，坚持5次呼吸的时间。如果你的灵活性和柔软性比较差的话，可以把左脚放到小腿或脚关节的位置，你仿佛就像一棵树一样，扎根在地球上，深深地呼吸。

第二式　新月状

2

从树的姿势开始，左脚向后迈一大步，脚跟提起，腿伸直，弯屈你的右腿膝盖，前后成一条直线，手臂向上举，双手合拢，向下压肩膀和后背，保持5次呼吸的时间。

第三式　武士状

3

从新月状姿势开始，将左脚放平，脚趾转30度，腿部仍然伸直，臀部转90度。右脚跟与左脚背保持一条线，膝盖保持在90度，臀部、身体和肩膀放松，居中，双臂平伸，与肩同高，手心向下。使劲伸你的指尖，好像去触墙。眼睛集中在右手的中指上，保持5次呼吸的时间。

第四式　T形状

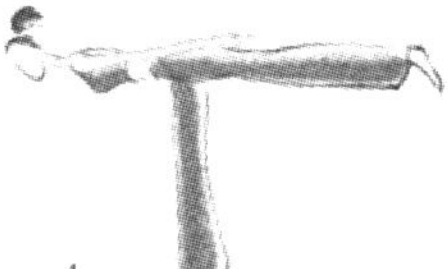

4

从武士状姿势开始，把手放在臀部上，上身直着向前倾，抬起左脚，寻找平衡，然后上身完全向前，提起左腿直到身体和左腿平行。充分伸展左腿，从臀部到脚趾。保持臀部正直，脸朝向地板。双臂在身体两侧伸直，手心朝里面，保持5次呼吸的时间。如果这个动作对你来说难度太大，你在最初的时候可以把腿架在一把椅子上。

5

第五式　半个月亮

从T形状开始，右手的指尖触摸在地板上（如果你不能触到地板，可以垫些物品如书本等），转移重量到右手和右腿。左脚离开地板，旋转左边的肩膀，臀部和左腿与地面保持平行，为了更好地保持平衡，抬头向上看，保持5次呼吸的时间。到结束的时候，向前转动躯干和臀部，还原为山的姿势。

6

第六式　三角形

从山的姿势开始，右脚向后迈2脚，向右转脚和腿外侧成90度，左脚向前，以腿为圆心，臀部向前转，右脚跟与左脚背成一条直线。手臂抬高，手心向下。使腿伸直（如果做不到，膝盖可以弯屈90度），躯干和手臂拉长，吸气。另一只手放在胫骨、踝关节或地板上，坚持左臂和右臂在一条直线上。抬头向上看，保持5次呼吸的时间。恢复原位，再开始另一侧。

（四）瑜伽练习注意事项

（1）练习瑜伽时，最好选择安静、通风、优雅的场所。可以在练习场所点一点熏香，让空气中弥散自己喜欢的味道；也可以播放宁静舒缓、空灵悠远的瑜伽音乐，使人易于消除杂念。

（2）练习瑜伽时，为防止地面动作受伤，可以准备薄地毯或健身垫。

（3）练习瑜伽时，应穿着不受束缚、易于伸展、撑拉的服装，禁止穿紧身内衣，练习时最好光脚，不戴任何首饰，以防意外受伤。

（4）练习瑜伽时，要防止生拉硬拽，不要过于勉强，每个动作达到自己努力所能承受的限度即可。练习时，动作应柔和缓慢，步骤明晰，配合好呼吸，意念集中。

（5）练习瑜伽时，应该心情放松。

（6）练习瑜伽时，最好避免在饱腹练习，最好在餐后三小时再练习。

（7）对于初学瑜伽者或柔韧性不好的练习者，可以准备一条毛巾作辅助。

三、跆拳道

（一）跆拳道概述

跆拳道是一项运用手脚技术进行搏击格斗的朝鲜民族传统的体育项目。跆拳道有着悠久的历史，在高句丽时代的古墓壁画上，已有了跆拳道的原形画面。

跆拳道声称世界第一搏击运动。跆拳道的"跆"字意为用脚"踢"，"拳"字意为用拳头作为进攻的武器，"道"是指人生的正确道路，在这里是指运用手和脚的方法和原理。跆拳道运动要求练习者不仅学习跆拳道的技术，更要加强对其礼仪和思想道德的学习和修养。每一个练习都要求"以礼始，以礼终"，以培养练习者"礼义、廉耻、忍耐、克己、百折不挠"的精神，它是对练习者精神和身体的一种综合修炼。

跆拳道的特点是以腿为主，以手为辅，主要关节武器化。跆拳道持术方法中主导地位的是腿法，腿法技术在整体运用中约占3/4，因为腿的长度和力量是人体最长最大的，其次才是手。腿的技法有很多种形式，可高可低、可近可远、可左可右、可直可屈、可转可旋，威胁力极大，是实用制敌的有效方法。其次是手法，手臂的灵活性很好，可以自如地控制完成防守和进攻动作，同时也可变化为拳、掌、肘、肩的多种用法，进行实战。在竞赛规则之外的跆拳道实战中，人体的一些主要关节部位亦可以用来作为进攻的武器，或防守的盾，这是跆拳道技术的本质，如人体的手、肘、膝、脚等关节部位，是跆拳道关战中最常用、最有效的击打武器。

今天的跆拳道仍然分为传统跆拳道和现代竞技跆拳道两大类。传统跆拳道的主要内容包括品势修炼、搏击格斗和功力三大部分，其中品势共有二十四套统一的架型，功力主要包括威力表演和特技两部分，搏击格斗中仍然保留着保留着一些传统武技的技法，如拳技、手刀、擒拿、摔锁等，它类似于今天的自由搏击，可以应用任何技法达到克敌制胜的目的。现代竞技跆拳道，是以比赛为主，在规则的严格限制下，进一步突出跆拳道善用腿技的特点。

跆拳道于20世纪90年代传入我国，并得到了快速发展，如今，我国已经成为竞技跆拳道强国之一。

（二）跆拳道的作用

跆拳道运动具有防身健身、修身养性、娱乐观赏等多方面的作用，是人们增强体质、培养意志品质的一种较好的手段。

（1）练习跆拳道可以改善和增强体质。跆拳道能很好地促进人的力量、速度、灵敏性、耐力、协调性等素质的全面发展，并且跆拳道技术动作中快速变动等动作对提高神经系统的灵活性、协调性均有很好的作用。

（2）练习跆拳道可以提高防身与自卫能力。通过跆拳道练习，不仅可以掌握各种踢法和拳法，提高身体的灵活性和反应能力，经过长期练习后还可以形成一定的技能，具备防身和自卫的能力。

（3）练习跆拳道可以磨练意志，提高品格修养。跆拳道推崇“礼始礼终”的尚武精神，其宗旨是“礼义廉耻，忍耐克已，百折不挠”。通过跆拳道练习，可以培养练习者坚忍不拔、勇敢无畏、顽强坚毅的意志品质，使练习者从开始就养成谦逊、宽容、礼让的高尚品德和尊师重道、讲礼守信的情操。

（三）跆拳道基本技法

1. 跆拳道的基本步法

跆拳道步法是指在跆拳道运动中脚步的移动方法。它是调整自己与对手之间距离的一种有效形式，也是进攻和防守时必不可少的技术。步法灵活多变，才能避让得当，攻防自如，赢得主动。

在跆拳道运动中，准备姿势非常重要，它是发动进攻和防守的第一步。准备姿势的基本步法是指在准备姿势站立后，向不同方向移动的步法。准备姿势的基本步法包括上步（也叫进步）、后撤步（也叫退步）、前跃步、后跃步、跳换步、侧移步、垫步等。由于步法在跆拳道中具有重要作用，因此，对于跆拳道初学者而言，必须花费大量的时间进行基本步法的练习。

2. 跆拳道的基本腿法

跆拳道以灵活多变的腿法而著称，仅腿法就有上千种之多。在这些腿法当中，有很多是由一些基本的腿法组合而成的。跆拳道的基本腿法包括前踢、横踢、后踢、劈腿、后旋腿、侧踢、双飞踢、鞭踢、前横踢、旋风踢等。练习者经过对这些基本腿法的联系，熟练以后，可以自由进行组合、变化。

（四）练习跆拳道注意事项

（1）跆拳道练习前必须做好准备活动。在跆拳道练习前，必须做伸展肌肉、关节和韧带的准备活动，否则很容易造成肌肉、韧带的拉伤等。

（2）跆拳道练习时要遵循循序渐进的原则。在进行跆拳道练习时，有些练习者会被跆拳道的一些精彩动作所吸引，轻易尝试高难度动作，这是非常危险的，一定要经过前期的训练，掌握了技术动作后，才能进行这类动作的练习。

（3）跆拳道练习时要注重礼仪。跆拳道以礼始以礼终，练习跆拳道应注意自身行为举止。

（4）跆拳道练习时要注重发声。跆拳道的训练过程中发声可以激励精神，提高训练效果，同时借助发声可在一定程度上减少体力消耗，在实战中的发声可以提高个人自信同时起到震慑对手的作用。

第十章 健身运动处方

健身运动处方就是为健身运动所制定的方案,其必须具有以下几个特点:第一,目标明确,即要知道做健身运动的目的是什么;第二,运动内容清晰,包括要进行的运动项目、运动强度、运动时间、运动频率 4 个部分;第三,注意事项,即要保证运动处方实施的安全性。因此制定健身运动处方是为了取得更好的、具有针对性的健身运动效果。

第一节 提高心肺功能的运动处方

由于心肺功能良好是健身运动的必要条件,因此制定提高心肺功能的健身运动处方之前,首先要确定参与运动的个体心肺功能是否良好,即对运动者进行心肺功能的评定。

心肺功能的初步评定,比较常见的测试方法就是台阶试验(参见第七章)。但由于台阶试验对于潜在心肺功能不全者以及中老年人来说有一定的危险性,需要在专业人士的指导及监控下进行测试。这里推荐一个简单安全的自我测试方法,可用来进行心肺功能的初步评定。

一、自我测试流程

1. 心脏功能的自我测试标准

心脏功能的自我测试目的在于简易区分是否有心脏功能不良的情况。首先通过是否有医学诊断将健康人与冠心病患者区分开。如果是有疑似心血管疾病患者,可以采用常用的心脏内科学心功能评价标准进行评定。

心功能1级:一般体力活动不受限制,不出现疲劳、乏力、心悸、呼吸困难等症状。无心衰体征,通常称为心功能代偿期。

心功能2级:体力活动稍受限制,休息时无症状,中等程度体力活动时即出现疲乏、心悸、呼吸困难或心绞痛等症状及心力衰竭体征,如心率增加等。亦称Ⅰ度或轻度心力衰竭。

心功能3级:体力活动明显受限,休息时无症状,轻微体力活动即出现心悸、呼吸困难或心绞痛等症状及肝肿大、水肿等心力衰竭体征。亦称Ⅱ度或中等程度心力衰竭。

心功能4级:不能胜任任何体力活动,休息时仍有乏力、心慌、呼吸困难或心绞痛及明显的心力衰竭体征。如水肿显著,久病者有心源性肝硬化。亦称Ⅲ度或重度心力衰竭。

运动处方只针对于心功能完好的健康人群,以及心功能1级的代偿期人群,超过心功能1级的心血管疾病患者和疑似患者一般不适宜从事运动。

2. 肺脏功能自我评定标准

通过肺功能简易评定,在医生确定无呼吸功能障碍的情况下方可使用以下运动处方。如有疑似肺脏功能疾病的情况下,可以参照以下标准:是否会在明显活动以后出现胸闷、气短,并有进行性加重的直至呼吸困难感。如果有以上感觉,一般也不适宜从事运动。

3. 年龄因素

年龄超过60岁者请根据自己的实际体力确定是否适宜运动。

二、运动处方

1. 运动目的

提高心肺功能的运动处方目的就是提高心肺功能，即心脏的泵血功能和肺的通气功能。

2. 运动方式

提高心肺功能水平的运动以有氧耐力运动为主要方式。有氧耐力运动的方式，最常见的就是慢跑。但是，并不是所有的人都喜欢慢跑，有的人也许跑了5～10分钟，虽然不感觉到累，但是因为感觉到很枯燥，就不愿意继续跑下去了。所以，在选择运动方式的时候，首要考虑的应该是运动的爱好。研究发现，爱好的运动，更容易坚持下去。

3. 运动强度

运动强度多用最大摄氧量的百分比或最高心率的百分比来表示，这两个强度控制方法有一定的专业性，可以用较为方便的个人主观感觉（RPE，表10-1）来确定适合的运动强度。有氧运动处方的个人感觉疲劳等级评估分数以不超过15为标准。

表10-1　主观体力感觉等级表

等级	自我感觉	最大心率百分比
6～7	非常轻松	35%
8～10	很轻松	35%～54%
11～12	尚轻松	55%～69%
13～14	稍累	70%～89%
15～16	累	
17～18	很累	≥90%
19～20	精疲力竭	100%

二、肌肉力量训练的负荷重量

在前一章力量性运动中，已经提出一个概念叫做最大负荷次数(RM)。它是制定加强力量的健身运动处方确定强度的依据。如为了发展肌肉力量，同时有效增加体积，根据力量训练理论，RM的值应该在8～12次之间。那么对于特定个体特定关节肌肉的适宜力量负荷RM如何确定呢？以卧推为例，开始可以给其负重20千克，如果20千克的负荷他能举到18次才力竭，则可以加到30千克作一个尝试，当30千克举到12次力竭，由此我们可以确定其开始力量训练卧推的重量应在30千克左右。而如果增加最大力量，不想增加肌肉体积，则加重到只能完成8次以下的重量，如35千克；反之主要目的是增加肌肉耐力，发展人体的有氧能力，则应该减轻重量到能完成15次以上或更多(不要超过30次)，如15千克等。

三、运动处方

根据运动的目的，提高肌肉力量的运动处方主要有两种。一种是涨力量同时涨肌肉的运动处方，另一种是涨力量而不涨肌肉的运动处方。

(一) 涨力量同时涨肌肉的运动处方

(1) 运动目的：既涨肌肉又要涨力量。

(2) 运动种类：各种力量性运动。

(3) 运动强度：运动强度用RM来表示，可以选择RM的值8～12次的重量负荷，这是一个个体化的负荷，因每个人的力量基础不同而不同，也就是每个人能举起8次到12次之间的重量。这种强度的训练可以使得力量与肌肉的体积得到最大的增长。

(4) 运动时间：在力量训练中，运动时间的概念体现的并不明显，只与运动负荷和频率发生关系，但是每组力量训练的间隔时间应该保持在2~3分钟。

(5) 运动频率:3~4次。

(6) 注意事项:

① 首先确定无高血压等心血管疾病,因为从事力量训练容易使血压骤然升高,心脏负荷增大,对心血管功能不全的患者有危险。

② 从事卧推杠铃等不稳定器械的练习需要旁边有专人保护,以免被压伤。

③ 注意各种肌肉群的训练应穿插进行,注意首先从大肌肉群开始锻炼,完成大肌肉群锻炼后再进行小肌肉群的锻炼。

④ 注意运动后积极地补充蛋白质,洗热水澡,并且通过肌肉按摩等方式尽量减少肌肉疼痛的发生。

(二) 涨力量而不涨肌肉的运动处方

(1) 运动目的:涨力量不涨肌肉。

(2) 运动种类:各种力量性运动。

(3) 运动强度;RM为3~5次的重量或RM为15次以上的重量。

(4) 运动时间:每组间隔时间可长一些,为5~10分钟。

(5) 运动频率:3次。

(6) 注意事项:同前一运动处方。

第三节　改善和保持体形的运动处方

一、体形的评定

一般来说,肥胖及其程度的判定是确定保持体形运动处方的首要步骤。判定肥胖及其程度采用4种方式。

(1) BMI 指数(参见第七章)。

(2) 标准体重范围:身高低于 155 厘米:标准体重(千克)= 身高(厘米)-100;身高超过 155 厘米:标准体重(千克)=[身高(厘米)-100]×0.9。

在标准体重的 90%~110% 之间均属于正常体重。比如一个人身高 165 厘米,体重 68 千克,其标准体重为(165-100)×0.9=58.5,则他的正常体重范围在 52.65~64.35 千克之间,因此可判定他超重了。

(3) 体脂百分比测试(参见第七章)。

(4) 腰臀比测试(参见第七章)。

二、减脂运动处方

(1) 运动目的:减体脂,仅对测试体脂超标的人群制定。

(2) 运动方式:结合自己兴趣的有氧运动,可以选择散步、慢跑、游泳、爬山、郊游、骑自行车、太极拳、篮球、足球、羽毛球、乒乓球等等,尽可能保证以有氧为主的运动。

(3) 运动强度:尽可能选择强度较低的运动,具体可以参照第一节评价运动强度的标准,首先以主观感觉为主。保持运动让自己觉得很轻松,也就是 RPE 评分 12 分以下。其次可以使用靶心率范围法,使得运动心率保持在特定的范围内。

(4) 运动时间:减脂运动处方要求运动时间尽可能超过 40 分钟。

(5) 运动频率:减脂运动处方我们推荐一周至少要有 4~5 天连续进行,以达到累积效果。

(6) 注意事项:由于减脂运动处方耗时很长,完成起来较枯燥,所以请尽量选择自己喜欢的运动方式进行,贵在坚持。同时需要配合饮食的控制,一方面要适当减少高能量物质的摄入,另一方面要注意平衡膳食。

三、保持身材的运动处方

(1) 运动目的:塑造身材,保持体形。

(2) 运动方式:全身性的有氧运动结合局部有氧训练和肌肉线条练习。所谓的局部有氧训练要求我们针对于局部脂肪较为集中的部位,在局部进行有氧运动。而肌肉的线条练习,参照 RM 的锻炼方法,保持局部肌肉在 RM =30 次左右的范围进行锻炼,可以增强肌肉耐力,美化肌肉线条。

(3) 运动强度:局部有氧练习保持为中小强度,请参考第一节心肺功能运动处方确定强度的方法。肌肉线条训练采用 RM =30 次左右的负荷。

(4) 运动时间:有氧运动坚持 30 分钟以上,肌肉线条练习 RM =30 次的负荷为一组,每次 2 ~3 组。

(5) 运动频率:3 ~5 次。

(6) 注意事项:

① 训练内容结合自己的喜好。局部脂肪堆积主要要通过全身性的运动来消除,局部有氧为辅助手段。

② 有氧运动和肌肉训练可以适当地结合,穿插进行,以减少锻炼中的枯燥感。

第四节　保持关节灵活性和柔韧性的运动处方

一、运动目的

提高关节灵活性、柔韧性。

二、运动方式

（1）提高关节灵活性的运动以全身性的运动活动，尤以球类运动为佳，如乒乓球、羽毛球、网球、足球、篮球等等。提高关节柔韧性的运动以拉伸性的牵拉运动为主。

（2）局部关节肌肉的牵拉练习，根据目的不同训练部位不同。

三、运动强度

运动强度根据运动者的具体情况可大、可小，一般由小至大。

四、运动时间

运动时间以主观感觉稍累或累为佳。

五、运动频率

提高关节灵活性的运动适宜每周3～5次，提高柔韧性的运动最好每天适量坚持。

六、注意事项

（1）进行各种球类运动时，要注意防止各类运动损伤。

（2）肌肉牵拉练习既可以成为准备活动，也可以成为整理活动。成为准备活动的优点是可以防止运动过程中的肌肉拉伤，而成为整理活动的优点在于可以使肌肉得到放松。牵拉练习遵循循序渐进，缓慢牵拉的原则。

第五节　休闲养性调节心情的运动处方

一、休闲养性运动处方的作用特点

（一）调整精神状态

休闲养性运动处方锻炼过程，是使人获得运动快乐的体验过程，是通过身体练习达到身心满足与情感愉悦，从而调整精神状态的过程。在日常工作、学习中，适时安排休闲运动处方锻炼，可以避免体力和精神疲劳的积累，保持饱满的精神和良好的体力。

（二）养护和增强身体功能

运动科学研究指出，身体练习能够加速身体疲劳的消除，加快精神和体力的恢复，是一种积极性休息。休闲运动处方锻炼即是通过不同的身体练习，让健身运动参与者改善和提高中枢神经系统的工作能力，使得头脑清醒，思维敏捷，促进内脏器官结构改善和功能的提高，增强人体的适应能力等。

（三）提高社会适应能力

休闲处方锻炼，可以集体进行。锻炼的过程提供给人们一个相互接触的机会，通过相互交流学习、合作与竞争，学会与他人交往，学会对他人更多的理解与宽容。加强社会各个层面的人与人之间的沟通，能使家人之间感情更加和睦，朋友之间友情更加深厚，同事之间关系更加密切。

二、制定运动处方的要点

（一）运动目的是参与运动

休闲运动处方，要求运动者重在参与，要重视在运动中获得“愉快”的体验。只要参加者在健身运动中做到身心放松，回归自然，经历了这一身体活动过程就可以了，而对于是否能够保证按照要求完成一定数量或质量的运动练习没有严格的要求。

（二）运动方式完全个性化

休闲运动处方锻炼，完全根据自己的兴趣爱好来制定，运动方式可以自主选择，同时运动时间、运动强度、运动场地等也完全服从个人意愿。总之，运动处方的各个内容完全按照个性化的要求进行设计。

（三）执行运动处方的随意性

休闲运动处方锻炼，具有消遣功能，因此与健身运动处方的要求相比，表现出执行的随意性。一般不要强调锻炼的系统性，只要有空闲时间，身心有所准备了，随时可以进行。随意性还表现在运动中动作质量和完成数量的要求上，只要自己感到精神愉快和身体舒适，怎样都可以。

（四）无所谓运动处方的效果

与健身运动处方相比，休闲运动处方一般不强调必须经过体力的检测和评价。同时由于休闲运动处方重在愉悦身心，以有氧运动为主，一般不会对身体造成伤害，运动中也以没有任何痛苦感，因此休闲运动处方一般也无需进行相关的运动效果评价。

第六节　健身运动的营养与损伤预防

一、健身运动的营养

（一）营养与营养素

人体从外界环境吸收食物的养分滋补身体以维持其生命的活动称为营养。营养素是维持正常生命活动所必需摄入生物体的食物成分。营养素分蛋白质、脂质、碳水化合物、维生素、矿物质和水

6大类。

1. 蛋白质

蛋白质的营养作用在于它的各种氨基酸。组成食物蛋白质的氨基酸有20余种,其中有数种不能在人体与动物体内合成,而必须获自食物,这些氨基酸被称为“必需氨基酸”。除这些必需氨基酸以外的其他氨基酸,因为都能在机体内合成,故被称为“非必需氨基酸”。各种蛋白质的氨基酸种类与含量是不相同的。因此,评价一种食物蛋白质的营养价值,主要应视其所含的各种必需氨基酸量是否能满足机体的需要。在运动中蛋白质一般不参与供应能量,只有在饥饿情况下才会部分参与供能。练健美的人合成肌肉需要大量的蛋白质,因此运动后需要大量补充。含蛋白质的食物有肉类、鱼、乳制品、蛋类、小麦、黑麦、玉米、燕麦、大麦、小米、食用菌、豆类和坚果等。

2. 脂肪

脂肪包括中性脂肪和类脂。前者主要是供给能量,后者多具有重要的生理功能。脂质的基本组成为脂肪酸,有必需脂肪酸和非必需脂肪酸之分。脂肪可以为我们提供大量的能量,包括协调机体活动所需的脂肪酸,它还将一些可溶于脂肪的维生素运送到机体的各个部位。饱和脂肪存在于牛肉、猪肉、鸡肉、鱼肉、乳制品、蛋类和热带可可油等食品中,不饱和脂肪可以从纯橄榄油、植物油和花生中摄取。

3. 碳水化合物(糖类)

糖类是供给生物热能的一种主要营养素。食物中的碳水化合物是多糖(淀粉)和纤维素。在膳食热量摄入不足时,机体的脂肪组织和蛋白质将被分解以补充热量的不足。人类的饮食习惯不同,膳食碳水化合物供给的热量一般占总热能消耗的45%~80%。在经济不发达地区可高达90%以上,这是因为碳水化合物是最廉价的热能来源。若膳食碳水化合物的热量过低,脂肪热量过高将会发生酮症(血液中丙酮含量过高导致酸中毒)。减肥的人常过多地限制碳水化合物,以限制热量的摄入,并增强劳动以消耗体脂,在这种情况下也会出现酮症。因此,来源于碳水化合物的热能不宜少于总热能的45%。碳水化合物存在于水果、蔬菜、糖、面粉、奶、小麦、玉米、燕麦和大米等粮食以及坚果和谷物中。

4. 矿物质

人体内有数十种矿物元素,广泛分布于全身。目前尚未能证明这些元素全部都具有生理功能。其中少部分元素具有生理功能的,被称为必需元素。其中钙、磷、镁是骨骼和牙齿的主要成分。在微量营养元素中,铁是血红蛋白的重要成分,为携带氧的载体。碘是甲状腺素的主要成分。矿物质主要存在于奶、乳酪、奶油、鱼肉、西红柿、菠菜和黄油中。

5. 维生素

维生素是机体所需的重要成分。所有的食品都含有一定成分的维生素,但水果和蔬菜的含量最高。维生素不提供热量,但在新陈代谢过程中起着重要作用。维生素可分水溶性和脂溶性两种。胡萝卜、菠菜、蘑菇、蛋、奶、酵母、麦芽、柠檬、橙子、菠萝、甜瓜、番石榴、鱼肝油和蛋黄等是维生素的主要来源。

6. 水

对健身运动者来说,水是最重要的营养素,水参与了人体所有重要的生命过程,对维持体温、消化吸收食物,造血和排泄废物都是十分重要的。在炎热、潮湿的环境中进行运动,每小时的排汗可达1~3升水。失水过多会出现血容量减少和运动能力下降,甚至会危及生命。

(二) 运动与能量供应

食物中的三大营养素糖、脂肪和蛋白质是供给人体热能的物质,称为三大能源物质。在正常生理状态下,糖和脂肪是主要的能源物质。其中糖对人体的运动有很大影响,是运动中最重要、最直接的能量来源。脂肪则是能源的有效储存形式，每克脂肪产生的能量是糖和蛋白质的两倍多。脂肪是从事长时间运动的主要能源，但必须在氧气供应充足的情况下方可实现。

运动时是以糖作为主要能源还是以脂肪作为主要能源，则由运动的强度大小和运动时间长短决定。一般来说，在进行短暂而剧烈的运动时，人体主要靠储存于肌肉的磷酸原和肌糖原供给能量；当运动强度较低，进行持续时间较长的耐力性运动时，肌肉收缩主要靠糖和脂肪的有氧氧化供给能量。其能量供应的规律是：在运动的开始阶段，糖仍被大量动用，随着运动时间的延长，糖的供能平稳地降低，脂肪的供能则平稳地增加，在运动至 20 分钟以后，脂肪的供能比例才明显超过糖，且以脂肪的供能为主。

二、健身运动的损伤预防

（一）运动损伤

运动过程中发生的各种损伤称为运动损伤。其损伤部位与运动项目以及专项技术特点有关。如体操运动员受伤部位多是腕、肩及腰部，与体操动作中的支撑、转肩、跳跃、翻腾等技术有关。网球肘多发生于网球运动员与标枪运动员身上。

（二）运动损伤的预防原则

（1）加强思想教育：平时要注意加强防损伤观念的教育，在教学、训练和比赛中，认真贯彻“预防为主”的方针。加强对学生、运动员进行组织性、纪律性教育，培养他们良好的体育道德风尚。

（2）合理安排运动负荷：运动系统的劳损，大多由于长期局部负荷过大所致。为了减少这些损伤，教师、教练员应严格遵守运动训练原则，根据年龄、性别、健康状况、训练水平和各项运动项目的特点，个别对待，循序渐进，合理安排运动负荷。

（3）认真做好准备活动。

（4）加强易伤部位的练习。

(5) 加强医务监督工作。

(三) 常见运动损伤的原因及预防方法

1. 肌肉韧带拉伤

内因:训练水平不够,柔韧、力量、协调性差,生理结构不佳。外因:准备活动不充分,场地、气温、湿度不适宜,上课内容不规范,教练专业水平不够。

预防:选教练、场地及适当的课程,在正常天气情况下锻炼、准备活动充分、循序渐进。

处理:24 小时前为急性期:停止运动、冷敷、包扎、抬高受伤部位。24 小时后为恢复期:进行按摩、微动、康复或恢复性锻炼。

2. 关节扭伤

内因:技术掌握不好、协调性差,关节周围肌肉力量小、生理结构不佳、疲劳产生体力差。外因:准备活动不够,场地滑,器材使用不当,教练、内容不规范(动作速度快、转、跳多)。

预防:准备活动充分、了解设备的使用方法、循序渐进,让教练或自己放慢速度。

处理:24 小时前为急性期:停止运动、冷敷、包扎、抬高受伤部位。24 小时后为恢复期:进行按摩、微动、康复或恢复性锻炼。

3. 脚底筋膜炎

原因:脚底频繁压力过多产生的疼痛。原因是运动不适合、鞋子问题、脚的生理结构不好。

预防:准备活动要充分(包括脚部的准备活动)。

处理:注意放松、休息、按摩、热水澡。

4. 肌腱、小腿肌痛

原因:经常提脚跟造成的。

预防:运动前后的准备活动和放松要多伸展肌腱、小腿肌,可以防止损伤和减轻疼痛。

处理:注意放松、休息、按摩、热水澡,伸展助减痛等。

5. 腰肌劳损

原因:练习方法不当(如:仰卧起坐时不屈腿),急于求成运动而损伤。

预防:学习正确的动作技术,不急于求成。

处理:注意放松、休息、按摩、热水澡。

6. 胫骨膜炎

表现:胫骨前骨膜与骨有剥离的感觉,产生疲劳感、酸痛。

原因:练习方法不当,地面不平,小腿的肌肉发展不平衡,突然的压力。

预防:学习正确的锻炼方法(如:不要长时间地连续跳跃动作、上下踏板动作)。

处理:注意全面锻炼、练习后要放松、休息、按摩、热水澡,做伸展练习减疼痛等。

附:科学健身运动问答(二)——选择与方法

1. 健身运动类型划分的依据是什么?

运动的种类很多,运动类型的划分采用不同的分类标准,可以划分成不同的类型。常见的划分标准有:① 根据运动时主要的供能形式,可以将运动分为有氧运动、无氧运动以及有氧和无氧混合的运动;② 根据运动提高的人体素质形式,可以将运动分为力量性运动、耐力性运动、柔韧性运动等;③ 根据运动项目自身的特点,可以将运动分为球类运动、体操运动等。

2. 打篮球是有氧运动吗?

篮球运动是一项较为普遍的运动项目,老少皆宜。篮球运动是否是有氧运动,要看打篮球时的运动方式,如果几个人的游戏,没有显然的竞争,则打篮球几乎以有氧氧化系统供给能量,因而是有氧运动;而如果是比赛,则多为有氧和无氧结合的运动。

3. 力量性运动的强度如何来控制?

力量性运动的强度决定了发展力量的性质、锻炼的效果,因而是力量性运动中的关键要素。目前控制力量性运动强度常用最大重复次数(RM)对应的重量来控制。如某人 RM 为 3 次对应的卧推重量为 40 千克,那么 RM 为 8 次对应的卧推重量肯定要低于 40 千克。因此,RM 的值越大,运动的强度就越低。

4. 力量性运动一定要专门的器材才能做吗?

肌肉的力量是通过其克服外界负荷重量体现出来的,反之要提高肌肉的力量,必须给予肌肉以重量刺激。力量性练习专门的器材,如杠铃、联合练习器等均是按照确定重量的方法来设计的,对进行力量练习的强度控制有积极作用。然而,力量性运动并不一定要用专门的器材,很多情况下,运动者自身的体重就是很好的重量刺激,如俯卧撑、引体向上、仰卧举腿等都是常用的力量性运动方式。

5. 哪种运动对人体锻炼的好处最大?

运动的种类很多,各种运动对人体的形态结构和生理功能产生的影响或多或少存在一些差别。人体是一个完整的整体,结构的改变和功能的完善需要同步协调,因此单一的、局部的运动对人体的影响效果较小,而全身性的、复合式的运动对人体的影响效果较大。因此,不存在哪种运动的好处最大。另外,在选择运动方式时,还要考虑个人的兴趣爱好、场地条件等。

6. 确定安排健身运动时,要考虑那些因素?

在确定健身运动安排时,主要要考虑的因素有:运动的目的,准备采用的运动形式,适合自己的运动强度和运动时间,适宜的运动频率,以及与所选运动项目相关的注意事项等。

7. 参加健身运动后在营养上要注意什么?

健身运动需要额外消耗能量,同时也会丢失相当量的水分。

因此，健身运动后除了要增加一些糖、脂肪和蛋白质营养外，补充水分也很重要。另外，运动的目的也决定了运动后营养的补充，如果目的是健美的肌肉，则需要增加蛋白质营养，如果是为了减肥，则要限制糖类和脂肪的摄取。

8. 运动前为什么要做准备活动?

运动前做好充分的准备活动，至少有以下三个方面的好处：一是可以提高参与活动的神经、肌肉活动兴奋性，提高体温，防止出现运动损伤；二是可以预先调动内脏器官的活动，避免运动中的腹痛等现象的产生；三是准备活动本身就是全身性的健身运动，对提高人体的功能具有积极意义。

9. 运动中出现了肌肉拉伤和扭伤怎么办?

由于运动不当或运动强度过大，运动中时常会出现肌肉的拉伤和脚的扭伤，这些损伤均属于人体软组织的损伤，其处理的办法大致相同。首先是停止运动，确定损伤程度；其次是止血（内部出血），采取的措施有冷敷、加压和抬高肢体等；第三是在损伤后 24 小时（较严重的损伤在 48 小时）后进行恢复处理，采用的措施有热敷、按摩、推拿和其他理疗手段。

10. 有让大腿变细的运动方法吗?

使腿变细最有效的方法就是运动加上适当地控制食量。一般我们推荐做持久而缓慢的运动，可燃烧多余的脂肪，使腿部变细。交替踏步：仰卧，像骑自行车一样，两腿交替踏动做 40 次。以后速度逐渐加快，次数可增至 150 次。两腿交叉运动：仰卧，两腿向上抬起与上体成直角，两膝略弯，先左腿压右腿，后右腿压左腿，交叉运动，快速做 15 次左右。

11. 什么是“网球肘”，发生后应怎么处理?

“网球肘”是体育运动中最常见的一种肘关节损伤，多发生在网球、羽毛球、乒乓球、标枪等项目中。由于它在网球运动中发病率最高，所以大家习惯叫它“网球肘”。“网球肘”的主要症状是肘关节侧剧烈疼痛，并向前臂和上臂放射。发生“网球肘”，首先要立即停止手臂用力的某些运动，如打网球、乒乓球等，休息3～4个星期。用热敷改善局部的血液循环，消除淤血，有利于损伤恢复。“网球肘”的预防，首先进行网球、羽毛球、乒乓球、击剑、投掷等的运动要得当，避免局部负担过重，要掌握要领，采取正确的方法；其次，运动前对肘关节要充分活动开；运动后要做好局部按摩，热水洗浴，改良局部的血液循环；第三，平时加强肘关节的锻炼，增强前臂肌肉的力量和肘关节的稳定性，以预防“网球肘”的发生。

第三篇

常见慢性疾病患者的健身运动方法

第十一章　糖尿病患者的健身运动

据世界卫生组织(WHO)的报道,糖尿病目前已成为全球第三位威胁人类健康的慢性非传染性疾病,无论是发达国家还是发展中国家,其患病率均呈逐年上升趋势。1997 年全球有糖尿病患者 1.35 亿,到 2000 年大约有 1.75 亿,到 2025 年预计将剧增至 3.00 亿。初步估计,我国糖尿病的发病率为 2%,已确诊的糖尿病患者达4 000 万,总数已跻身全球第二位,并仍以每年 100 万的速度在递增,如果不加以控制,到 2025 年我国糖尿病患者可达到 6 000 万人,其形势十分严峻。糖尿病已成为我国重要的公共卫生问题。当今研究已经证实,健身运动对糖尿病患者的康复具有积极的意义。

第一节　运动在糖尿病患者康复中的作用

一、糖尿病的分类

糖尿病可以分为 1 型糖尿病和 2 型糖尿病。1 型糖尿病的发病多与遗传有关,发病年龄较轻。其确诊后的治疗主要以包括胰岛素治疗、饮食控制等在内的综合治疗,运动疗法则是在病情稳定、血糖得到有效控制并征得医生同意后具体实施的。

2 型糖尿病占全部糖尿病发病率的95%以上,其发病与不良环境因素及不健康的生活方式有关,病情轻,病程缓慢,多见于成年人,尤其以40岁以上者为著,且患者多肥胖。由于该型糖尿病以外周组织对胰岛素的抵抗及胰岛素分泌不全为主要特征,而适当的运动可提高外周组织对胰岛素的敏感性,纠正糖代谢紊乱。因此,2型糖尿病是糖尿病运动疗法的主要适应症,肥胖型2型糖尿病则为最佳适应症。

二、运动在糖尿病患者康复中的作用

合理的运动不仅能降低血糖、改善肥胖和胰岛素抵抗性,对代谢紊乱综合征发挥治疗和预防作用,更重要的是运动能协调机体的整体功能,提高生活质量。

1. 调节糖代谢,降低血糖,减少尿糖

运动可以减轻外周组织对胰岛素的抵抗,提高肌肉组织对葡萄糖的利用率,调节糖代谢,促进骨骼肌对血液中葡萄糖的直接摄取,使血糖降低;持续运动时消耗肌糖原与肝糖原,使高血糖状态缓解,运动后血糖又转变成糖原储存,以致血糖持续下降。

2. 增强胰岛素敏感性

2 型糖尿病患者大多超重或肥胖,往往有胰岛素抵抗和高胰岛素血症。运动可使体质量减轻,肥胖者在运动时胰岛素分泌减少,胰岛素与受体结合率升高,而且与受体结合后的代谢反应增快,因而提高了胰岛素的敏感性,降低了胰岛素的抵抗,从而改善糖代谢;运动还可增加肌细胞膜上胰岛素受体的数量,导致肌细胞对胰岛素的敏感性增加。

3. 提高体力,促进健康,预防和控制感染或其他并发症的发生

运动时循环和呼吸功能加强,血流加快,毛细血管扩张,血管张力降低,氧供应量增加,对糖尿病心肺并发症的发生有一定的预

防作用;运动能降低血压,增加血管的弹性,对轻、中度高血压亦有一定的防治作用;较高强度的有氧运动能显著降低糖尿病患者的心血管病及总体死亡率;运动也可以通过提高抗凝因子的活性,改善血液的高凝状态及减小血小板体积,从而延缓血栓的形成。

4. 控制肥胖,降低血脂

运动时能量消耗增加,促进脂肪组织分解,以减去体内多余脂肪,控制体重;运动可以改善异常的高脂血症,纠正脂肪代谢紊乱,降低三酰甘油、胆固醇和低密度脂蛋白等容易引起冠心病的有害成分,同时又能使具有保护作用的高密度脂蛋白升高。

5. 提高机体适应性

运动能使肌毛细血管与肌纤维数值比例增加,从而增强体力;同时从运动中所获得的心理状态的改善,可提高患者对日常生活的信心,消除紧张情绪,改变不良生活方式,增强社会适应能力。

特别提示

实验证明,有效运动30分钟可使血糖降低12%~16%,因此,通过体育锻炼控制血糖、较长时间保持运动后的良性反应,并同时积极影响患者的心理过程,使患者在健康状况逐渐改善、体能逐步提高的过程中,更多地品味和体验人生的幸福,是一件十分有益的事情。糖尿病患者的体育锻炼既是生理健康的需要,也是心理健康的需要。

第二节 糖尿病患者适宜的健身运动方法

一、糖尿病患者适宜的健身运动项目

适合于2型糖尿病患者的运动主要包括:中等强度的节律性有氧运动,如散步、慢跑、游泳、骑自行车等;全身肌肉都参与活动

的中等强度的有氧运动，如医疗体操、健身操、太极拳、木兰拳等；适当的娱乐性球类活动，如门球、保龄球、羽毛球等。肥胖型2型糖尿病患者的运动疗法也可以选择上述各类运动，但运动强度宜偏低，运动持续时间宜适当延长，避免过度激烈紧张的剧烈运动。

运动项目的选择因人而异。患者均可根据自身特点如年龄、性别、体质状况、文化背景、个人生活、运动习惯及爱好等不同而酌情选择。运动项目不必是单一的，可多种形式交替进行，主要选择中低强度的有氧运动项目，主要包括步行、健身步行、慢跑、走跑结合、骑车、游泳、各种拳类、健身体操、各种球类等。2003年国际糖尿病联盟提出，将运动穿插于日常生活之中，如步行上楼梯，做家务，踏自行车或步行上班，花更多的时间种花养草，生活中能手工做的工作尽量不用工具等。具体方式如下：① 老年糖尿病患者：散步、下楼梯、平地自行车、太极拳、体操、轻微家务劳动等。② 肥胖型糖尿病患者：平地快走、慢跑、上楼梯、坡道自行车、登山、各类球类训练、擦地板等。③ 轻度糖尿病无并发症患者：游泳、体育比赛、力量性运动、拳击、体力劳动等。

二、糖尿病患者健身运动强度的控制

为保证糖尿病患者运动的安全性和有效性，确定适宜的运动强度是其关键。据《国际糖尿病运动指南》的要求，糖尿病高危人群和糖尿病患者每天至少进行30分钟中等强度的有氧运动，这对降低血糖和尿糖将产生明显作用，如果身体条件允许，适度增加运动时间和运动强度效果则会更好。运动强度不能过小，也不能过大，通常比日常活动强，其目标要合乎改善代谢和心血管功能。

由于多食、肥胖、运动不足等是导致身体组织无法正常利用葡萄糖、促使2型糖尿病发生和发展的重要因素，因此，为达到锻炼目的，从能量代谢的角度分析，2型糖尿病患者运动时的运动强度以采用中等强度即有效心率＝[（220－年龄）×（50%～70%）]较为适宜，这对降低血糖和尿糖有明显作用。而肥胖型糖尿病患者运动时的运动强度以采用持续低强度即有效心率＝[（220－年龄）×（50%～60%）]为好，以利于体内脂肪的利用和消耗。

特别提示

运动时运动强度的大小直接关系到2型糖尿病和肥胖型糖尿病不同的锻炼效果，应注意区别对待。经观察发现，运动强度较低的运动，能量代谢以利用脂肪为主；运动强度中等的运动，有明显的降低血糖和尿糖的作用。

若运动中患者出现了血糖波动较大、运动后疲劳感明显且难以恢复等不适应的情况，则应立即减小运动强度或停止运动。值得注意的是，虽然2型糖尿病为非胰岛素依赖，病情较轻，但患者多为中老年人，体力较弱，运动水平低，因此，运动中有效心率范围最好依据运动耐力试验的结果来确定。

三、糖尿病患者健身运动持续时间和频度的掌握

运动持续时间在初始阶段可以稍短，以后随机体对运动的适应，视患者身体条件不同而适当延长，从最初的每次5～10分钟逐步增至40～60分钟不等。每次运动应有运动前5～10分钟的准备活动及运动后至少5分钟的放松活动。

由于运动时间和运动强度的配合影响着运动量的大小，所以当运动强度较大时，运动持续时间应相应缩短；强度较小时，运动持续时间则适当延长。对于年龄小、病情轻、体力好的患者，可采用前一种较大强度、短时间的配合；而年老体弱及肥胖型患者，采用后一种较长时间、低强度的配合效果较好。

运动频度一般以每周3～5次为宜，具体视运动量大小而定。如果每次运动量小且患者身体允许，则每天坚持运动一次最理想。如果每一次的运动量大，可间隔1～2天，但不要超过3天。如果运动间歇时间超过3～4天，已经获得的胰岛素敏感性会降低，已

经累积的运动效果和作用会下降。

特别提示

每次运动的持续时间对2型糖尿病患者、尤其是肥胖型糖尿病患者是一个非常重要的因素，以从最初的每次运动5~10分钟逐渐增至每次40~60分钟为宜，但更重要的在于每天运动习惯的形成从而保证运动的良性循环。

四、糖尿病患者实施运动的时间

合适的运动时间，应该与饮食、药物等治疗相互协调，从抑制餐后血糖上升的目的出发，餐后60~120分钟时段运动较为有效。但餐后进行运动时应该避开降糖药物作用高峰期，以免发生低血糖。

五、糖尿病患者的基本健身运动方法

（一）室内锻炼方法

在室内进行身体锻炼，对2型糖尿病患者来说，不仅能达到与室外锻炼同样的效果，而且安全有所保障，运动量易于掌握。

1. 原地高抬腿走

（1）方法：身体自然站直，两眼正视前方。一腿抬高，另一腿支撑，两腿互相交替进行，自然呼吸。初练时，抬腿的节奏稍慢，约1秒钟一次，原地走1分钟。待久练适应后，可略加快节奏，约0.7秒钟抬腿一次，走1分钟，休息1分钟，再走1~2分钟。该方法适用于病情稳定、有一定运动基础的患者。

（2）要求：大腿要抬到一定高度，要与地面保持平行，脚踏地要有力，两臂前后摆动幅度要大，与抬腿的节奏配合一致。若情况允许，每天可练习1~2次。抬腿节奏可根据运动感觉随时予以调整。

（3）作用：该练习运动强度稍大，可增强体质，提高心肺功能，提高运动系统功能,使全身得到锻炼,有利于控制血糖。

2. 登楼梯

(1) 方法:登楼梯时注意力要集中,上身尽量自然直立,勿前倾,腹部向内收,臀部向里收。膝关节屈曲,以大腿带动小腿向前上方跨出。全脚落地时踏在梯级上用力蹬地,促使身体上升。步态保持稳健从容,不要过急,以防摔伤。摆臂自然,与步伐协调配合。开始锻炼时,应以慢速为主,如1分钟上一层楼,休息1分钟,待呼吸平稳后再上1层楼,再休息1分钟……这样循序渐进地锻炼一段时间后,随着体力的增强而减少中途休息时间,速度也由慢变快。每天锻炼1~2次,可以结合日常的生活进行。

(2) 要求:作为一项健身运动,应按照要求进行练习,以区别于日常生活中的上、下楼梯。患者必须结合病情掌握好登楼梯的速度和运动量,凡年龄较大、血糖水平不稳定、下肢关节有伤病的糖尿患者,禁止参加这一运动。锻炼前应熟悉楼梯的周围环境、楼梯的梯段数和台阶数,并做好准备活动。锻炼时着装要轻便合适,脚穿有弹性的鞋子,且尽可能选择在行人比较少的时候进行。运动后不要马上停下来休息,可以抖抖腿,慢走一会儿,使身体的功能状态逐渐恢复正常。锻炼中如有胸闷、心慌等现象以及发现血糖升高、病情加重等情况,应立即停止锻炼。

(3) 作用:登楼梯运动是运动强度较大的有氧运动形式,对于在高层公寓、住宅楼居住的人来说,机会较多,往往不用特意安排时间,每天在上、下班的途中及日常生活中,就可以不知不觉地完成锻炼。它可以提高耐力和心肺功能,增强下肢力量,改善体力,锻炼意志品质,有利于血糖稳定。

3. 室内健身车锻炼

室内健身车是安装固定在室内的、能够随意调节负荷大小的、可以在上面进行踏车运动的一种定量运动器械。

(1) 方法:精力集中,双眼平视前方,头部和颈部肌肉放松,上身保持正直,腹部向内收紧。蹬踩脚踏时,脚的位置要恰当,用力要均匀,以大腿带动小腿用力蹬车,以免发生踝关节和膝关节的疼痛。骑车时注意一定的节奏,开始骑速稍慢,和平时散步频率相当,以后逐渐加快速度,也可采用快骑和慢骑交替的方式进行。年轻、体力较好的患者亦可利用普通自行车结合上、下班或利用山地车外出远游的机会在室外进行同等效果的锻炼。

(2) 要求:锻炼开始前,先将自行车鞍座的高度调整至脚向下蹬踩脚踏时脚能够完全伸直的位置。锻炼时,注意骑车姿势,掌握适宜的运动量。一般以自我感觉不太疲劳、身体微热、运动后稍加休息疲劳很快恢复及无明显肌肉酸痛为宜,也可在骑车几分钟后停下计数即时脉搏,以便根据心率掌握运动量,如脉率过快超过有效心率,应减慢车速或减小踏车阻力;如脉率偏慢,则可加快车速或增加蹬车阻力。每天锻炼一次,每次20~30分钟。

(3) 作用:该项练习运动量适中,可促进血液循环,增强全身耐力,提高心肺功能,在锻炼腿部力量的同时也使全身得到了锻炼,有助于控制血糖、降低体重、增强体质。若能在室外骑车锻炼,还可沿途饱览风光,令人心旷神怡、心胸开阔、精神焕发。

4. 医疗体操

该套体操适合于一般轻度和中度的糖尿病患者,尤其适合于肥胖型糖尿病患者,坚持练习可有效地控制血糖、尿糖,使体重减轻。

(1) 方法

① 原地快步走:患者原地小步快走3分钟(每分钟110~120步),病情较重者步速稍慢。走时上体保持正直,手脚协调配合,脚步放松而富有弹性,以大腿带动小腿,用鼻自然呼吸。

② 原地异步走:分别用脚尖、脚跟、足内侧、足外侧各原地步行1~2分钟。同时两臂侧举,做五指交替屈伸、手腕前后绕环动作。

③ 肘关节绕环：身体自然直立，两足开立同肩宽，两臂侧举。以肘关节为轴，两前臂分别用力做向内侧、外侧绕环旋转动作。内、外侧各绕 2 ~5 周，交替进行 5 ~6 次。

④ 下蹲绕膝：两足开立与脚掌同宽，双臂置于体侧，两手自然下垂。两腿缓慢下蹲至蹲位，两手扶膝，两膝分别向左、右各做绕环运动 5 ~6 次。

⑤ 肩关节绕环：身体自然直立，两足开立与肩同宽。双臂上举，以肩关节为轴，做由体前到体后的绕环动作 2 ~5 周，然后换方向做由体后到体前的绕环动作 2 ~5 周，交替进行 5 ~6 次。

⑥ 触摸脚尖：坐在床上或垫子上，两腿伸直尽量向两侧分开。上体缓慢屈向右侧，吸气；用两手尽可能触摸右脚尖，呼气。还原后改向左侧，动作相同。重复 5 ~6 次。

⑦ 仰卧蹬腿：平躺于床上或垫子上，头下放置枕垫一只，两臂自然伸直放置于身体两侧。两腿抬起做蹬踩自行车的前后绕环动作。重复做 10 ~11 次。

⑧ 俯卧前撑：身体俯卧在床上或垫子上，双手于身体两侧撑地，吸气；臀部上提，上体后移，腰部下塌向膝部靠近，呼气。重复做 5 ~6 次。

⑨ 原地慢步走：原地慢走 3 ~5 分钟，速度稍慢于一般行走。走时两臂放松自然摆动，与脚步配合协调，深吸气，呼气缓慢而绵长，使身体逐渐恢复平静。

(2) 要求：以上 9 节体操依次练习，每天 1 ~2 次。练习时应注意力集中，呼吸平稳，动作自然、到位，活动幅度尽可能大一些。力量的大小及动作重复的次数根据患者的身体情况适当调整。

(3) 作用：这是一套运动量适中、全身关节和肌肉都能得到锻炼的运动方法，能伸展肌肉、活动关节、增强体力、降低血糖。肥胖者坚持练习可达到消耗脂肪、降低体重的目的。经过一段时间锻炼后，患者自觉关节灵活，肌肉舒展、有力，体内多余脂肪减少，血糖水平稳定。

5. 座椅运动

这是适合体力较差、年龄较大的糖尿病患者在家中锻炼的一项运动,简便易学,方便有效,坐在家里的椅子上就可以进行。

(1) 方法

① 全身放松,上体直立坐于椅上,两臂自然下垂。头部先前倾、后仰并从左向右转一圈,再反方向从右向左转一圈为一次。第二次方法相同,但头的转动方向相反。各种方向各转3次。

② 两臂伸向体后,十指交叉,掌心向外,两臂尽量后伸,胸部展开。该姿势静力保持3~5秒。

③ 坐在椅子前端,两腿屈膝前伸支撑,两手撑扶椅座两侧,尽量伸展腰部和扩展胸部。持续3~5秒。

④ 正坐在椅子上,双手抱头,扭转上体。先向左转再向右转,各转动10次,转动幅度要大。

⑤ 正坐在椅子上,两眼目视前方,双手抓扶椅座,两腿伸直向上抬起,腿与地面平行,脚尖绷直,停留3~5秒,腿放下。然后再继续举腿,重复做5~10次。

⑥ 屈肘两手扶上臂,将背部挺直,在椅上反复进行坐立活动,做5~10次。

(2) 要求:上述6节运动应依次锻炼,每天1~2次。锻炼时,要保持姿势正确,患者可根据病情自行掌握和调整运动强度、次数、力量及静力状态保持的时间,以身体微微发热为度,不可气喘吁吁。座椅应稳固放置在室内空地的中央,四周近距离应无障碍,以防座椅翻倒及肢体伸展时碰伤。

(3) 作用:该项运动运动量较小,是以坐位为主而不同于其他项目的运动,由于身体各部位的相继活动及身体姿势的变化,改善了血液循环,促进了物质代谢,有利于肌肉组织对血糖的利用。锻炼后,常自觉头脑清醒,颈、肩及腰背部肌肉放松舒适,四肢活动轻松灵活，血糖水平控制理想。

特别提示

由于体育锻炼不可避免地会引起食欲增加、消化功能增强，因而肥胖型患者在进行锻炼的同时，还要特别注意加强饮食控制。只有将体育锻炼和限制饮食相结合，才能真正达到康复的目的。据报道，有90%以上的肥胖型糖尿病患者通过适当的饮食限制和体育锻炼达到了控制糖尿病、降低体重的目的。

（二）户外锻炼方式

在户外进行身体锻炼，不仅可以充分享受自然，而且可以利用大自然中水、空气、土壤、阳光等与人体健康息息相关的自然资源来辅助预防和治疗疾病，以期产生意想不到的综合疗效。

1. 倒走

（1）方法：一改正常行走的姿势和方向，为背向行走。倒走时上身自然挺直，不可后仰，步幅略小于正常行走的步子，脚掌先着地，再过渡到全脚。两臂摆动自然和脚步协调一致。呼吸自然，不憋气。走时可以用眼睛的余光观察身后路面的情况。以慢速行走开始，每次走300～400米。经过一段时间的锻炼和适应后，逐渐过渡到中速行走，每次走400～600米。

（2）要求：必须避开车辆、人员川流不息的交通要道和路口，选择一开阔而平坦的路面，以防不测。最好有家人或朋友陪同。初次练习时，由于不适应，速度可以放慢，距离可以缩短，待适应后再按照正常的练习方法进行锻炼。

（3）作用：倒走的运动强度要大于正常步行，这是因为人们对背向活动的不适应导致了肌肉明显收缩及肌肉收缩方式的不同所致。它有利于提高人体的平衡能力及身体的灵活性、协调性，有利于提高肌肉对血糖的利用率，从而控制血糖。

2. 慢跑

慢跑是一种简便、不需要特殊设备和场所的运动。动作简单，易于掌握，活动全面，运动量易调整，锻炼效果显著，是一项适合于2型糖尿病及肥胖型糖尿病患者的运动项目。

(1) 方法：两眼平视前方，肘关节前屈呈90°置于体侧，略抬头挺胸，上体略向前倾。跑时全身肌肉放松，动作自然，用轻松而略带弹性的步伐前进，两臂自然屈肘前后摆动。跑动步伐不要过大，以前脚掌着地，双脚交替腾空、蹬地。注意呼吸的规律性，使呼吸与跑的节奏协调配合。一般情况下，两三步一呼，两三步一吸，呼气用嘴，吸气用鼻。

(2) 要求：应选择环境幽静清新、路面开阔平坦、车辆人流稀少之处。跑前做好充分的准备活动，特别要活动容易受伤的踝、膝关节和腰部，衣着宽松舒适，鞋子轻便柔软。跑时强度不宜过大，呼吸以不影响正常的大声说话为宜，身体微热，略有出汗。跑后应缓慢走动，做一些放松运动，逐渐停止，切忌突然停跑或立即坐下休息。开始一个月，每次跑10～15分钟或走跑交替，每周3次，跑速量力而行，以后随着体力的增强逐渐加大强度。但是，过度肥胖的患者不宜进行跑步运动，以防损伤。

(3) 作用：慢跑是一项有氧运动，可增强心肺及呼吸功能，提高耐力，能将体内多余的脂肪燃烧掉，从而减少脂肪的储存，达到减肥的效果。在慢跑中，由于腰、背和上下肢不停的运动，增加了这些部位肌肉和韧带的力量，改善了关节功能，保持了四肢的灵活性，提高了血糖的利用率。此外，慢跑还可以使人精神愉快，青春焕发，促使疾病康复。坚持慢跑一段时间后，患者必将体力加强，腿部有力，体重下降，血糖稳定，行动轻快，心情舒畅。

3. 跳跃

(1) 方法

① 原地跳跃：身体自然站直，两脚略为分开，两手在身后相握。准备起跳时，两脚后跟先离地，身体上升，下落时两侧膝关节微屈，脚前掌落地。随着身体渐渐发热，开始跳跃。跳跃时膝关节

稍微弯屈,用前脚掌蹬地向上跳起、落地。落地时,下肢髋、膝、踝关节微屈。一次跳跃1~2分钟,休息1分钟后再跳1分钟。

② 开合跳:两脚向左右跳开,两臂向前摆;两脚合并跳,两臂还原,连跳数次。再两脚向前后跳开,两臂侧平举;两脚合并跳,两臂还原,左右脚前后交替连跳数次。

③ 拍脚跳:右小腿屈膝向右侧摆起,用右手拍击右脚外侧,右脚着地后换左腿,动作相同,方向相反。连跳数次。

④ 摆腿跳:左脚原地跳起,右脚屈膝由后向前摆动,两臂自然摆动。右脚着地后换左腿,动作相同,方向相反。连跳数次。

⑤ 患者还可以根据个人的情况,选择单足跳、双足跳、两足交替跳等各种跳跃动作。

(2) 要求:以上各种跳跃动作难易程度不一,患者在练习时必须结合自己的体力和病情进行选择,从易到难、循序渐进,不可勉强,练习后稍加休息,以身体微热、不感疲劳为度。跳跃时不要跳得太高、速度不宜太快,只要达到全身抖动的目的即可。采用自然呼吸,不要憋气。

(3) 作用:跳跃是一种以下肢或四肢肌肉活动为主的全身介入的健身运动,能有效地活动筋骨,提高心肺功能,加强物质代谢,使全身的骨骼和肌肉都达到放松的目的。运动后,自我感觉全身松弛、舒适,腿部有力。

4. 登山

(1) 方法:应在亲朋好友的陪同下,利用节假日进行锻炼。开始阶段宜选择高度不高、坡度较小、路比较好走的山峰。登山时,上身略前倾,步子不要过大,遇坡度较大时自然提高大腿。切忌贪高图快,以免力不从心,结果适得其反。下山时须小心,上体稍直立或后仰,脚跟先着地,膝部微屈,重心降低,步子不宜太快、太大、太急,应努力控制使步伐轻松、活泼,以免发生损伤。在上山及下山的过程中,根据自己的体力可休息1~2次或不休息。每次登山时间不超过1小时。每周一次或隔周一次。为了增加趣味性，可以采用边登山边聊天的形式或比赛的形式，使患者在享受大自然、接受大自然良好刺激的同时，在不知不觉之中调节了精神。

(2) 要求：糖尿病患者登山，务必加强医务监督，注意安全。要因人而异，量力而行，严格控制运动量，随时观察心率变化。病情不稳定者不可登山。患者登山后倍感疲劳、或心率在15分钟内未恢复平稳，需要调整运动量或停止登山。登山前要做好准备活动，以使全身肌肉舒展、放松，关节灵活自如；登山时，要做到情绪饱满、心情愉快。衣着要适宜，鞋子要合脚，最好穿软底有防滑纹理的登山鞋。

(3) 作用：登山是一种健身、康复运动，运动量较大，是使全身的关节和肌肉都能得到锻炼的一种全身运动，对提高心肺功能、身体耐力及腿部力量有良好作用。登上山顶，可增强信心，内心充满自豪感，从而拥有健康的心态。

5. 行进间简易健身操

闲暇之际，出门走走，至行人稀少，环境幽静之处，恰是随机锻炼的好时机。行进间简易健身操正是一组可用于边走边练，且生动活泼、实用有效，适合于2型糖尿病及肥胖型糖尿病患者的有效锻炼方法。

(1) 方法

① 步行：开始用舒缓的步幅走5~10分钟，适应后则加大步幅。走时动作自然，有节奏感，身体重心在后，两脚跟交替向前移动。然后两脚分开同肩宽，膝关节弯曲，臀部放松；两手上举外展，下蹲至大腿与地面平行，还原。重复动作。

② 人行道上的练习：以双脚拍打地面，交替前行。站立后，膝关节自然放松，双臂屈肘抬至肩高。双掌向下按压，双腿弯屈向两旁分开，上体保持正直，还原。重复动作。

③ 后伸举腿：双腿并拢站立于路边的长凳后，两手撑扶于长

凳靠背上。一腿弯屈，另一腿向后摆动，与上体成一直线，用脚尖触地。摆动腿，屈膝上摆起至胸前，臀部肌肉收紧，双臂弯屈拉紧。摆动腿放下，还原。交换腿重复动作。

④ 石墩（或长凳）扭摆舞：两腿自然分开，立于石墩前，双手举过头顶。一腿稍弯屈向前踏上石墩，同时扭动躯干带动髋关节向另一侧以维持身体平衡，另一腿跟上，臀部正直还原成直立位。两腿向后交替跨下，还原。交换腿重复动作。

⑤ 下蹲前行：行走至街心花园，小腿与栏杆平行时，上体保持正直蹲下，一侧手触摸栏杆，另一手放在膝关节上支撑上体，身体重心向前。一腿前伸，带动另一腿向前行走，还原。重复动作。

⑥ 扶栅栏后坐：走至距栅栏一臂之遥处，两脚分开，双手于胸前举抓栅栏，膝关节弯屈向后坐下，上体与大腿约成90°角，大腿与地面平行，还原。重复动作。

⑦ 街沿平走：双臂侧平举，上身挺直，吸气收腹，在路边街沿上一步一步走2～4分钟。

⑧ 街沿跨步：双脚并拢，身体放松，保持正直。一脚踏上街沿，另一脚靠上来，脚后跟不触地。然后双脚交替跨下，还原。交换腿后重复动作。

（2）要求：这是一组在行进中完成的运动，因此，务必注意路面安全，避免伤害事故。如果能有家人相伴或与好友同行，在边走边谈之中不知不觉地既进行了锻炼，又可相互关照，锻炼效果更佳。该组合运动可随意拆组，患者可根据自身情况或兴趣进行任意选择。练习中应呼吸自如、全身放松、精神饱满、心情愉快，带有一种节奏韵律。

（3）作用：路边行走健身操运动强度适中，它充分利用了路边一些现有的“设施”，使全身肌肉关节都可得到锻炼。对提高心肺功能、有效活动筋骨、加速脂肪代谢，促进血糖利用有良好作用。同时，该操可以组队或结伴进行，热烈的气氛亦可使患者获得更多的自信和自尊，从而拥有健康的心态。锻炼后自觉全身松弛舒适，心情十分愉快，虽有少量出汗，但无明显疲劳感。坚持锻炼一段时间后，可使体力提高、肢体灵活、血糖稳定、体重下降。

特别提示

考虑到患者的疾病特点，室外锻炼方式多选择简便、实用、兼顾娱乐性和趣味性、由数人相伴而行的运动内容，旨在树立健身运动意识、养成每天锻炼的良好习惯、维持身体状况的良性循环，然而，安全第一、量力而行始终是运动中的重要原则。

第三节　糖尿病患者的运动卫生要求

一、糖尿病患者运动疗法的适应症和禁忌证

适应证：2 型肥胖型糖尿病，空腹血糖在每升 7.8 ~8.9 毫摩尔以下，餐后血糖不超过每升 11.0 毫摩尔，服用降糖药血糖较恒定及饮食控制良好者。

禁忌证：① 血糖未控制的糖尿病，餐后血糖在每升 13.9 毫摩尔以上；② 糖尿病合并酮症，低血糖和显著高糖血症；③ 糖尿病合并视网膜出血；④ 糖尿病合并感染；⑤ 糖尿病高血压未被控制和不稳定性心绞痛者。

二、糖尿病患者健身运动的卫生要求

(1) 糖尿病患者进行运动疗法有严格的适应证和禁忌证。因此，运动之前，应到医院做详细的体格检查和耐力运动试验，以获得最佳运动适宜心率范围，保证锻炼安全有效。之后在医生的指导下进行运动。

(2) 运动前进行 5 ~10 分钟的准备活动，使机体适应运动状

态;运动中加强医务监督,若出现血糖波动、并发症、疲劳难以恢复等,应立即停止运动;运动后至少做5~10分钟的整理活动,使心率恢复到比静息时每分钟高10~15次。切忌突然停止不动,以防不测。

(3) 因为运动后肌肉对葡萄糖摄取利用增加,所以糖尿病患者参加运动锻炼过程中经常出现的医学问题就是低血糖,而低血糖继发的运动意外如晕倒、跌伤比低血糖本身更严重。因而运动应该避免发生在降糖药物作用高峰期,运动时可以携带糖果备用。同时要定期检查身体,密切监测血糖、尿糖和病情症状的改变,时时关注自己的体重,评价锻炼效果,不断调整运动方案。

(4) 改变不良的生活方式,严格控制饮食;同时充分认识运动作为一种基础疗法对糖尿病的意义所在,养成经常锻炼的习惯。掌握适宜的运动强度,选择适合自己的运动项目和运动方式。运动强调循序渐进,从小运动量开始并逐步增加,运动疗法必须持之以恒,长期坚持才能达到理想的效果。

第十二章 高血压患者的健身运动

高血压是以动脉血压升高为主要临床表现的最常见的心血管疾病，其不仅患病率高，而且可引起严重的心、脑、肾并发症，是脑卒中及冠心病的主要危险因素，严重威胁着人类的健康。高血压是一种世界性的常见疾病，世界各国的患病率均高达10%~20%。随着我国经济的快速发展，人民生活水平的大幅提高，高血压已日益成为一个重要的公共卫生问题。据我国卫生组织2004年初步调查统计，我国高血压患者现已超过1.35亿且每年呈上升趋势。高血压是影响中老年人健康的“元凶”之一。目前对高血压病的治疗，主要是采用以药物治疗为主、非药物治疗为辅的治疗手段。但是，人们在肯定药物降压效果的同时，药物各种副作用给患者带来的影响及其所导致的患者生活质量的下降也引起了人们的关注。非药物治疗由于具有与药物同样的降压疗效，还可提高患者生活质量，近年来受到普遍重视。其中，运动疗法不失为一种理想的方法之一。

第一节 运动在高血压患者康复中的作用

一、高血压的分类

高血压可分为原发性

占 90%~95%）与继发性高血

压两类，原发性高血压的发病机制尚未完全阐明，继发性高血压是继发于某些疾病或妊娠、药物等的高血压，其病因清楚。依据血压值的不同，高血压可分1级高血压（轻度）（140～159/90～99毫米汞柱）、临界高血压（亚组）（140～149/90～94毫米汞柱）、2级高血压（中度）（160～179/100～109毫米汞柱）和3级高血压（重度）（≥180/≥110毫米汞柱）。运动疗法主要适用于1级高血压患者血压轻度升高且不稳定者，高血压合并有器官损害以及2期高血压患者采用运动疗法应持谨慎态度，一般认为，以患者能否耐受运动为标准，只要患者能够耐受，运动疗法对降低血压就具有积极作用。但是，高血压伴有心力衰竭、肥厚性心肌病、主动脉瓣狭窄、不稳定型心绞痛、心动过速、急性感染及眼底出血等情况者禁用运动疗法。

二、运动在高血压患者康复中的作用

大量研究表明，适宜的运动有助于高血压的治疗，可使安静时血压稳定或下降，使定量负荷运动时的血压和心率增加幅度减小，同时，运动可提高药物的降压疗效，使用药剂量减小。其主要作用体现在以下诸多方面。

（1）调节大脑皮层的兴奋与抑制过程，调整植物神经系统功能，改善各系统器官的神经调节。

（2）降低毛细血管和小动脉的张力，缓解小动脉痉挛，减小外周血管阻力。

（3）扩张骨骼肌血管，降低血液黏稠度，调节血液循环，改善微循环。

（4）降低机体对外界刺激的应激反应，稳定情绪，抑制紧张心理，消除焦虑状态，去除使血压升高的危险因素。

（5）全面提高身体素质，增进健康，充分发挥机体的代偿功能，降低血压，改善症状，促进康复。

第二节 高血压患者适宜的健身运动方法

一、高血压患者适宜的健身运动种类

高血压患者宜选择一些动作节奏缓慢、速度或幅度变化不大、低强度、较长时间、大肌群的动力性有氧运动方式，如步行、健身跑、骑功率车、太极拳、医疗体操等。低强度的有氧运动不仅有益于降血压，降血脂，防止动脉硬化，而且可以即时降低收缩压。

对于以往不主张选择力量性运动的做法，近年来有了重新认识。研究发现，在安全范围内适当进行小强度抗阻力练习，对心血管的应激不仅不产生明显的副作用，还可使血压有所下降。一般的力量性练习广泛适合于中青年人，但不宜参加激烈的竞技性运动比赛和单纯性的力量运动。因此，对轻度高血压病患者，也可间或采用一些低强度的力量性练习和器械练习等。

二、高血压患者健身运动强度的控制

高血压患者运动时的运动强度是运动处方的最主要部分，关系到高血压患者运动健身的安全性和有效性，一般以低、中强度为宜，如果运动强度过大，不仅没有降压效果，反而在运动后会使血压升高。

适宜的运动强度，采用心率和主观强度感觉作为评价标准。若以心率来界定运动强度，可根据下述公式进行简单计算：运动适宜心率 =（220 - 年龄）×（60%~80%）；若同时或单独采用主观强度感觉来控制运动强度，则运动适宜强度的主要感觉为运动中“较轻松、不疲劳、微出汗、运动中能与同伴交谈且不喘气”。

然而，运动强度界定最为理想的方法还是通过对高血压患者进行运动负荷试验，在了解和掌握了患者运动承受极限能力的基

础上所制定出的运动强度,往往是安全有效的。

三、高血压患者健身运动持续时间和频度的掌握

运动持续时间依据运动强度和患者的一般状况决定,通常在患者血压稳定的前提下,大强度、长时间的运动,次数可以减少;低强度、短时间的运动,则次数应增多。如60%~80%最大心率的运动强度,持续时间为20~30分钟;大于此强度,持续时间可为10~15分钟;低于此强度,则为45~60分钟。高血压患者一般采用低、中强度的健身运动,每周至少3~4次。

四、高血压患者的基本健身运动方法

(一) 有氧健身运动

由于高血压的治疗大多侧重于降低外周血管阻力,因此体疗方式以选择低强度、长时间的有氧运动方式为主。

1. 健身步行

(1) 方法:头微抬,上体自然挺直,神情从容缓和。走时全身放松,步履轻捷。两臂自然摆动,呼吸自然。对初练患者来说,应先选择慢速步行,其速度较慢,如人们普通的散步,运动量较小,每小时走3 000~4 000米,1分钟走70~90步,每次20~30分钟。久练适应后若自觉费力程度较轻或身体状况良好、血压稳定者则可进行中速步行,其运动量居中,每小时走5 000米左右,1分钟走90~120步,每次15~30分钟。而快速步行每小时超过6 000米,为较大运动量,不适合高血压病患者。

(2) 要求:该项锻炼不同于闲散毫无目的的散步,应注意掌握姿势和动作要领。要根据自己的健康状况量力而行,不要图快,运动后不宜感觉疲劳。步行地点宜选择环境幽静、空气清新之处。步行穿着的鞋子以大小合适、柔软轻便、透气、有弹性为好。

(3) 作用:步行是一种全身性活动,经常步行可加强腿部力

量，有利于小血管扩张，有效促进血液循环，增强心血管功能，使血管阻力降低，减轻心脏负担，利于控制血压。

2. 健身慢跑

可以不按速度要求进行，以跑后不出现头晕、心慌、气促和明显疲劳感等不适为宜，心率控制在每分钟130次以内。跑时全身松弛，步伐轻松有节奏，上肢前后摆动自然，跑步动作和呼吸动作协调配合。跑步时除上体正直稍前倾、两臂自然摆动外，下肢的技术要领也很重要。腿后蹬时髂、膝和踝关节应充分伸直。大腿向前摆动时向前上方高抬，并带动髋部尽量向前送。在大腿前摆的过程中，小腿要保持放松而自然下垂。用脚前掌或全脚掌着地。总之应尽量自然、协调、放松，并注意调整好呼吸节奏，通常采用两步一吸，两步一呼的方法。

慢跑是一种轻松自如的跑步，运动强度大于步行，减肥健身效果好、见效快，男女老少皆可练习，被人们视为"有氧代谢运动之王"。慢跑时仍以把握运动强度为主要控制内容，根据本人体质的实际情况，恰当选择跑步速度和时间。

3. 快、慢走交替

快走5分钟，速度为每分钟80～100米；慢走5分钟，速度为每分钟30～50米；两者交替进行，中间可稍作休息。每天根据情况随时可以进行，每次20～30分钟。

4. 太极拳和气功疗法

太极拳为低强度持续性运动，动作柔和，姿势自然放松，毫不紧张用力。肌肉的放松能够反射性地引起血管舒张，促使血压下降。据临床观察，高血压患者打完一套简化太极拳后，收缩压大约会下降10～15毫米汞柱。而气功疗法以松静功为主，其要领是"体松、心静、气沉"。体质较佳者可练站桩功，较差者以坐位练功。

专家认为对于处在第Ⅱ、Ⅲ期的高血压患者，可以选择太极拳中一些最自然、放松的动作，编成太极操，如“云手”、“野马分鬃”、“左右揽雀尾”、“倒卷肱”等。注意避免下肢独立，左、右蹬腿等难度较大的动作。练拳时要尽量放松、呼吸顺畅、心无杂念，心率最好在每分钟100~110次。练习结束3~5分钟后，心率应恢复正常。

许多老年人特别是妇女，基本上不运动，这些人甚至视中等激烈的运动为可畏，但是随处可以练习的太极拳，既不需特别服装，也不需什么设备，对自认根本不做运动的老年人，可能是既理想又适宜的锻炼项目。

此外，瑜伽、广播体操、各种健身操和交谊舞等都是理想的有氧健身运动，患者可自由选择。

特别提示

研究发现，缓慢的深呼吸可以暂时放松和扩大血管。因此，每天同时做数分钟缓慢深呼吸，有助于降低血压，但是这种练习应以舒适、不疲劳为度。

(二) 医疗体操

1. 高血压体操Ⅰ

(1) 方法

① 直立位，两臂自然下垂；两臂前平举，上举，然后转为侧举，还原。重复4~5次。

② 直立位，两臂自然下垂；左腿向左侧一步，与肩同宽，同时两臂胸前平屈后振；上体左转90°，两臂随之侧举后振；还原。从反方向做同一动作。重复4~8次。

③ 两腿分立，左臂胸前平屈，右臂侧举；重心左移：同时两臂经下方向左上方摆至左臂斜上举、右臂胸前平屈，左腿伸直，重心落在左腿，右腿伸直脚尖点地；还原。从反方向做相同动作。重复4~8次。

④ 两腿分立，两臂自然下垂；两手掌心向上，两臂弯屈，自腹

部逐渐上提至下颌处,同时用鼻吸气;两手翻掌,掌心向下,徐徐下压,同时用口呼气。动作缓慢均匀,呼吸自然,重复4~8次。

⑤ 直立位,两臂自然下垂,上体左侧屈,右臂屈肘,右手沿身体右侧上提,吸气,还原,呼气。反力向完成相同动作。重复4~8次。

⑥ 分腿直立,两臂自然下垂;两掌心向上,两臂弯曲上提,逐渐伸直上举,吸气;两手翻掌,掌心向外,两臂侧举,下落,同时两腿弯曲成半蹲,呼气,还原。重复4~8次。

⑦ 分腿直立,两臂屈肘于胸前,两掌心相对,左手上,右手下;重心逐渐右移成右弓步,同时右手向上穿掌至右肩,翻掌上举成托掌,左手向下按掌;还原。从反方向做相同动作。两臂上举时尽量伸直。重复4~8次。

⑧ 直立位,两臂自然下垂,提起脚跟,吸气;脚跟放下,呼气。重复4~8次。

(2) 要求:完成该套体操锻炼时,应全身放松,动作舒缓,节奏均匀,呼吸自然并与动作相互协调。每节操的重复次数可自行掌握,以“无明显疲劳、微有出汗”为度。每天1~2次,每次20~40分钟。结束后坐下休息3~5分钟,调息养神。

2. 高血压体操Ⅱ

(1) 方法

① 坐位,上体正直,后背靠在椅背上,两臂前后自然摆动,两脚原地踏步30秒,均匀呼吸。

② 坐位,上体正直,两臂自然下垂;两臂自体侧徐徐上举,同时缓慢吸气;两臂放下还原,呼气。重复4~8次。

③ 站立位,两臂自然下垂;两臂上提,平屈于胸前,掌心向下,伸肘成两臂侧举,翻掌两掌心向上,同时上体稍后仰,缓慢吸气;还原,呼气。重复4~8次。

④ 站立位,两手叉腰;上体左转,左臂侧举,掌心向上,两眼看

左掌,缓慢吸气;还原,呼气。从反方向做相同动作。重复4~8次。

⑤ 分腿站立位,一只手叉腰,另一只手扶住椅靠背;缓慢下蹲至半蹲位,呼气;缓慢站立还原,吸气。重复4~8次。

⑥ 分腿站立位,两臂自然下垂于体侧;两臂侧举,掌心向下,同时上身尽量前倾,缓慢呼气;还原,吸气。重复4~8次。

⑦ 坐位,上身正直,两手叉腰;两腿交替前伸至水平位,均匀呼吸。每腿重复6~8次。

⑧ 坐位,后背靠在椅背上,两手叉腰;两肩和两肘部缓慢后引,上体随之稍作后仰,吸气;还原,呼气。重复4~8次。

(2) 要求:此项练习强度较小,适合于年老体弱者。练习时,动作应缓慢,节奏要均匀,变化幅度不宜过大,并注意呼吸平稳。结束后,肌肉放松,坐在靠背椅上休息2~3分钟后再站起。每天锻炼1~2次,每次20~30分钟。

3. 导引降压功

(1) 方法

① 直立位;吸气,同时两臂从体侧缓慢上提至与肩同高,屈肘使两掌相对,回收至颔下转掌心向下;呼气,在默念“降”中双手下按至小腹;还原。反复练习4~8次。

② 直立位;吸气,两臂从体侧缓慢上抬至侧举,与肩同高;呼气,两臂转前平举并拢;吸气,屈肘使掌心向下,两掌手指相对,回收至颔下:呼气,在默念“降”中双手下按至小腹;还原。反复练习4~8次。

(2) 要求:此法取站位、坐位均可练习。练习时,应全身放松,呼吸平稳,心静神凝,两眼半视。动作缓慢自如,与呼吸协调配合。每天可进行2~3次,每次约15分钟。

4. 松静降压功

(1) 方法:取坐位或站位,两臂自然下垂于体侧,两眼向前平视；两臂微屈肘，上抬约45°于脑前，垂指松腕，掌心向下，两手虎口相对，舌抵上腭；意念中依次从头、颈、肩、上臂、前臂、手逐渐放松，再从腹、背、腰、髋、膝、踝、脚掌依次逐渐放松，重心落在两脚之间；然后入静2～3分钟，意守涌泉穴；收功时两臂于体前做交叉上下摆动，上摆时掌心朝上，眼看手掌，下摆时，掌心朝下，眼看手背；最后抬掌搓手，手掌指擦脑，双手指从前发际经头顶向后发际搓揉头皮10～20次。

（2）要求：注意力集中，全身放松，动作自如，练习同时调整呼吸，使呼吸平稳、细长、均匀。每天可进行2～3次，每次约15分钟。

5. 抗阻力练习

适当选择低强度的抗阻力量训练，有助于血压下降。一般可在完成医疗体操的行进间借助于健身器械做大肌群的抗阻收缩训练，主要有胸大肌、腰背肌、肱二头肌、股四头肌等大肌肉的肌力练习，徒手仰卧起坐、俯卧撑、仰卧收腿等也是可行的锻炼方法，但在进行中应避免屏气动作。可参见其他疾病运动处方的有关内容。

特别提示

以上运动方式患者可根据自身情况选择练习或自行组合练习。然而，最好的运动方式组合为三类方法中各选其一，如健身走＋高血压体操Ⅰ（Ⅱ）＋抗阻练习为一组；健身慢跑＋导引降压功＋健身步行为一组。

选择运动处方时，最好向医生咨询，并获得医生或其他专业人士的指导，以确保安全。

（三）按摩和理疗

1. 按摩或自我按摩：按揉风池、太阳及耳穴，抹额及掐内关、神门、合谷、足三里，可助降压和消除症状。

2. 理疗：某些药物的离子导入、脉冲超短波或短波治疗及磁疗都可用来作为镇静及降压的辅助治疗。

第三节　高血压患者运动的卫生要求

一、高血压运动疗法的适应症和禁忌证

运动疗法的适应症主要为早期高血压患者血压轻度升高且不稳定者、临界性高血压、Ⅰ期和Ⅱ期高血压。运动疗法用于其早期防治，疗效较好；Ⅱ期高血压病合并有器官损害者及Ⅲ期高血压病采用运动疗法应持谨慎态度，一般认为以患者能否耐受运动为标准，只要患者能够耐受，则运动疗法对降低血压能够起到积极作用。

运动疗法的禁忌证为高血压伴有心力衰竭、肥厚性心肌病、主动脉瓣狭窄、不稳定型心绞痛、心动过速、急性感染及眼底出血等情况。

二、高血压患者在健身运动中的注意事项

（1）不同程度的高血压患者应有不同的运动方式及运动量，运动中应严格掌握运动强度，患者可根据自己的体质、病情、年龄等情况调整和确定运动强度。Ⅰ期高血压患者可进行正常体育锻炼或中等强度的运动；Ⅱ期高血压患者可采用低强度的运动，如健身操、太极拳、步行等；Ⅲ期高血压患者可做气功锻炼及肢体按摩活动等。对已有并发症的Ⅱ、Ⅲ期高血压患者，应避免大强度竞技性运动和静力性屏气锻炼。

（2）运动前、后分别做好准备活动和放松活动，加强医务监督，随时自我观察身体情况的变化，避免一味强调、机械追求“适宜运动心率”的出现，学会自我控制。在运动时间上，强调饭后1小时内不要运动，饮酒后不要运动，洗澡后也不要运动，当自己感

到疲劳、虚弱或感冒时不要运动。如遇到身体不适、明显疲劳及其他异常，应立即减小运动强度或停止运动。

(3) 高血压的治疗是一综合治疗过程，包括药物、护理、饮食、精神及运动疗法等多方面的措施手段，运动疗法仅为其中一个组成部分。因此，要保证足够的睡眠，其他几方面如控制饮食、消除紧张、加强护理、按时服药等也不能忽视。运动期间，还要考虑到药物对血压及心血管系统的影响，定期检查血压，观察和了解血压的变化，为下一步运动计划的修订提供依据。

(4) 运动必须持之以恒，坚持不懈，只有这样才能保证运动疗效，最终达到运动降压的效果。因此，高血压患者坚持运动是取得和维持降压效果及防治心血管病的关键。不管是运动时间还是运动量都要循序渐进，待身体状况适应后再逐步增加运动时间和提高速度。

特别提示

高血压患者应顺应大自然的变化规律来保护自己，如夏季选择在早晚进行运动。游泳能降低血管平滑肌的敏感性，对防治、治疗高血压有一定的帮助。高血压患者宜在天气暖和时，缓慢而放松地游泳。但从深秋开始，人的血管就会因外界冷空气的刺激而收缩，使血压有所升高，此时运动强度应有所减小。冬季和初春是高血压病的高发季节，因此在冬季严寒时期(气温在5℃以下)，最好不要外出锻炼，更应避免冬泳。

第十三章 肥胖患者的健身运动

近年来,伴随着人们生活水平的提高,身体重量的增加、尤其是身体脂肪比例的加大以及因此而引发的“肥胖症”等引起了人们的高度重视,它给健康可能造成的损害也得到了人们的广泛认同,减肥也因此成为众多肥胖者以及并不肥胖却害怕肥胖的人们所热衷的话题。寻找有效途径和方法,预防肥胖、降低体脂水平、有效控制体重也成为人们维护、追求健康的重要举措之一。

第一节　运动对肥胖患者康复的作用

一、肥胖的一般分类

医学意义上的肥胖,是指一定程度的明显超重与脂肪层过厚,是体内脂肪尤其是甘油三酯积聚过多而导致的一种状态。肥胖受遗传因素和环境因素的共同影响。人体内脂肪含量、局部脂肪分布以及热量的摄入和消耗等很大程度上依赖于遗传;而饮食、运动、生活方式、经济状况等因素对身体的改变也不可忽视。因此,肥胖一般可分为:① 单纯性肥胖,即不伴有明显内分泌疾病、代谢性疾病等的肥胖。平时我们所见到的肥胖多属于单纯性肥胖。单纯性肥胖所占比例高达97%。单纯性肥胖是一种找不到原因的肥胖,医学上也可把它称为原发性肥胖,可能与遗传、饮食和运动习惯有关。② 继发性肥胖,即继发于某些疾病,因内分泌失调、代谢紊乱而导致的肥胖,该类人数较少,仅占肥胖人群3%左右。

二、运动对肥胖患者的康复作用

研究发现,热量消耗不足和热量代谢缺陷可能是肥胖发生和持续肥胖的基础。而低强度的持续有氧运动可增加热量消耗,调动脂肪分解,从而逐步消除体内多余体脂,有效改变身体成分,达到减轻肥胖、降低体重的目的。而这种运动所致的热量消耗增加,在女性并不伴有食欲增加和热量摄入增加,相反,还可抑制饥饿感,降低食欲,延缓进食时间,减少食物中热量的摄入。

在进行有氧运动减少体脂的过程中,虽不能减少脂肪细胞的数目,但可以抑制脂肪细胞过剩的脂肪积累,减小细胞体积,并抑制脂肪细胞的分化增加,从而减少体脂。有氧运动在控制内脏器官脂肪积累的神经内分泌调节以及对脂肪组织肥胖基因表达的影响等方面,都有减少脂肪合成、促进脂肪分解的作用。当然,有氧运动在其改变身体成分、减少身体脂肪的同时,所带来的心肺功能提高、肌肉力量增强、骨骼组织强壮及标准体重的保持也是其独特的、单纯饮食控制无法比拟的。

此外,有氧运动对体内胰岛素作用的影响较为显著。胰岛素有抑制脂肪分解的作用。有氧运动可增加胰岛素的敏感性,使肌细胞膜胰岛素受体的功能增强,血浆胰岛素浓度降低。这也是有氧运动减体脂效果好的原因之一。

特别提示

值得注意的是,肥胖是脂肪问题,而不是体重问题。减肥绝不是减体重,而是减少体脂比例、改变身体成分,将体重有效控制在正常水平。体重减轻也并不意味着减肥的成功,不科学的减肥丧失的往往是体内的水分和糖分,而不是脂肪。因此,体重只能被看做是评判肥胖与否的一个参数而已。

中老年肥胖者在开始运动减肥之前，必须由医生为其进行身体健康检查，排除一些重要的器质性疾病（如高血压、心脏病、冠心病等）后方可参与减肥健身运动。

第二节　肥胖患者适宜的健身运动方法

一、肥胖患者适宜的健身运动种类

目前普遍认为大肌肉群参与的动力型、节律性的有氧运动，如医疗步行、慢跑、爬山、游泳、自行车、水中运动等，辅以有氧健身操、迪斯科、太极拳及各项球类运动等，有助于维持能量平衡，长期保持肥胖者的体重不反弹，提高心肺功能。肥胖者可根据自身年龄、身体状况及兴趣爱好选择练习。

而有氧运动作为减肥的主要方法，应优先考虑冲击性小、变化小、无突然转变方向、不负重的活动，如水中有氧运动、自行车等运动，这些运动既可减少关节损伤和跌倒的危险，又使肥胖者易于接受。水中运动被认为是最有发展前途的一种康复医疗手段和减肥运动。研究表明，人在水中运动时，中心血容量可增加700毫升，中心静脉压可提高12～18毫米汞柱，心输出量及每搏量至少增加25%；还可增加左心室性收缩和舒张末直径，改善有氧运动能力。同时，水有浮力，可使关节负担减轻，水的导热性好，人在水中运动时体热容易消散。水中运动除游泳外，已发展到水中行走、跑步、跳跃、踏水、球类游戏等多种形式。

然而，实践表明，仅单纯完成有氧运动而不进行肌肉力量练习和肌肉拉伸练习的减肥，其结果往往是体重减轻了、脂肪减少了，皮肤却松弛下垂毫无美感了。因此，有氧运动配合力量练习和肌肉拉伸练习等的综合训练现已被认为是单纯性肥胖更理想的减肥方式，能更好地减少体脂、改善体形、增强肌力，并改善胰岛素抵抗现象，其减肥效果更加符合人们现代美的观念和意识。

力量练习主要是进行躯干和四肢大肌肉群的运动，可以利用自身体重采用仰卧起坐、下蹬起立及俯卧撑等方式，也可利用器具进行锻炼，如哑铃、拉力器等，身体较差者可选择健美操、广播体操等。我们发现，国家体委正在推广的健身秧歌不仅能显著降低肥胖者体脂、改善腰臀比，而且能提高身体功能和身体素质，不失为一种值得推广的减肥方法。

二、肥胖患者健身运动强度的控制

运动时运动强度的大小直接关系到单纯性肥胖的锻炼效果。由于热能不平衡和运动不足是导致单纯性肥胖的主要因素，所以为达到锻炼目的，必须根据能量代谢特点来确定运动强度。从热能消耗的角度来看，强度中等的运动（如长跑），可以持续很长时间，总能量消耗多，而且中等强度运动所需的能量除由糖供给以外，脂肪是其主要来源，因此，中等强度的运动对治疗肥胖效果显著。实验表明，中等强度、长时间运动，能量代谢以利用脂肪为主，有利于减轻体重，对治疗单纯性肥胖疗效显著。

有氧运动是单纯性肥胖的主要健身形式，其主要特点是强度低、有节奏、不中断、有持续性。其锻炼效果则取决于运动强度、运动持续时间及锻炼次数等因素。体力较好的青年人运动时心率控制范围为（220－年龄）×（70%~80%）；体质较弱的中老年人则为（220－年龄）×（60%~70%）。

三、肥胖患者健身运动持续时间和频度的掌握

配合运动强度调节运动时间，运动强度大时，时间应稍短；运动强度小时，时间应稍长。由于肥胖患者的年龄、体质各不相同，

患者可以根据自己的体质状况和锻炼目标来确定锻炼的持续时间。一般来讲，以有氧运动为锻炼方式要达到锻炼目的，为了保证减肥效果，每次运动应持续30～60分钟，运动强度较小时还可适当延长。

由于肥胖患者的治疗主要以有氧运动为主，强度不是很大，频率以每周4～5次为宜。若患者年龄较大可适当减少次数。由于运动时间间隔过长会引起消退抑制，因此锻炼间隔时间一般不宜超过三天。若身体情况较好，条件允许，可适当增加运动次数，每天一次最为理想，但不可过度疲劳。

四、肥胖患者健身运动的基本方法

（一）有氧运动

1. 长距离步行

步行时要注意力集中，呼吸自然，上体正直，两臂前后摆动，步幅比一般随意步行时大。步行速度以每分钟50～70米为小运动量，每分钟80～90米为中等运动量，每分钟步行100米属大运动量。锻炼者应根据运动中心率变化情况及主观感觉加以自我控制，循序渐进。为了防止对头部的震荡，运动中宜穿胶底等有弹性的鞋。

步行是最普及的健身运动项目之一，尤为适合身体肥胖且年老体弱者进行身体锻炼。步行时，人体60%～70%的肌群参与活动，这对于增加下肢肌肉和韧带的力量、保持关节灵活性有积极作用，同时也是增强心脏功能、降脂减肥的有效手段。

2. 慢跑

跑步时除上体正直稍前倾、两臂自然摆动外，下肢的技术要领也很重要。腿后蹬时髂、膝和踝关节应充分伸直。大腿向前摆动时向前上方高抬，并带动髋部尽量向前送。在大腿前摆的过程中，小腿要保持放松而自然下垂。用脚前掌或全脚掌着地。总之应尽量自然、协调、放松，并注意调整好呼吸节奏，通常采用两步一吸，两步一呼的方法。

慢跑是一种轻松自如的跑步，运动强度大于步行，减肥健身效果好、见效快，男女老少皆可练习，被人们视为"有氧代谢运动之王"。慢跑时仍以把握运动强度为主要控制内容，根据本人体质的实际情况，恰当选择跑步速度和时间。

特别提示

运动量合适的反应是运动后心情舒畅、精神愉快，略感轻度疲劳，但无持久性气短、胸闷和心慌等感觉。若疲劳感较长时期不能消失，体重下降过快（1 周内体重下降超过 0.5 千克），则提示运动量过大，应及时调整运动量或暂停运动。

3. 游泳

水中运动被许多人认为是减肥治疗中最有前途的一种锻炼方式。在水中，不论采用哪种姿势游泳，肢体都需不停地通过收缩和舒张，克服水的阻力进行运动，游速越快，水的阻力也越大，促使全身的肌肉得到良好的锻炼。此外，因水的导热性比空气快得多，在水中运动身体热量散发快，耗能大，所以在同样的时间、强度下进行的水中运动，比在陆地运动消耗的热量多。不会游泳者可采用水中步行、跑步、跳跃、游戏等方式，也能取得相应的锻炼效果。值得注意的是，有关研究发现，水中运动的最大心率比在陆地运动时大约低 11 次/分，锻炼者在控制游泳运动强度时，需从自身陆地减肥运动的每分钟目标心率中减去 11 次左右，以免造成运动过量。每日至少游 300～800 米，量力而定，每周 3～4 次。

4. 跳跃练习

小强度、慢速跳跃练习属于有氧训练。这种练习可在室内配乐完成，动作中体现出美感，使苦中有乐，便于坚持训练，尤为适合青年女性练习。据研究，持续慢速跳跃与跑步具有同样好的减肥效果，而且经过一些特定动作的练习，对于发展肌肉、塑造健美形

可穿插在有氧健身运动中进行。

在家中合适的地方设置两根较粗的牛皮筋进行抗阻力锻炼，也是一种方便简易的力量锻炼方法。锻炼者用双手各抓住一根牛皮筋用力拉伸，拉伸时腰背挺直，两腿站直，两脚用力蹬地，使全身都处于紧张状态。每天练习可随时进行，每次做拉伸运动 20～30 分钟。

减肥者还可根据脂肪蓄积的部位进行针对性练习。如告别腹部赘肉的腹肌锻炼有仰卧起坐、仰卧抬腿（先单腿后双腿，注意腿放下时应轻缓）、悬垂摆腿、俯卧撑等，并时刻注意抬头挺胸、昂首阔步、腰杆打直、挺胸而坐。腰部练习有腰背屈伸、侧向屈曲及左右转体等。腿部练习有跳台阶（高度随个人能力而定），坐姿侧踢腿（仰卧垫上，两手扶垫，单腿伸直向头部方向侧摆踢，完成一组后左右交换），负重下蹲等。

以上各动作 10 次为一组，可选其中 2～3 个适合自身的动作进行练习，每一动作练习 4～5 组，组间间隙不易过长，最多不超过 50 秒。

特别提示

（1）局部肌力练习属减肥运动的辅助性练习，应与有氧耐力运动相结合，效果才更好。

（2）合并有高血压、冠心病疾患的人进行上述练习时需谨慎从事，应在医生的监督下进行练习，以免引起心率过快、血压升高等现象，造成原有疾病加重。

（3）中老年肥胖者可改做体力基础练习，如站立位提踵、仰卧起坐、俯卧撑、蹲位跳等。

第三节 肥胖患者运动的卫生要求

运动减肥的主要目的是为了追求健康,切不可以损失健康为代价,初练者在开始实施运动处方练习前,须经过必要的医学检查,判定心功能状况及有无心血管系统并发症,以保证锻炼的安全性。

本运动处方虽具有普遍适用性,但是实施前还应注意个别对待,尤其是年老体弱者,体力及最大心率的个体差异较大,机械地制定运动处方具有一定的危险。建议在锻炼前进行运动耐力实验,以获得最佳运动适宜心率范围,并确保减肥锻炼的安全性。

减肥健身运动的同时,要改变不良的生活方式,注意运动与改善饮食结构、适当限制热量摄入相结合,才是最佳的减肥方案。用公式表达为:减肥 = 适量的运动 + 适当的饮食控制 + 生活方式的改变。

体内脂肪沉积是逐渐发生的,要消除这些脂肪同样需要一个过程,一般至少锻炼 6 周以上才能收效。锻炼前要选择自己有兴趣并易于长期坚持下去的运动项目,也可以阶段性地变换锻炼方式。减肥贵在坚持,要做好“吃苦耐劳”的思想准备,欲速则不达;应该循序渐进,逐步增加运动负荷,不可突然加大运动量或突然中断练习。

掌握好自己的活动限度,加强医务监督、根据自我主观感觉选择适合自己的运动处方。定期检查自己的身体,时时关注自己的体重,评价锻炼的效果,不断地改进运动处方。如出现特别疲劳、睡眠不安或持续性肌肉酸痛,应停止运动。

第十四章　冠心病患者的健身运动

冠状动脉性心脏病是冠状动脉发生严重粥样硬化性狭窄或阻塞，或在此基础上合并痉挛，以及血栓形成造成管腔阻塞，引起冠状动脉供血不足、心肌缺血或梗塞的一组临床综合征，简称为冠心病。冠心病已成为对人类健康与寿命影响最大的慢性疾病之一，严重影响了人们的生活质量和工作能力，对人体健康的威胁极大，被称为人类健康的“头号杀手”。冠心病康复训练的目的是改善生活质量、提高生活自理能力和最大限度发掘心脏潜能。

第一节　运动对冠心病患者康复的作用

一、冠心病的治疗

由于运动能够增加骨骼肌的血液灌流和摄氧能力、提高人体血管调节能力、改善冠状动脉供血及心肌的氧合作用，具有使心脏功能恢复、使患者生活质量改善、工作能力提高的作用。因此，运动疗法作为冠心病康复疗法的一个重要组成部分，在矫正冠心病危险因素、增强心脏功能、提高冠心病患者生活质量方面具有重要的作用，已得到越来越多的人的广泛关注。

二、运动对冠心病康复的作用

(1) 运动可以增加组织细胞的氧利用率,降低血液胆固醇容量,降低血脂,使血脂代谢平衡稳定。

(2) 增加血管弹性,提高血管调节能力,改善微循环,延缓和阻止冠状动脉粥样斑块形成,积极促进动脉硬化的转归,使潜在动脉粥样硬化消退。

(3) 运动可增加氧的摄取与供应,改善心肌供血供氧,增加心肌营养,以加速冠状动脉侧枝循环的建立,提高心脏功能,逆转冠心病的发展。

(4) 运动后体重与血压下降,心率减慢,减轻了心脏负荷与耗氧量。

(5) 周身循环改善,免疫力提高,感染性疾病发生率明显减少,有利于改善心功能。

(6) 运动可以消除不良情绪,使情绪稳定,并从有效的运动疗法中获得良好的精神状态和健康的心理,增强恢复正常生活和工作的信心,减少对药物的依赖性,而这种心理因素的改善对冠心病的康复是十分必要的。

第二节　冠心病患者适宜的健身运动方法

一、冠心病患者康复运动的种类

应选用节律比较缓慢,能使上、下肢大组肌群适当活动的有氧运动项目,如步行、慢跑、医疗体操、太极拳或骑车等;或者娱乐性活动、放松性活动以及作业治疗。但不宜进行强度过大、速度过快的剧烈运动,尤其不应参加激烈的竞赛运动。

二、冠心病患者健身运动强度的控制

冠心病患者的适宜运动强度确定非常重要，应以运动负荷试验为基础。在明确患者最大运动能力的前提下，加上一定的安全系数，将运动控制在中、低强度为宜。一般以心率作为强度标准，按以下公式进行推算，即运动中适宜心率＝运动负荷试验中最高心率×(60%~85%)。

此外，运动中也可以主观感觉衡量运动强度，一般以运动“较轻松”到“稍感疲劳”再到“微有出汗”为适度。安装了固定频率起搏器的心脏病患者，在实施运动疗法时应以自我主观感觉来衡量运动强度，而不是采用心率作为运动强度判断标准。

三、冠心病患者健身运动持续时间和频度的掌握

运动持续时间和频率因人而异，一般每次 20 ~45 分钟，最长不超过 1 小时，每周 3 ~4 次最为理想。

特别提示

每次运动开始时应进行准备活动，也不应骤然停止，避免突然增加运动量。且在实施运动疗法的过程中，应注意观察以下情况：是否出现异常感觉和体征，包括胸闷、气短、心悸、头晕、面色苍白、步态不稳等；是否伴有各种心律失常等。如果运动中出现类似情况，应立即停止运动，必要时立即就医。

四、冠心病患者健身运动的基本方法

(一) 有氧运动

有氧运动是冠心病运动疗法的主要运动方式，常用的训练多为中、低强度的步行、慢跑、骑车、游泳、太极拳、气功、健身操、功率自行车及跑台运动等。一般每次运动时间为 20 ~40 分钟，至少 15 分钟，每天运动一次或至少隔日一次。

其具体训练方法可借鉴本篇其他疾病运动处方的相关内容。

（二）医疗体操

以中、小强度的伸展性运动为主的医疗体操，节奏缓慢，柔韧舒展，可调整呼吸节律，并兼有理想的娱乐性放松作用，对心脏病康复具有良好疗效。

1. 冠心病体操Ⅰ

（1）方法：站立位完成动作。

① 直立位，两臂自然下垂于体侧；两臂缓慢前上举，两掌相对，上体同时稍稍向后仰，深吸气；两臂放下，还原，呼气。重复6～8次。

② 直立位，两脚开立与肩同宽；上体向左转，随之左臂屈肘放在背后，右臂屈肘置于胸前；还原。向右侧做相同动作。每侧重复3～4次。完成动作时，两腿直立，呼吸均匀平稳。

③ 直立位，两臂自然下垂于体侧；两臂前平举，两腿屈膝慢慢下蹲，呼气；缓缓站立，还原，吸气。重复6～8次。下蹲和站立时，上身均保持直立。

④ 直立位，两臂自然下垂于体侧；两臂向后伸展，掌心向上，同时挺胸，提起脚跟，缓慢深吸气；两臂放下，还原，呼气。重复6～8次。

⑤ 直立位，两脚开立与肩同宽；上体向左尽量侧屈，同时左手沿体侧下滑至膝部或膝部以下，右手沿体侧向上提拉至腋下；还原。向右侧做同样动作。每侧重复3～4次。完成动作时，呼吸自如，速度缓慢。

⑥ 直立位，两脚开立与肩同宽，两手抱头；两臂侧上举，两掌相对，上体稍后仰，两眼看掌，深吸气；还原，缓慢呼气。重复6～8次。

⑦ 直立位，两手放在背后，四指交叉，掌心向后；掌心转向内，两臂尽量后下伸，挺胸，深吸气；还原，呼气。重复6～8次。

⑧ 直立位，两脚开立与肩同宽，将一手掌放在胸部，另一手掌放在腹部，缓慢而充分地深呼吸。重复 3 ~ 4 次。呼吸时，两手掌可感觉到胸腹的起伏。

（2）要求：完成以上动作时，呼吸平稳，动作舒缓，尽可能使四肢、躯干伸展，肌肉拉伸。每天可练习一次，每次练习时间为 20 ~ 30 分钟。

2. 冠心病体操Ⅱ

（1）方法：站立位完成动作。

① 直立，拔背挺胸：左脚向左跨一步，两臂侧举；两臂屈肘于胸前交叉，两手摸肩，呼气还原；吸气；右脚向右跨一步，做同样动作。每侧重复 3 ~ 4 次。

② 两脚开立与肩同宽，两手抱头；上体向左缓慢侧屈，两腿直立，还原；向右完成同样动作。自然呼吸。每侧重复3 ~ 4 次。

③ 直立，两手扶椅背；屈膝缓慢下蹲，呼气；缓慢起立至还原位，吸气（同时脚跟提起，缓慢深吸气）；还原，呼气。重复 4 ~ 8 次。

④ 直立，两臂自然下垂于体侧；两手叉腰，上体稍后仰，同时脚跟提起，缓慢深吸气；还原，呼气。重复 4 ~ 8 次。

⑤ 两脚开立与肩同宽，两臂自然下垂，两手半握拳；两臂平稳交替向前、向后摆动。自然呼吸。每臂重复 6 ~ 8 次。

⑥ 侧向椅背直立，一手扶椅背，另一手叉腰；外侧腿前举，靠近椅背的内侧腿屈膝缓慢下蹲；徐徐站立还原；换另一侧完成同样动作。每侧重复 3 ~ 4 次。

⑦ 两脚开立与肩同宽，两臂自然下垂；上体向左转，两臂侧举，两掌心向上，吸气；还原，呼气。动作速度中等。每侧重复 3 ~ 4 次。

⑧ 两脚开立与肩同宽，两臂自然下垂；两臂于胸前屈肘，手指交叉互握；慢慢上举，掌心向上，同时脚跟提起，缓慢深吸气；两臂

经体侧放下，还原，呼气。重复4～8次。

（2）要求：同冠心病体操Ⅰ。

3. 冠心病体操Ⅲ

（1）方法：坐位完成动作。

① 上身正直，靠椅背，两臂下垂；两臂缓慢交替前平举；每侧重复3～4次。

② 上身正直，靠椅背，两手叉腰；两脚跟交替提起；每侧重复3～4次。

③ 上身靠椅背，两手叉腰；挺胸拔背，缓慢深吸气；上体稍前屈，缓慢深呼气；重复4～8次。

④ 上身保持正直，两手抱头；两臂慢慢斜上举，两掌相对，稍后仰，抬头看掌，吸气；还原，呼气；重复4～8次。

⑤ 上身保持正直，靠椅背，两手叉腰；两腿平稳交替前上举自然均匀呼吸；每侧腿重复3～4次。

⑥ 上体保持正直，两手放松地放在大腿上；上体向左转，同时左臂侧平举，掌心向上，两眼看掌心，缓慢吸气；还原，呼气。向右侧完成相同动作。重复4～8次。

⑦ 上体保持正直，两手叉腰；两腿向前伸直，并向两侧分开；两肋以踝关节为中心做绕环动作。自然平静呼吸，不屏气。重复8～10次。

⑧ 上体正直，靠椅背，两臂自然下垂 ；两臂侧后伸，掌心扣上，挺胸，缓缓吸气，两臂放下，还原，徐徐呼气。重复4～8次。

（2）要求：同冠心病体操Ⅰ。

利用哑铃、杠铃、弹簧、橡皮筋等运动器械，进行臂力、腿力、腰腹肌等大肌肉群的力量训练，有助于冠心病患者的肌力恢复。此外，徒手力量性运动如俯卧撑、仰卧起坐、下蹲起立等也可选择进行。肌肉的收缩运动，可加速血液循环、加快血液回流、改善心肌营养状况，有利于疾病的恢复。

特别提示

以上运动适合于一般的冠心病患者和体质较弱的患者。但各类运动的简易程度及强度大小仍有不同,因此,患者可进一步选择,可从慢走+冠心病体操Ⅲ(坐位)开始,逐渐向步行+冠心病体操Ⅰ、Ⅱ(站立位)过渡,或根据自己的爱好选择其他的运动项目。

合适的运动强度标准是:运动时稍有出汗,呼吸频率略有加快,但不影响说话;第二天起床无疲劳感和其他不适感,心情愉快,有继续运动的欲望。

第三节　冠心病患者运动的卫生要求

一、冠心病患者运动疗法的禁忌证和适应证

就冠心病而言,运动疗法的禁忌证主要包括以下情况:严重心功能障碍、未得到有效控制的心力衰竭、严重心率失常、不稳定型心绞痛、急性心肌梗死后3个月内、Ⅱ~Ⅲ期未控制的高血压、各种急性感染(如急性心肌炎、心包炎、心内膜炎)以及全身感染性疾病等。

除上述禁忌证外,其他病情稳定的各类心脏病都属运动疗法的适应症,都可进行适度的医疗体育。

特别提示

近年来,随着医疗体育的发展,禁忌证和适应证之间已没有绝对和相对的明显界限。所谓禁忌证只是一相对概念,它只表明在临床处理上需谨慎小心。

二、冠心病患者在健身运动中的注意事项

(1) 运动疗法的实施应在医生的允许和指导下进行,运动前

必须做运动功能试验，以确定安全有效的运动强度，保证体疗效果，防止出现意外。

(2) 运动时，可根据患者的主客观情况，选择组合不同种类运动，注意全身运动的协调性。要控制好运动强度，学会依据心率变化和自我感觉来调整运动强度，并在运动前做3~5分钟的准备活动，在运动后做5~10分钟的整理活动，使身体在运动前后都有一个逐步适应的过程。

(3) 选择动作应由易到难、由简到繁，运动强度也应由小到大，循序渐进，持之以恒。逐渐使身体适应运动，同时使运动效果也不断得到积累，直至达到满意的体疗效果。

(4) 患者在运动前2小时内应不饱餐或饮用兴奋性的饮料；在运动疗法期间，为了配合运动要做到合理膳食，加强营养，保证睡眠，并经常观察疾病的恢复情况，以便于运动处方的随时调整。

特别提示

吸烟会导致高血压。因为烟叶内含有尼古丁(烟碱)会兴奋中枢神经和交感神经，使心率加快，同时也促使肾上腺释放大量儿茶酚胺，使小动脉收缩，导致血压升高。尼古丁还会刺激血管内的化学感受器，反射性地引起血压升高。此外，长期大量吸烟还会促进大动脉粥样硬化，小动脉内膜逐渐增厚，使整个血管逐渐硬化，加速了动脉粥样硬化的形成。因此，无高血压、冠心病的人戒烟可预防疾病的发生，有高血压、冠心病的人则更应戒烟。

与吸烟相比，饮酒对身体的利弊就存在争议。不时出现各种报告，有的说饮少量酒有益，有的说有害，但可以肯定的一点是，大量饮酒肯定有害，高浓度的酒精会导致甚至加重动脉硬化。

第十五章　慢性腰腿痛患者的健身运动

慢性腰腿痛是常见于中老年的一类疾病，多因劳损、急性腰扭伤、椎间盘突出、脊柱钙化、变形、脊柱骨质增生压迫神经，造成下腰部疼痛和下肢功能障碍。它是神经、肌肉、骨骼三者功能紊乱的一种常见表现，症状重、痛苦大、病程长、反复多，严重影响患者的身心健康。调查发现，80% 以上的成年人都有过腰痛的经历。

由于慢性下腰痛治疗时间长、费用高，患者一般不能承受。其治疗效果不明确，使“腰痛问题”已成了各国的“头痛问题”。而运动疗法则因为具有耗费低、简易可行、患者容易接受的特点，正受到患者及临床医生越来越多的重视。但是，有一些患者往往因惧怕运动引起疼痛，不愿过多活动腰部或长期卧床休息，这样不但不能促进恢复，还会因长期不活动导致腰背肌萎缩、肌肉无力、功能减退，甚至引起并加剧脊柱畸形，使腰痛加重，影响正常的生活和工作。因此，对于慢性下腰痛患者来说，应及早进行功能锻炼，加强腰背肌力量，有助于减轻疼痛，防止再伤。当然，这一切均需要患者自身的积极参与和长期坚持。

第一节 运动对慢性腰腿痛患者康复的作用

一、运动疗法的依据

正常情况下,人体脊柱的稳定性主要依靠两个相互关联的系统维持,即脊柱本身以及肌肉系统。特别是腹部及腰背部肌肉的力量,对整个脊柱、尤其是腰椎的稳定,有着十分重要的作用。

研究发现,慢性下腰痛和腹背肌肌力的减弱有很大关系。由于腹背肌的松弛无力、肌力不平衡,导致了脊柱稳定性下降、腰椎前凸明显、骨盆前倾过度、下腰椎受力异常,使得患者腰部出现疼痛。如不及时予以矫正,疼痛将呈持续加重趋势。因此,运动疗法将有针对性地选择骨盆后倾训练、脊柱韧带伸展训练和腹背肌肌力强化训练作为预防和治疗下腰痛的主要运动方式。

特别提示

运动疗法主要适用于某些机械性慢性腰部疼痛,它可分为三大综合征:姿势综合征、功能不良综合征、椎间盘移位综合征等。而对于一些腰椎化脓性病变、脊柱结核、脊柱恶性肿瘤等骨骼器质性病变以及慢性下腰痛急性发作的患者来说,则不宜实施运动疗法。因此,欲进行体疗的患者不仅要了解自己的病情,还应明白,并非所有的慢性腰痛都适宜于进行运动疗法。

二、运动在慢性腰腿痛病患者康复中的作用

(1) 改善全身及腰椎局部血液循环,保证腰部肌肉和骨骼获得更多的营养和氧气。

(2) 增强腹背肌肌力,协调腹背肌运动,纠正不良姿势,加强脊柱稳定性,矫正腰椎前凸、骨盆前倾等异常,维持正常的腰背

功能。

(3) 消除原发疼痛点,缓解肌肉紧张和痉挛,松解肌肉粘连,恢复肌肉弹性,防止肌肉萎缩,减轻疼痛。

(4) 促进代偿机制形成,发挥代偿功能,提高心肺功能,防止运动不足引起的并发症。

(5) 有助于保持乐观、积极的人生态度,增强信心,提高日常生活活动能力和工作能力,提高生活质量。

第二节 慢性腰腿痛患者适宜的健身运动方法

一、慢性腰腿痛康复运动的不同阶段及内容

慢性下腰痛患者常没有明确的外伤史,休息时症状减轻,弯腰工作或久坐、久站后腰痛加剧,适当活动或改变体位后又减轻。因此,慢性腰腿痛的康复是一个长期的过程,它需要患者的长期坚持。根据这一特点,我们可将慢性下腰痛的康复运动分为两个阶段。

第一阶段主要是短期内(约 3 个月)的腹背肌肌力强化训练,特别要加强腹肌肌力的训练,以达到纠正畸形、减轻疼痛的目的;第二阶段是长期(3 个月后)的功能锻炼,主要进行有氧全身训练和腹背肌肌力训练,以增强体质,提高体力,巩固疗效。

主要运动种类包括:

(1) 主动运动:由患者独立完成的各种徒手运动,以腹部、腰背部、腿部的局部功能锻炼和全身运动相结合,是功能锻炼的主要形式。其中,以动力性运动为主,即肌肉长度发生变化的收缩运动,以屈伸脊柱周围的肌肉和韧带,增强腹背肌耐力。

(2) 有氧运动:包括慢跑、气功、太极拳等。以动为主,动静结

合，从改善心血管系统、呼吸系统等内脏器官的功能入手，增强体质。

二、慢性腰腿痛患者健身运动强度的控制

慢性腰腿痛患者第一阶段进行局部腹背肌肌力训练时，运动强度以能引起轻度疲劳或局部轻微酸痛感为宜。研究表明，无痛范围内的练习效果最差。第二阶段的腰部活动度及全身功能锻炼，运动强度需控制在有效心率范围内：(220 - 年龄) × (65% ~ 75%)，即心率为每分钟 130 ~ 150 次。对于体力好的青年患者，运动强度可适当加大；而对于体力差的老年患者，强度要适当减小。另外，运动强度要随病情的好转、体力的增加而逐步加大。运动前要做好充分的准备活动，运动结束后做一些放松活动，逐渐降低强度至恢复到安静状态。若能持之以恒，一定有临床治疗无法取代的、意想不到的收获。

特别提示

慢性腰腿痛患者由于长期卧床休息，缺乏运动，肌肉无力。因此，主要以肌力训练为锻炼手段，锻炼强度以局部轻度疲劳和局部肌肉轻微疼痛为好，不宜过大。

三、慢性腰腿痛患者健身运动的基本方法

慢性腰腿痛临床上根据其诱发原因主要分为：慢性腰背损伤、腰肌劳损、腰椎间盘突出等，下面将分别介绍各种病因引起的腰腿痛的功能锻炼方法。

（一）第一阶段功能锻炼的原则和方法

慢性腰腿痛急性发作时，应卧床休息，但由于患者普遍存在腰背肌和腹肌肌力下降的现象，长期不活动会使腰背肌萎缩、肌肉无力，反而会加重腰痛。因此，这一阶段尽早开始锻炼，动静结合，对缓解疼痛、增强肌力、稳定脊柱有重要意义。在缓解疼痛的同时，

还应有目的地针对患者的日常生活活动能力（ADL）进行再训练，如穿脱裤子，上、下楼梯等。

1. 锻炼原则

以主动运动为主，运动次数由少到多，时间由短到长，幅度由小到大，练习动作要协调，以引起腰部轻微疼痛为宜。

2. 基本方法

肌力训练主要为动力性伸展、强化练习，在纠正不良体位的基础上，充分伸展脊柱、韧带和腰背部肌肉，强化腹背肌肌力，以达到牵拉肌肉、韧带，增强肌肉力量的目的。

（1）骨盆后倾训练

① 方法

a. 取仰卧位，全身充分放松，腰背部尽量贴紧床面。深吸一口气，做收腹提臀动作，使骨盆后倾，保持数秒，呼气，还原。

b. 膝手位，交替做收腹-放松动作，使骨盆随之得到前后运动。

② 要求：以上练习宜随时进行。仰卧位下的收腹提臀可在睡前及起床前进行，并时刻注意各种体位下正确姿势的保持，如站立、坐位时的收腹挺胸等，也可以配合卧位下腹背肌的力量训练同时进行。

③ 作用：这项练习可同时活动骨盆及腹背肌肉，有助于纠正骨盆前倾过度，但不影响脊柱的稳定性，因此，较适宜于腰痛发生早期的患者。

（2）舒筋柔软操

① 方法

a. 热身按摩：坐位或站位，双手掌心相对，摩擦至温热后，将两手掌分别置于两侧腰部，上下摩擦50次。

b. 左右扭腰：直立位，两腿分开稍宽于肩，挺胸、收腹，两眼平视，双手叉腰。上体先向右侧扭转，再向左侧扭转，扭转时呼气，还原时吸气。两侧各完成 4 次。

c. 侧屈下蹲：直立位，两腿分开稍宽于肩，两眼平视，收腹挺胸，双手叉腰。上体向右侧屈 20°，右手紧扣腰部，左手微松，同时右腿慢慢屈膝稍下沉，呼气，还原。向左侧重复动作，两侧各完成 4 次。

d. 叉腰转体：站立位，两腿分开稍宽于肩，放松站立，双手叉腰，两眼平视。由左向右旋腰运胯，以腰带动上、下各关节进行幅度由小到大的旋转，慢慢还原，向左侧重复上述动作。左右两侧各完成 4 次。

② 要求：此套动作无明显禁忌证，特别适合于康复 3 个月内的腰痛患者和老年患者。练习时，量力而行，幅度逐渐增加至最大。早晚各练一次，每次 20 ~ 40 分钟。

③ 作用：舒筋柔软操动作简单，幅度适中，可使脊柱韧带及腰部软组织牵伸、肌肉舒展、关节灵活、疼痛缓解、腰部活动范围增加。

(3) 腹背肌力量训练

① 方法

a. 仰卧抱腿：俯卧位，两臂上举过头，手臂摆动带动上体抬起，同时左腿屈膝，右腿不动，用手臂抱住左膝，并尽量向胸前紧靠，要求两肩离开床面，成半坐状态。保持数秒后还原，再依次抱右膝、双膝。

b. 仰卧抬腿：仰卧位，两臂屈肘放于胸前，上身保持不动，两下肢交替上举，要求两腿伸直。

c. 仰卧抬体伸臂：仰卧位，两膝盖微屈，依靠腹部肌肉的力量将上体抬起，同时两臂伸向左膝，要求两肩离开床面，并保持数秒。还原，换另一侧。

d. 俯卧撑起：俯卧位，屈肘。两手掌扶于床面，伸直肘关节以撑起身体，头后仰而保持骨盆不离开床面。保持头后仰而腰后伸的动作数秒。还原。

e. 仰卧举腿：仰卧位，两臂自然放于身体两侧，两腿同时上抬至约30°角的位置，保持数秒不动。放下还原。

② 要求：每个动作有节奏地重复5～10次为一组，每次练习2～3组，一组完成后休息1～2分钟，每天练习20～40分钟。运动强度以身体达到轻度疲劳、经短暂休息后即恢复、且不增加疼痛为度。注意循序渐进，逐渐扩大活动幅度。该训练中仰卧位下的腹肌肌力强化训练，也可以与骨盆后倾练习一起配合进行。

③ 作用：该训练可强化腹部及腰背部肌力。若坚持训练，随着肌力的加强，腰椎过度前凸、骨盆过于前倾及其腰部疼痛、活动受限等状况都将得到有效改善。

特别提示

慢性腰痛急性发作时，应卧床休息，禁止运动。但由于慢性腰痛患者普遍存在的腰背肌和腹肌肌力下降的现象，长期不活动会使腰背肌萎缩，肌肉无力，以至于加重腰痛。所以，急性症状一旦缓解，应尽早开始运动锻炼。动静结合，对缓解疼痛、增强肌力、稳定脊柱有重要意义。在缓解疼痛的同时，有目的地针对患者的日常生活活动能力进行再训练，如穿脱衣袜、上下楼梯等也是非常必要的。

（二）第二阶段功能锻炼的原则和方法

经过第一阶段的训练，患者的肌力已有一定的提高，疼痛也有相当程度的减轻。由于体力增强，疼痛减轻，运动强度可适当加大。

1. 锻炼原则

仍以主动运动为主，逐渐加大运动强度、时间及幅度，动作要求协调一致。主要进行一些增加腰部活动度、增强腰腿部功能的训练，以巩固疗效；辅以有氧运动，以提高心血管和呼吸系统功能、增强体质、全面提高身体素质。由于体力增强、疼痛减轻，运动强度可适当增加，关节活动范围可适当加大，运动时间可适当延长，强调腰部功能和日常生活能力、工作能力最大限度地提高。

2. 基本方法

(1) 有氧运动：有氧运动是一种增强呼吸、心血管功能和改善新陈代谢过程的锻炼方法，是一种中等强度的耐力运动。慢性腰腿痛的长期运动应从以前的以静为主过渡到以动为主。从改善内脏功能着手，改善心血管系统、呼吸系统、内分泌系统的功能，从根本上增强体质。

以慢跑为例：慢跑大约20~30分钟，就可以增加氧气的摄入，增大肺活量。慢跑还可以促进血液循环，增强肌肉弹性，调节神经系统的功能。慢跑可在早晨或下午，选择较松软的场地进行，穿着要舒适。慢跑前要做好充分的准备活动，各个关节均要活动开。

除慢跑外，还可以选择中国传统的体育项目，如气功、太极拳、五禽戏、八段锦等。

特别提示

慢跑要循序渐进，从极慢速、较短距离、较短时间开始，逐步增加强度和时间。运动前要做好充分的准备活动，各个关节均要活动开，运动强度不宜过大，以次日疲劳完全消除、不影响日常生活工作活动为宜。只要科学运动、循序渐进、持之以恒，定有成效。

(2) 腰腿部关节活动

① 双手扶膝旋转活动法：双腿并拢半蹲，双手扶膝，先向左做逆时针旋转10次，再向右顺时针旋转10次。顺时针、逆时针各10次为一组，做3~5组。

② 弯腰活动法：两脚立正，两手手指交叉相握，掌心向下。腰前屈，双手尽量下压。重复该动作6~8次。

③ 腰部旋转活动法：直立位，两手叉腰，先做腰部逆时针旋转10次，再做顺时针旋转10次。顺时针、逆时针各完成10次为一组，共做3~5组。

(3) 腰腿部肌肉锻炼

① 锻炼腹部肌肉：仰卧位，下肢伸直或膝盖微屈，两臂上举。缓慢地收腹弯腰，抬起上半身，保持数秒钟，然后还原。在体力允许的范围内做5～8次。

② 锻炼背部肌肉：仰卧位，弯曲髋关节和膝关节。双手交叉抱膝，把大腿拉向胸部，做10次。

③ 锻炼臀部肌肉：仰卧位，膝盖微屈，双手平放于腹部，缓慢使臀部向上抬起约10厘米，反复做5～8次。

④ 锻炼大腿屈肌：仰卧位，双手置于身体两侧，两腿伸直上举，尽可能至直角位，还原。左腿直腿上举至直角位，还原。右腿直腿上举至直角位，还原。三个直角上举为一组，共做3～5组。

⑤ 锻炼腰腿伸肌：站立位，手扶栏杆(栏杆高约1.20米)，两脚与肩同宽。上身保持直立，右腿膝盖伸直后伸，连续做10次。然后换左腿也做10次。左右腿各完成10次为一组，重复3～5组。

髋关节肌的弹性运动：患者双手趴地，一侧膝关节贴于胸前，另一侧下肢绷直，脚尖着地，腰部慢慢下沉，坚持5秒钟。此动作左右下肢交替，重复进行6～8次。

跟腱的弹性运动：患者站立，双脚叉开，与肩同宽，身体蜷曲慢慢下蹲，坐地。坚持5秒钟。此动作重复进行6～8次。

(4) 沐浴疗法

生活中人人需要沐浴，慢性下腰痛患者也不例外。如果方法得当，在清洁身体的同时，它还可以对慢性腰痛起到辅助治疗作用。下面介绍一些简便易行的沐浴疗法：

① 患者腰部围上一条浴巾，用45℃左右的温水喷淋腰背部10分钟；在沐浴的同时，用质地适中的刷子轻轻刷腰部酸痛不适处5分钟。

② 在45℃水温的澡盆内浸泡5分钟后，离开澡盆，在澡盆外进行抱膝下蹲运动，每次下蹲20秒钟。重复进行10余次。

③ 沐浴后，患者俯卧，用热毛巾（温度以不烫伤皮肤为度）敷在腰部10分钟，然后再重复敷1次；或者可在腰部外敷一块湿毛巾，用吹风机等予以加热，从而起到热敷的作用。

特别提示

沐浴疗法简便易行，且特别适合患者在家里进行。它不仅是一种较好的消除患者症状的方法，而且也是患者积极配合其他治疗手段的一种有效辅助措施。但应注意水的温度和治疗的时间，以免烫伤皮肤。

第三节　慢性腰腿痛患者运动的卫生要求

(1) 康复运动宜尽早进行，开始越早，康复效果越好。肌力锻炼和关节活动的锻炼要相互配合，以加速患者的功能恢复。

(2) 功能锻炼必须在医师或专业人士的监督和指导下，根据患者的具体情况有针对性地进行，以免违反关节肌肉的生理解剖特征，造成再度损伤。另外，锻炼强度的大小、时间的长短应由医师或专业人士根据各人的体力及病情个别确立，以出现轻微疼痛为限，不可出现明显疼痛。

(3) 需穿着合身、舒适的运动鞋、运动服等。如鞋子不合脚、服装不合身等都可能使腰椎负担过重，甚至引起再度受伤。

(4) 日常生活中要尽量避免弯腰动作，如果从地面拿起比较重的物体时，要屈膝蹲下尽量接近物体，然后用双手用力拿起。

(5) 由于姿势与腰痛有密切的关系，在日常生活中要注意保持正确的坐姿、站姿、睡姿及劳动、工作学习时的姿势，并选择合适的坐具、睡床。正确的姿势和坐具、睡床等是防止慢性腰痛的必要条件。

第十六章　原发性骨质疏松症患者的健身运动

第一节　运动对骨质疏松症患者康复的作用

一、骨质疏松症的发病现状及危害

随着年龄的增长，骨头也会慢慢变老，骨密度降低，也就是常说的骨质疏松，这种情况在中老年妇女中更为常见。原发性骨质疏松是一种发病率、致痛率、致残率都很高的疾病，在老年病中其危害性仅次于中风，给家庭和社会带来了巨大的损失。中国原发性骨质疏松症的人数约占总人口的6.97%，由于它不易被察觉，通常在骨折发生后才被发现，所以被称为“无声杀手”。

骨质疏松是一种常见的骨代谢性疾病，它的发生原因是多方面的。然而，研究发观，在诸多因素中，运动对骨质疏松的影响极大，它对骨强度的影响比重(40%)远远超过了与骨代谢相关激素、钙及维生素对骨强度的影响(3%~10%)，是影响骨量的积极因素。运动疗法不仅能促进性激素分泌和钙吸收、增加骨皮质血流量，而且还能阻止骨量丢失，增加骨密度，具有简便、易学、安全、经济等优点。因此，在预防和治疗骨质疏松的多种方法中，科学、合理、有效的运动疗法广泛为人们所认同并接受。有规律地进行体育运动为防治骨质疏松的最佳方法。

二、运动对骨质疏松症患者康复的作用

(1) 各种方式的全身运动,使全身骨骼受到均匀持久的应力作用,以提高骨质强度,避免骨折发生。

(2) 通过运动,锻炼了骨骼肌力量,强有力的肌肉对关节起到了一定的保护作用,对骨代谢也起到了有益的调节作用。

(3) 运动促进血液循环、促进神经体液调节,利于血钙向骨内输送、破骨细胞向成骨转变,使骨钙含量增加。

(4) 运动促进胃肠道蠕动,提高消化功能,增加饮食中营养物质的吸收率,尤其是钙的吸收率。

(5) 全面增强体质,增强机体的协调性、灵活性和平衡性,减少损伤,延缓骨的退行性病变。

第二节　骨质疏松症患者适宜的健身运动方法

一、骨质疏松症患者适宜的健身运动种类

运动是防治或延缓骨质疏松的最佳选择,适宜的运动和体力活动不但可以因为身体的重量在移动时直接对骨骼产生应力作用,而且骨骼肌有力的收缩也增加了对骨骼的应力。因此,适度的运动可以通过反复的冲力负荷作用在骨骼上,增加对骨质的刺激,维持和增加机体骨密度。其常见的、并为大众普遍接受的主要运动方式有:快步走、健身跑、健身操、跳绳以及各种各样的体育运动项目。身体状况较好者参加运动的方式基本不受限制,但身体状况较差者参加运动时,应选择安全系数高、力所能及的运动项目。

25~40 岁的中青年患者,骨骼生长处于相对平衡状态,骨骼

密度也处于一生的高峰期。为了较长时间维持高峰值骨量，避免或减少骨的丢失，宜在全身运动为主的同时辅以适度的爆发性、力量性练习，如跑步、跳跃、俯卧撑、负重蹲起、推举哑铃等。

40 岁以上的中老年人，骨骼逐渐衰老，骨量逐渐下降，为了减小骨量下降幅度，延缓骨质疏松的发生，宜选择符合其生理特点和运动能力的有氧运动项目，如快走、长跑、登山、中老年健美操、体育舞蹈及门球、太极拳、广播体操等。

特别提示

骨骼在直接受到机械负荷的作用时，骨密度增加较为明显，因此，复合的运动方式比单一的运动方式干预骨质疏松症的效果要好，最好是力量性项目与耐力性项目结合进行。

由于骨质疏松所致骨折多发生在腰椎、四肢长骨近端和远端等处，而运动时肌肉对骨骼产生的牵张力对骨强度的影响很大，因此，还应针对性地选择骨折易发部位四肢及腰背部的专项肌力锻炼。

二、骨质疏松症患者健身运动强度的控制

由于原发性骨质疏松的发生多见于中老年人，而且在很大程度上和运动不足及费用有关。因此，从运动的安全性、有效性角度考虑，运动强度宜选择中等强度为好。按科学锻炼的要求，运动时的运动强度应达到最大心率的 70%～85%，即（220 － 年龄）×（70%～85%），反映了能获得最佳健骨效果并能确保安全的运动时心率，称之为运动最佳心率范围。这不仅能有效地增加骨密度、预防和延缓骨质丢失，同时，还能使身体得到全面锻炼，增进健康，提高体质。

（220 － 年龄）×70% 是运动时心率必须达到的最低值，若低于该值，则无法获得理想运动价值；（220 － 年龄）×85% 是运动中心率能够达到的最高值，高于此值，不仅不能达到预期效果，还可

能产生疲劳，导致运动损伤。初次运动时，应选择低强度，随着体能的提高和对运动的适应，强度逐渐加大，直至上限。然而，为慎重起见，对于那些体质弱、运动能力低的中老年骨质疏松患者，其运动中有效心率范围的确定，建议以在医生看护下完成的运动耐力试验的结果为依据，以保证安全。

特别提示

研究表明，在适宜的范围之内，运动强度大小与骨质密度值呈正相关关系，而过量运动（即运动强度超过了运动对骨的最大有效刺激）所造成的骨组织所受应力过度，不仅使骨量不再增加，反而会阻碍骨的生长，甚至可能导致应力性骨折。因此，尽管运动对预防和延缓骨质疏松症的发生具有其独到之处，但运动强度的大小在不同的人群必须要有针对性。

三、骨质疏松症患者健身运动运动时间和频度的掌握

每次运动时间的长短，可依据所选择的运动项目、运动动作及本人的主观感觉来决定。在已经确定的运动强度范围内，以轻微疲劳、休息后即完全恢复为前提，动作简单的运动项目，练习时间可以稍长；相反，动作复杂、有一定难度的运动项目，练习时间可以稍短。骨质疏松症患者中有相当一部分人习惯久坐，所以他们刚开始训练时，可选择持续时间短、强度低的运动。一般每次运动时间为20～30分钟，每日总的运动时间视具体情况从30～60分钟不等。从健骨强身的运动目的考虑，专家们认为，中老年人还是以小强度、长时间的处方效果为好，而强度较大的、短时间的多次反复运动对年轻人有很好的健骨效果。

由于骨的重建周期要经历静止、激活、转换和成型四个过程，这个过程是缓慢的，1个重建周期要持续4～6个月，因此，要保持骨密度和增加骨量，运动就必须坚持不懈、持之以恒，长年进行下去。最适宜的运动频度为每周最好训练3～5次，如果少于3次，

则效果不佳。身体条件许可者,每天坚持运动一次当然更好,但这是以小运动量,且次日不感疲劳为前提的。研究表明,骨密度与骨所受的机械负荷的刺激有线性关系,反复刺激将使骨量增加,但刺激消失则骨量减轻,因此运动一旦停止,增加的骨量又会随时间的延长而消失。

四、骨质疏松症患者健身运动的基本方法

(一) 四肢、腰背部肌力锻炼方法

1. 哑铃操

(1) 方法

① 坐位: 脚上缚以哑铃或其他合适的重物,以膝关节为轴心进行抬小腿练习,左右腿同时抬起或轮流抬起。

② 站立位: 两脚自然开立,两手各持一哑铃。

a. 屈肘于肩上或端举于胸前,反复做直臂上举运动。

b. 两臂向前伸直于胸前,两手心向上各握一哑铃,反复做向上屈肘弯举动作。

c. 选择有一定重量的哑铃或杠铃,双手端举于胸前,反复下蹲、站起。

③ 俯卧位: 俯卧于和体宽相当的单人床或桌凳上,两手自然下垂,各握一哑铃。

a. 两臂稍稍抬起,以肩为中心,双手同时或轮流反复多次做前后划船动作。

b. 两臂伸直,缓慢向两侧上举,直至和身体保持平行,还原后重复。

c. 于腹部垫一块软垫,胸部尽量抬高,将哑铃缚于踝关节处,两腿交替轮流抬高下体,仅以腹部接触床面。

④ 仰卧位:

a. 脚上缚以哑铃或其他重物,进行抬腿练习,可双腿同时抬

起,也可两腿轮流交替抬起。

b. 于头部和足部各垫一垫子,尽量收缩背肌,使臀部离开床面,人如平板状,并维持此姿势至少10秒。

(2) 要求:四肢肌力和腰背肌力训练原则上应采用"10"规律,即每次肌肉收缩时维持10秒,休息10秒,重复10次为一组,每天做10组。初练时,根据自己的身体情况,时间可以短一些,哑铃的重量可以轻一些(可在质量为2~4千克的哑铃中选择),经过一段时间的适应后,再逐步延长时间,增加重量。若无哑铃,可用其他相应重物替代。肌肉用力收缩时宜呼气,严禁屏气。正确练习一段时间后,感觉四肢肌肉力量加强,运动时呼吸平稳,无明显疲劳感,行走或做其他事情亦感较以前轻松,说明锻炼有效。如练习后肌肉疼痛明显,倍感疲劳,休息后亦无恢复,说明训练过度,应尽快调整。

(3) 作用:通过发展和增强四肢及腰背部的肌力,有益于骨代谢的调节,保护肢体和脊柱骨关节的稳定,避免骨折的发生,使身体更加强壮。

2. 俯卧撑

(1) 方法

① 斜撑位:利用办公桌或坐椅:双手撑扶于桌子或椅子边沿,两腿并拢后蹬伸直,使身体与桌面成一斜角。两臂屈肘使身体下沉,再将两肘伸直用两臂的力量将身体撑起。

② 俯卧位:两臂分开稍宽于肩,双手撑于地面,两腿伸直以双脚撑于地面,使身体与地面保持平行。两臂于身体两侧尽量屈肘使身体下沉,再将两臂伸直将身体撑起。

③ 俯卧位:两臂分开稍宽于肩,双手撑于地面,两腿向后伸直,将双脚置于一20~40厘米高的物体上。屈肘时身体下沉,伸臂时身体被撑起。

(2) 要求:练习时,根据自己的情况可选择其一,也可同时进行。身体下沉以及身体被撑起时，要保持身体平直，上下的幅度尽可能大一些。一般情况下，每组训练重复15～20次，开始练习时，次数可减少。

（3）作用：俯卧撑能够很好地锻炼腹背肌和上臂肌，并使心肺功能得到提高，脊柱得以有效牵伸，骨骼更加强壮。经循序渐进、由易到难的练习，完成以上动作会感觉协调、轻松、有力，体力将有所增强，体姿更加健美。

特别提示

以上运动在使肌力得到锻炼的同时亦可增强体质，其运动强度较大，适合青年人或体力较好的中年人练习，具有理想的健骨作用。哑铃的重量应由轻到重，做俯卧撑时身体的上下幅度应由小到大，以保证安全，防止伤害事故的发生。身体健康的老年人若要进行该项运动，必须征得医生的同意，并做好心肺功能监测和医务监督，不可贸然行事，以免发生意外。

3. 拉橡皮条练习

（1）方法：两腿分开与肩同宽，直立于一棵大树或类似物体前。取一根3～4米长的橡皮条，绕过树干，两手各持橡皮条的一端于体侧，并绷直橡皮条。

① 两臂同时前后摆动，向体后拉橡皮条时用力。

② 手心朝上，两臂同时屈肘，用力拉橡皮条至胸前，伸肘，还原。

③ 转身，背向树干，两腿前后站立，前腿成弓步，两臂屈肘将橡皮条置于两侧肩上，然后同时用力伸臂向前拉直橡皮条。屈肘，还原。

（2）要求：练习时，两腿站稳，主要靠臂力完成，身体不必前后摆动。可以从简单的一种方法开始，逐渐至三种方法的组合练习。每种方法来回重复15～20次。每天练习1次或每周练习3～4次。

(3) 作用：增强上肢肌肉和胸背部肌肉的力量，有效牵伸脊柱，提高肩关节的柔韧性，同时锻炼腿部力量，使下肢肌力得以加强，全身性地强骨健骨，对心肺功能的发展也有影响。锻炼一段时间后，动作的完成比较初练时明显轻松、自如，自觉臂力、腿部力量增加，胸背挺拔，精神饱满。

特别提示

拉橡皮条练习既锻炼肌力，又强健骨骼、增强体质，运动强度适中，适合于中老年人和体力弱、运动水平低的年轻人。练习时，用力的大小根据自己的身体情况可随着橡皮条长短、松紧进行适当调整，简便、易行、安全。因此，中老年人如有意做针对性肌力练习，以选择该方法为好。

4. 跳跃运动

(1) 高抬腿双手依靠在固定点上(如墙面)，挺胸收腹，做原地踏跑似的动作，腿部向上抬起时，尽量保证大腿与地面平行，落地时腿要蹬直。

(2) 四角跳跃在脚的前方放置障碍物(如书本、包)。上身挺直，双脚自然分开，保持与髋关节同宽，腿部屈膝。身体向前微倾，靠腿部力量向障碍物的四个方向跳跃，注意下落时不要站直，而是还原到起始动作。每组 10 ~ 15 次，做两组。

(3) 原地跳跃。

(二) 户外锻炼方式

(1) 步行：老年骨质疏松患者每日步行以 5 000 ~ 10 000 步为宜(约 2 ~ 3 公里)，每分钟 80 ~ 90 步，每次步行 800 ~ 1 000 米。主要防治下肢及脊柱的骨质疏松。

(2) 慢跑：长距离慢跑对身体各个部位的锻炼作用大于行走。

(3) 走走跑跑：开始练习时，每次跑 50 步，走 50 步，每日 5 次；适应后每日每次跑增加 1 次，直至每日增加 10 次。也可按以下节奏进行:跑50步,走40步,跑50步,走30步;跑50步,走20步;跑50步,走10步;跑75步,走10步;跑100步,走10步;跑125步,走10步;跑150步,走10步;跑175步,走10步;跑200步,走10步……该练习每周至少进行3次。应于锻炼前后分别做好准备活动和放松活动。

(4) 老年健身操和韵律体操:除较严重的心血管系统疾病患者外,一般老年人均可参加。

(5) 游泳:训练中应采取活动量小、运动不太剧烈的游泳姿势,如仰泳等。

(6) 握力锻炼:每日坚持握力训练30分钟以上,能防治桡骨远端及肱骨近端骨质疏松症。适合中老年人进行的低、中强度的全身有氧运动种类很多,除上述运动以外,登楼梯、骑自行车、太极拳和高尔夫球等都是可供选择的运动项目。

特别提示

研究显示,有氧运动项目应选择对骨能产生一定纵向应力的站姿运动项目。研究表明,跳跃对骨的影响优于跑步。所以在锻炼者可承受的强度范围内亦可适当增加有跳跃动作的运动项目的比重,加上适度的腰背部及上下肢的局部专项肌力练习,两者结合,交替进行,即有望获得提高骨量、维持骨量、延缓骨量丢失的理想锻炼效果。

但对于那些不常运动的老年患者,应该避免跑步,以免发生跌倒和对脊柱、负重骨骼造成损伤。

第三节 骨质疏松症患者运动的卫生要求

(1) 防治骨质疏松的健身运动多以中老年人为主,运动前需进行常规身体检查和运动功能试验,明确有无医疗体育禁忌证。

对于老年人、虚弱的、合并有糖尿病、关节炎及心血管或肺部疾患等的患者则需要医师帮助设计运动方案并参与到训练中来，同时必须加强自我监督，以确保安全。

(2) 运动中应避免过多的爆发性、力量性练习和屏气动作，不宜参加对抗性或技巧性强的运动。运动应遵循循序渐进、不超过患者耐受力的原则，强度应从小逐渐加大，以防发生运动损伤。

(3) 尽可能于室外运动。运动时的体温升高、衣着单薄，可享受很好的日光浴，有助于体内维生素D浓度的增高和体内钙的吸收。运动期间，要加强饮食营养，尤其注意动物性食物中钙的补充。必要时，应在医生的指导下适量补充药物。

(4) 要想维持较高的骨量或延缓骨量的丢失，不论是年轻人还是中老年人，都必须持之以恒地、不间断地坚持锻炼，提高锻炼兴趣，养成锻炼习惯。切记应避免偶尔运动、剧烈运动和运动量过大。

(5) 定期检查身体，根据检查结果和运动感觉随时进行调整，以保证可靠的运动效果。

特别提示

一套运动计划的设计不可能同时适用于各种不同的人群，身体健康的年轻人可以选择如跑步、跳绳、爬楼梯等较大负荷的运动，以及伴有上肢抗阻运动的有氧操；骨骼脆弱的中老年人应进行诸如快、慢走这类较低强度的运动，并逐渐增加负重运动的水平，完成四肢的抗阻训练。大量的不恰当运动是有害的，对脆弱的骨骼进行过分的训练将引起机体疲劳和压缩性骨折。应根据骨质疏松症患者的病情、疼痛的部位及程度的不同，坚持局部与整体相结合，突出重点，进行微超量恢复性训练治疗。已经确诊椎体骨质疏松症的患者应避免过度前屈，如触摸脚尖和划船样动作。

附：科学健身运动问答(三)——运动与保健

1. 为什么说健身运动对许多疾病的康复具有作用?

健身运动是医疗体育的重要手段之一,其理论基础为运动训练适应理论,即通过反复进行的躯体活动,逐步产生身体适应性改变,包括生理适应(组织、系统、神经)、代谢适应(能量、内分泌)和精神心理适应。这些适应性改变的根本价值在于其增加了生理功能储备,从而使患者可有效改善躯体的生理功能,达到功能恢复的目的。

2. 为什么患者运动前要做医学检查?

运动前对患者进行系统的体格检查,有目的地检查与疾病有关的体征和指标,并对心肺功能或运动器官的功能进行检查,了解其疾病类型、病情轻重、疾病进展情况、有无并发症等,对于正确评价患者目前的身体健康状况,判断患者能否进行健身运动是十分必要的,同时也可为制定运动处方、确定安全有效的运动强度提供必要的个人资料。

3. 健身运动的自我监督内容有哪些?

健身运动的自我监督是指健身运动者利用自己熟知的知识对自己在运动过程中和运动后的反应作出评价的过程。这一过程包括主观感觉和客观检查两个方面。主观感觉主要为一般感觉、运动情绪、不良感觉、睡眠、食欲和排汗量等;客观检查主要为脉搏、肺活量、体重、运动成绩等。

4. 心血管患者出现怎样的症状必须停止运动?

心血管患者适量的运动不仅可延缓病程的进展,还能促进人体其他功能的提高,进而提高生活质量。但是心血管患者在运动中或运动后出现一些不良反应,如胸痛、胸闷、胸部压迫感、头痛、疲乏等症状时应及时停止运动,进行医学检查。由于心血管患者在运动中和运动结束时较一般人更容易引起心血管意外，因此在运动时，尤其是运动后应对机体的各种反应时刻保持警惕。

5. 运动减肥的幅度怎样最佳？

美国运动生理学家莫尔豪斯认为：减肥必须采取理智和稳健的方法，即根据自己的实际情况制定切实可行的减肥目标和计划，然后逐渐调整热量消耗与饮食的关系。一般来说，运动减肥可按限制饮食、增加运动各占50%来制订计划，一般计划每周减轻体重不超过0.9公斤、每月不超过3.6公斤为宜。操之过急，往往会导致不能真正长久地减肥。

6. 运动疗法可以用于哪些疾病？

运动疗法，是指利用器械、徒手或患者自身力量，通过某些运动方式（主动或被动运动等），使患者获得全身或局部运动功能、感觉功能恢复的训练方法。一般可以泛指用于预防和治疗各种疾病的运动方法。运动疗法可以用于糖尿病、高血压、高血脂、冠心病、肥胖症等疾病的防治，对防治亚健康状态、提高生活质量等也起着重要的重要。

7. 老年人的健身运动需要注意些什么？

(1) 要根据自己的体质情况合理地选择运动项目、确定适宜的运动负荷；(2) 运动负荷要从小到大逐渐增加，且增加的速度不宜太快，掌握好循序渐进和持之以恒的原则；(3) 不宜参加速度性和力量性的运动项目，宜选择全身性有氧运动项目；(4) 动作要缓慢而有节奏，避免做屏气及过度用力的动作；(5) 活动中要适当安排短暂的休息，运动前后要认真做好准备活动和整理活动，不要过多地参加比赛；(6) 应定期进行体格检查，如遇有感冒或其他疾病，身体过度疲劳时，应暂停锻炼，不要勉强；(7) 学会在锻炼期间进行自我监督，防止过度疲劳，避免发生运动损伤。

8. 高血脂患者能采用运动疗法吗？

能。长期有规律的健身运动，可以通过改善脂代谢，降低血脂水平;还可以通过提高和激活脂蛋白酯酶,减少血清中甘油三酯、胆固醇含量,并提高高密度脂蛋白水平,起到降低血脂的作用。流行病学研究发现,从事体育运动或重体力劳动的人的血清中,胆固醇和甘油三酯水平,比同年龄阶段的从事一般劳动或脑力劳动的人低,而高密度脂蛋白胆固醇(俗称好的“胆固醇”)水平比一般人要高。

9. 运动环境与人体健康有什么关系?

运动环境是指人们进行体育运动时所处的外界条件,如空气、水、场地和运动建筑设备等。运动环境也是人类赖以生存的自然环境的一个局部,因而它受自然环境的影响。人类在一定的自然环境中生存,无时无刻不受着自然环境的影响,其中有的对人体有利,有的则有害。在环境中,除自然存在的一些不良因素(如恶劣的气候、不清的水质或土壤)外,还经常有人为的不良因素,如生产和生活过程中产生的废气、废物等有害物,常造成空气的污染,人体在这样的环境中运动将会对健康产生不利的影响。

体育科技工作者的社会责任

（代后记）

一、写在最前面的话

2006 年 7 月因工作需要，组织上安排我到苏州市体育科学研究所工作。自此，我经常关注《新保健》、《相约健康 · 药物与人》、《精品健康生活》等健康杂志，发现此类健康科普读物都设有适量运动、健身休闲、生命养护等栏目，介绍体育健身的内容或方法。我想，这些体育健身的内容和方法散落于各期刊之中，若能从体育的视角，编一本较为系统的《科学健身运动指南》，应是一件非常有意义的事情。

再有，会同苏州大学专家将 2006 年 5 月在苏州举行的《第三届全国体育大会“苏州太湖体育论坛”》会议资料，进行整理、策划，编成《体育 · 休闲 · 健康——第三届全国体育大会“苏州太湖体育论坛”》一书后，在抓好运动队训练监控等传统科技服务工作的同时，还应该做点什么有深度价值的事情，成为我常思考的问题。

2008 年 1 月，苏州市体育局新任局长鲍东东同志找我谈工作时说，中青年人是目前健身中的薄弱环节，能否编一本科学健身资料，为中青年人群健身助力。这一“想法”，就成了我努力要完成的“任务”，“责任”之心油然而生。

于是，我进一步思考，构思初步框架。与苏州大学体育学院副院长陆阿明教授商谈时，得到了积极响应，确定了目录大纲和编委会组成人员,并及时召开了编委会全体人员会议,明确了人员分工、写作要点等。

二、健康离不开体育

毛泽东同志关于"发展体育运动,增强人民体质"的题词,指出了体育的健身作用。李瑞环同志在《辩证法随谈》中谈到:"哲人讲'生命在于运动',俗话说'人必须活动',要想'活'就必须动,'动'就是运动。"

2007年11月,国家卫生部疾病预防控制局、全国爱国卫生运动委员会办公室、中国疾病预防控制中心联合向全国人民发出《全民健康生活方式行动倡议书》,其中第四条号召人们"少静多动,适度量力,不拘形式,贵在坚持"。同时发布的《全民健康生活方式行动总体方案(2007~2015年)》提出以"和谐我生活,健康中国人"为主题,以科学为依据,从日常生活和工作入手,结合爱国卫生、全民健身、中小学生阳光体育工程等活动,倡导和推进全民健康生活方式。行动第一阶段为"健康一二一"行动,其内涵为"日行一万步,吃动两平衡,健康一辈子",以合理膳食和适量运动为切入点,倡导和传播健康生活方式理念,推广技术措施和支持工具,开展各种全民参与活动。

国家卫生部2008年1月发布的年度第3号公告《中国公民健康素养——基本知识与技能(试行)》指出:"健康生活方式主要包括合理膳食、适量运动、戒烟限酒、心理平衡4个方面",体育锻炼成为卫生部提倡的健康生活方式之一。

从以上两点我们不难看出,国家卫生部在全力解决百姓"看病难、看病贵"社会反映难点问题的同时,着力把防病放在重要位置来抓,并注重利用卫生系统以外的社会力量,将传统文化与先进文化有机融合,综合运用体育、膳食、心理等方面的知识,努力提高国民整体素质,实现"健康护小康,小康看健康"的战略目标。

健康不仅仅是没有疾病，而是身体、心理和社会适应的完好状态。各级各类医院重在治疗人们的疾病，而体育锻炼则可增强体质，预防亚健康，促进健康。因此，我认为“卫生保健康，体育促健康”。

三、健康是一种财富

随着时代的发展和社会的进步，“花钱买健康”、“投资健康，就是投资未来”、“请人吃饭不如请人流汗”等理念逐步深入人心。苏州市区遍地开花的体育健身场馆，足以说明健身消费市场的火热。

财富需要打理，健康需要投资，投资健康的理念也正在改变着政府有关部门的工作做法。2006 年，苏州市体育局、苏州市社会保险基金管理中心、中国光大银行苏州分行联合推行“医保 - 阳光健身卡”。此卡拓展了医保功能，将防病保健理念引入医保，鼓励个人医保账户结余较多的人员申领“医保 - 阳光健身卡”，按定额标准将一定额度的医保账户结余资金直接转入健身卡用于个人健身。持卡人可在苏州市区 24 家定点体育健身场馆锻炼消费，并可享受“优先、优待、优惠”服务。2008 年是推行“医保 - 阳光健身卡”的第三年，充值金额超过前两年的总和，达到 260 万元。

苏州市体育、社保部门希望通过“阳光健身卡”，逐渐培养参保人员从疾病保险到健康保险理念和健康生活习惯，推动参保群众从重视单纯的治疗到防治结合转变，从以药物治疗为主向改变生活方式转变，达到增强体质、无病防病的目的，从源头上控制疾病发生的风险。践行健身防病理念，鼓励健身锻炼，是苏州市的一次创新。这一做法引起了有关部门的高度重视，江苏省社保部门正在研究政策拓展医保个人账户功能，适时推广苏州这一做法，让参保人员最大程度受益于医疗保障制度。

四、健康是一种积累

一个人的财富在于积累,知识在于积累,相对而言,健康也在于积累,而且是更重要、更值得珍视的积累。健康不是中彩票,不会缘于某一种偶然的机遇。不管是谁,都不会一夜之间获得一个健壮的体魄。健康贯穿于生命的全过程,需要自己一点一滴地积累。人的各个部位和器官需要经常的调理和锻炼,才能达到和保持良好的健康状态。

不管你采取何种锻炼身体的方式,诸如游泳、散步、打球、做健身操等等,都可以获得,但关键是要持之以恒。坚持锻炼,积以时日,必有一定效果。若是"三天打鱼,两天晒网",那么效果就不会明显或者甚微。若是天天锻炼,风雨不辍,并且成为你的生活习惯,成为你的生命意识,你的"积累"就会在你的健康上表现出来。

或许坚持很难,因为有许多诱惑在那里向你招手;坚持确实很难,因为坚持要从一点一滴做起,坚持要从具体事做起。健康是一个永恒的话题。健康本身就是一种坚持,生命本身就是一种坚持!只有"每天锻炼一小时",才能"健康工作五十年,幸福生活一辈子"。

当然,健康也是一种和谐。健康是一种美,美丽是一种和谐。人体健康,可以展示体形美、姿态美、动作美。人体自身是有免疫系统的,只是在外敌强劲、正不压邪时,疾病才接踵而来,原有的平衡和和谐也就被打破。就单位个体内部而言,健康是体内和谐;就单位个体外部而言,健康是体外和谐,包括家庭健康和谐、单位健康和谐、区域健康和谐、社会健康和谐,等等。

五、感谢多方的支持

全书共分三大篇,分别从原理、方法、应用的角度对科学健身知识作了阐述。第一篇由陆阿明、陆勤芳、罗丽同志撰写,第二篇由朱小龙、顾建仁、鲍捷同志撰写，第三篇由吴明方、刘兵同志撰写，陆阿明、朱小龙、吴明方、顾建仁同志参与书稿目录的讨论，全书由陆阿明教授统稿。

本书的编辑出版除了编写同志的辛勤劳动外，还得到了多方的支持和鼓励。苏州市副市长王鸿声同志和苏州市体育局局长、市体育科学学会理事长鲍东东同志热情撰写序言。苏州市体育局副局长袁永球同志和苏州市体育局副局长、市体育科学学会副理事长陶勇杰同志在体育科普宣传中，对编写工作给予了亲切关怀。苏州市体科所周青同志参与了体育科普资料的后期收集。苏州大学出版社进行了积极策划，认真审校，保证了书稿的按期按质出版。编写中，引用、参考和吸纳了一些权威资料和宝贵经验。在此，向关心支持的各位领导和朋友、向所有参考文献的作者和没有列出的参考文献的作者致以最诚挚的谢意。

六、写在最后面的话

工作着，努力着，快乐着。我认为，体育科技工作者按照“可控、在控、能控”的目标，既要“关门搞科研”，深入研究，提高自身体育科技服务水平；也要“开门搞科研”，面向社会，拓宽体育科技服务渠道，做到关注社会、关注民生、关注健康。

中央电视台节目主持人孙晓梅说：“主持人提问不能只跟着自己的感觉走，不能只提问自己不懂或不清楚的问题，丢掉自己已经掌握的问题，要时时刻刻考虑电视观众，从电视观众出发，把重点问题、观众想了解的问题、应该知道的问题提出来，请专家做详细解答。”我想，编写体育科普读物和节目主持人提问应是同样的道理，应站在普通百姓的角度，从市民群众的需求出发来编写。此为心之所想，由于水平和能力所限，实际呈现出的这本体育科普读物仍有不少差距，但愿能为体育科技工作者起到一点抛砖引玉之用，以期全体体育科技工作者能更好地为人民群众服务。由于水